衆生

# 「昆達里尼瑜伽」永恆的力量之流

# Kundalini Yoga The Flow of Eternal Power

{謹遵尤吉巴贊大師 Yogi Bhajan,Ph.D. 之教誨}

莎克蒂・帕瓦・考爾・卡爾薩 Shakti Parwha Kaur Khalsa ◎ 著

林資香 ◎ 譯　陳秋榛、鄭倩雯 ◎ 審訂

# 獻辭

僅將此書獻給那些愛我的人，也是我最好的老師們：
我的母親，她教我如何微笑，
並給予我對上帝不可動搖的信念；
我的兩位兄弟，
他們讓我看見人性的良善與美好；
尤吉巴贊（Yogi Bhajan）大師，我的精神導師，
不但帶給我「真我」（Self），
他那充滿無限慈悲、無窮耐心與無盡犧牲的生命，
更是不斷向上的最佳典範！

◆插圖

莎巴德・考爾・卡爾薩（Shabad Kaur Khalsa）

◆美術顧問

希瓦・辛克・卡爾薩（Shiva Singh Khalsa）

◆瑜伽姿勢

●照片

莎特・辛姆倫・考爾・卡爾薩（Sat Simran Kaur Khalsa）

波倫・考爾・卡爾薩（Peraim Kaur Khalsa）

●示範

薩達娜・考爾・卡爾薩（Sadhana Kaur Khalsa）

西里・辛姆倫・考爾・卡爾薩（Siri Simran Kaur Khalsa）

南・考爾・卡爾薩（Nam Kaur Khalsa）

# 目錄

## 作者的詩歌

【推薦序1】

# 值得一看的生活經典！

薩特　南（SAT NAM）

很榮幸受邀爲這本書寫序！

很開心能看到此書以中文版的形式問世，因而讓更多的人們能有緣接受眞實智慧的教導。

本書是昆達里尼瑜伽大師尤吉巴贊（Yogi Bhajan）的教導，這些方法充滿著無限的智慧，引導著我們在生活的各個層面中如何達到平衡喜悅健康的生活狀態！

昆達里尼瑜伽的教導是入世的，且能落實在生活之中。書中的內容教導我們如何透過瑜伽大師的智慧來實現瑜伽的生活，這適合每一個人！

對於昆達里尼瑜伽的修練者而言，這本書能幫助其在靈性修習的道路上更有效的提升；對於一般讀者來說，書中則提供了各個面向的生活智慧，引導人們進入喜悅健康豐盛的生活。

是值得一看的生活經典！

祝福大家！

台灣昆達里尼瑜伽教師協會理事長
賴淑娟（Joan）

【推薦序2】

# 適合所有人的靈性修習

我永遠記得第一次接觸到昆達里尼瑜伽時的那種衝擊與感動，那是我修練瑜伽數年來從未有過的感受；也因爲這樣的感動，持續支持著我走在瑜伽的道路上。

這是我的第一本昆達里尼瑜伽書籍，我很感恩能夠遇見它。因爲它是如此的簡明又易於實踐，包含了所有基本的主題和修練方法，以此進入昆達里尼瑜伽，絕對能夠爲你帶來正確的理解。

我們正處於訊息爆炸的寶瓶年代。現代人普遍面臨的問題是有太多的事情要做，但時間永遠不夠，所以需要更快速有效的練習，這正是昆達里尼瑜伽的獨到之處。昆達里尼瑜伽是給在家人修習的，意思就是你能夠在你的家庭、職場與社交圈中同時保有靈性的生活。昆達里尼瑜伽是公認所有瑜伽派別中，最快速、最有力量的瑜伽，所以非常適合忙碌的現代人。昆達里尼瑜伽能迅速修復我們因訊息超載而耗竭的神經系統、內分泌系統，並提供我們活力與覺知力去面對充滿挑戰的生活。

尤吉巴贊（Yogi Bhajan）大師對於昆達里尼瑜伽的快速及有效曾有這樣子的說明：「哈

達瑜伽要花上二十二年的時間去完美一個『姿勢』，一旦他的姿勢完美了，他是偉大的。但你需要二十二年，一天二十四小時，完全的專注、持戒、精進，並具備所有的東西。但今天我們沒有二十二小時，我們就連二十二秒都沒有，我們能做什麼？我們必須讓人們在三分鐘之內就能得到體驗！三分鐘的意思是一八〇秒。你會很驚訝，每一個奎亞都是那樣切割的——三十一分鐘，十一分鐘，七分鐘，三分鐘，最多六十二分鐘。」

昆達里尼瑜伽自一九九四年由Satwant Kaur老師帶入台灣，至今已有二十多個年頭。從二〇〇九年第一次在台灣舉辦由昆達里尼研究院（KRI，Kundalini Research Institute）所認證的教師培訓以來，每年都有新的教師投入教學服務，也因爲有許多老師無私的教學，昆達里尼瑜伽得以在台灣開展茁壯，現在幾乎各縣市都有昆達里尼瑜伽教師。二〇一三年底，由一群台灣的昆達里尼瑜伽老師們正式申請成立了內政部認可的社團法人台灣昆達里尼瑜伽教師協會(http://www.kytatw.org)；在二〇一七年十一月，協會首次於台灣地區協辦白譚崔瑜伽。在台灣，認識與學習昆達里尼瑜伽的人愈來愈多了。

對於這個趨勢我有很深刻的感受。從前下課後，穿著全白衣服、頭戴白頭巾走在路上時，會被路人好奇詢問：「這是什麼樣的團體？」到現在仍然有人好奇詢問，不過問的卻是：「你們是在練習昆達里尼瑜伽嗎？」我也發現到，現今著重體位法的各式瑜伽派別已無法滿足瑜伽修練者對靈性體驗的需求（這樣的瑜伽似乎少了些什麼），這些人進而想要探尋瑜伽的其他面向。而昆達里尼瑜伽恰好滿足了瑜伽修練者想要身心靈全方位皆有所提升的需求。

尤吉巴贊大師所教導的昆達里尼瑜伽，有數千個昆達里尼瑜伽奎亞與冥想，幾乎能夠涵蓋人類各種層面的需求，所有問題也都可以找到相對應的練習。更因爲其廣泛性，昆達里尼瑜伽適合於所有的人。我也將昆達里尼瑜伽中的技術應用在我臨床心理的工作上（包括各種機構的個案與毒品戒治等）。

儘管我描述了許多昆達里尼瑜伽的好處，但那都無法成爲你的體驗。一個老師可以給予你知識與技術，但無法給予你智慧，這仰賴於你自身的修習與紀律。

也希望你能夠與我們一同修習這份代代傳承的恩典。

昆達里尼瑜伽教師協會理事
陳秋榛（Param Nam Kaur）

# 前言

要從哪裡開始呢？一開始的步驟很重要，而且往往會影響這趟旅程其餘的部分。這本書會讓你在正確的方向上站穩腳步，讓你擁有覺醒的意識，並過著更爲充實、圓滿的生活。莎克蒂混合了深刻的思想、幽默感，以及一種近乎「聊天」式對話的個人風格，使得這趟旅程輕鬆又有趣；她不斷地以一首歌、一首詩、一個故事來幫助你，並提供你剛好足夠的要點符號，確保你記住重要事項。

一位學習了多年的學生，被所有不同的意見及上百種的方法搞得迷惑不堪；這位學生想要的，只是一種可建立起個人實踐的明確指引，從而擁有快樂且靈性滿盈的生活。於是，這位學生向一位瑜伽大師請益；只見瑜伽大師微笑著張開他的手指，把小指放在肚臍、大拇指放在心臟，說道：「你必須經歷的旅程只有十五公分長：始於你的丹田，終於你的心。」

換言之，所有的研究與思想觀念，最好皆可透過一種實踐的方法、一種生活的方式來對應，也就是將你從對控制與生存的關注，帶往連結與自由的心靈經驗。昆達里尼的覺知能量，在我們的身體裡是從丹田開始啓動，而自我理解則是在心輪被喚醒。

這位大師以一個簡單的手勢，道盡了一切。

這是莎克蒂的特殊天賦。從她的第一章到最後一章，你將從基本習慣開始經歷至心輪，與你的自我一起，以一種更爲眞實的感受過著更加美好的生活。

我有偏見。我在尤吉巴贊（Yogi Bhajan）大師跟前學習昆達里尼瑜伽，也在一九六九年跟著莎克蒂・帕瓦學習。身爲昆達里尼研究院（KRI, Kundalini Research Institute）與3HO基金會的培訓總監，我已培訓了這門學科的教師長達二十年多年的時間。在這麼長的一段時間中，我找不出比跟隨莎克蒂的機智與智慧來入門的更好開始了。

我感謝她清晰的思路並且忠於原始的教義，以及在數十年來的服務中，皆不吝於將這些與眾人分享。

享受這項身爲人類的神聖學門中，最佳且最快速的一本入門書籍吧！

古魯恰蘭・辛克・卡爾薩（MSS Gurucharan Singh Khalsa）博士

昆達里尼研究院培訓總監

【第一部】

# 要知道的事

## 以及一些要嘗試的事

# 在你開始之前……

在開始這項或任何其他的運動計畫之前，請務必諮詢你的醫師，本書中的任何內容都不應被解釋為醫學建議。歸功於修習昆達里尼瑜伽而獲得的好處，是來自數百年以來的瑜伽傳統，結果會因人而異。

# 你在這裡

## 如何閱讀此書

這本書可說個人化到明目張膽的地步。我將我的靈性導師——尤吉巴贊，也是昆達里尼瑜伽的大師——所教導之令人驚異的瑜伽技能，以我自己的對話風格呈現於讀者面前。這也是二十七年來，我在昆達里尼瑜伽初級班中教導學生的方式：直接、簡單，並且帶著微笑！

這本書並非一本手冊或是教科書，但確實有特定的「某些事情」是你可以做到的：呼吸、伸展、唱誦、冥想。我也納入了若干心理學的、哲學的，以及（我希望）鼓舞人心的評論，加上許多尤吉巴贊大師演講的摘錄；還有一些個人的趣事以及我自己少量的詩作。書中的每一個主題，本身就可以寫一整本書了；信不信由你，我曾經試圖讓它簡短，但同時要簡短又詳盡並不是件容易的事。

你會在這裡找到新的想法、新的方式去看待你自己以及在你生命中的人們，你也可以將書中若干可口的瑜伽小品運用於日常活動之中。我希望這本書可以引起你的興趣，促使你去體驗更多浩瀚無邊的昆達里尼瑜伽技巧。我知道它可以從內到外、並從外到內地改變你的生命，我可以如此肯定，是因為我已嘗試過，而除非你也去嘗試，否則你不會知道。你會發現書中的引述多來自尤吉巴贊大師所言，畢竟他是一位瑜伽大師啊！這裡就是第一句：

**「百聞不如一試！」（Doing is Believing）**

我誠心熱愛並珍視這些即將與你分享的教誨，也希望能有更多的人從這些教誨中受益，因爲我知道，只要有愈多人能修習昆達里尼瑜伽，這世界上快樂的人就會愈多；而只要世界上快樂的人愈多，那麼我所生活的這個世界就會愈來愈美好！

我希望你以開放的心靈與心胸去閱讀這本書，並且練習這些運動與冥想；它們改變了我的生命，而我確信它們也會對你產生同樣的效果。

你不需要以確切的順序（雖然最好如此）來閱讀這本書，但我建議你看完這些段落之後，可以先按順序閱讀完前五章，那會讓你有個好的開始；接下來，如果你願意，可以看看目錄中有什麼吸引你的主題，再接著讀下去。這本書分成兩大部分，第一部分是**要知道的事**（**以及一些要嘗試的事**），第二部分是具體而明確的**該做的事**。

這不是一本教你如何循序漸進、按部就班的書。這是一本關於生活的書，而我們的生活，原本就同時存在於許多不同的面向上；我們的物質生活、精神生活與靈性生活，是同時發生並且進行著。這本書中，即包含了如何建立一種**健康**、**快樂及神聖**（Healthy, Happy, Holy）生活的藍圖，就是尤吉巴贊大師所稱的「3HO生活方式」，也是你**與生俱來的權利**；當我在一九六八年初識尤吉巴贊大師時，這個概念就是他所談論的頭幾件事情之一，3HO基金會也因他的靈感而誕生。到現在，3HO基金會已經是一個遍布全球的機構，在三十五個國家中有三百個中心，致力於分享這些肯定生命的教導。

從現在就開始，你**可以**改變你的生命，你**可以**成為富足、喜樂而美麗的。事實上，你早就是如此！你只是需要去體驗它。

我得先在這裡暫停一下，說明我所說的「神聖」意指為何，否則你可能會留下錯誤的印象。神聖**並非**意指「自命清高」，也不是道貌岸然的偽善。3HO瑜伽修行者對神聖的定義，其實是相當簡單而直接的，包含了兩個部分的意義：首先，「己所不欲，勿施於人」（聽起來是不是很熟悉？）；其次，「有意識地接受每一次的吸氣，感謝你所接受的每一次呼吸都是一份禮物！」

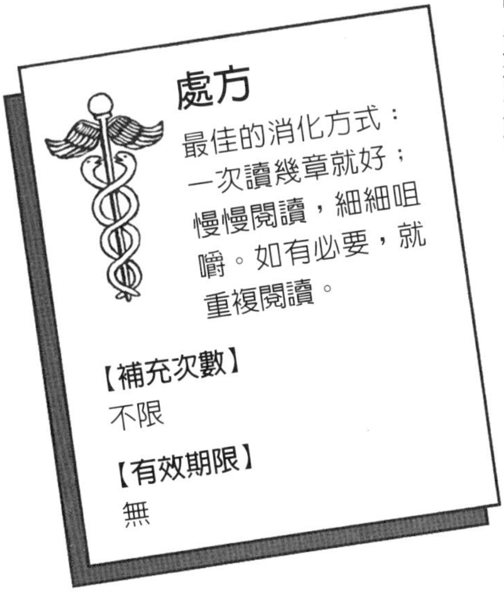

處方
最佳的消化方式：
一次讀幾章就好；
慢慢閱讀，細細咀
嚼。如有必要，就
重複閱讀。
【補充次數】
不限
【有效期限】
無

學習這位瑜伽修行者如何去定義這些概念，會給予我們一種令人愉快的新生活觀；這也是本書的另一個特色，讓你對一切事物產生新的看法與觀點，包括你自己。

我不會宣稱說，你讀了這本書、學會新的術語之後，就能解決你所有的問題。但是，它將給予你強大而實用的工具，讓你有意識地、勇敢地去面對生命中的挑戰，並且戰勝它們。

從現在就開始，你可以改變你的生命！就像尤吉巴贊大師所說的：「你可以成爲**富足、喜樂而美麗的**。事實上，你**早就是如此**！你只是需要去體驗它。」

# 1 這是怎麼一回事呢？

## 你不必扭成一條椒鹽卷餅

尤吉巴贊大師指著我，對著他在克萊蒙特學院授課的全班學生說：「看，莎克蒂正在做呢！如果她可以做得到，任何人都可以做得到。」

當時是一九六九年，我還認爲自己是這個星球上身體最不協調的人，然而二十七年之後，我不僅仍然在做昆達里尼瑜伽，還在教它，甚至寫了一本關於它的書；因爲我眞心相信這是眞的——如果我做得到，任何人都做得到！

不過，昆達里尼瑜伽肢體練習的部分，只是這種覺知瑜伽（Yoga of Awareness）的一部分。引述巴贊許多語出驚人的其中一段話：「如果身體的柔軟度是唯一的瑜伽，那麼馬戲團的小丑們就是最好的瑜伽修行者了。」，雖然身體很重要、靈活度也令人嚮往，但從瑜伽中可得到的收穫遠多於此，那就是你生命中整體的幸福與成功。

當你買了一輛新的汽車、一台烤麵包機或是卡式錄放影機（幾乎任何有

機械零件的物件），製造商都會提供一本說明書。這本使用者的手冊會建議你運用某些程序以達其最大效能，並列出進行定期維護的檢查點與時間，告訴你如果它無法正常工作，可能是哪裡出了問題，同時建議你如何去避免未來可能產生的問題。

那麼，你的照護與保養說明在哪裡？當你出生的時候，你並沒有被整齊地包裝好，腳上的大拇指也沒綁上一個標籤寫著「照料並餵食」。雖然人類肯定是有史以來最為複雜的機器，還是沒有任何說明手冊隨著每位新生兒而來，或許那位製造商假設母親們會直接向專家學習如何照料這些新生命。那麼，誰又是這些「專家」呢？既不是心理學家和小兒科醫生，也不是好心的朋友及鄰居、母親及祖母（雖然後者或許已從不斷的錯誤與嘗試中學習到很多）。

所謂訓練有素的專家，是那些發展出最佳方法去照料與維護人類這個機器（不只是身體方面，還有心理與靈性方面）、並使其達成最大效益的人，也就是瑜伽修行者。

關於如何照顧和餵養、維護和保存人類的詳細資訊，數千年前即已揭露予瑜伽修行者知曉了；自其時起，他們便成為這門技能的守護者，也是這複雜精細的人類機器在各方面（包括身體、心智、靈魂）的機械學專家、科學家、工程師以及問題解決者。

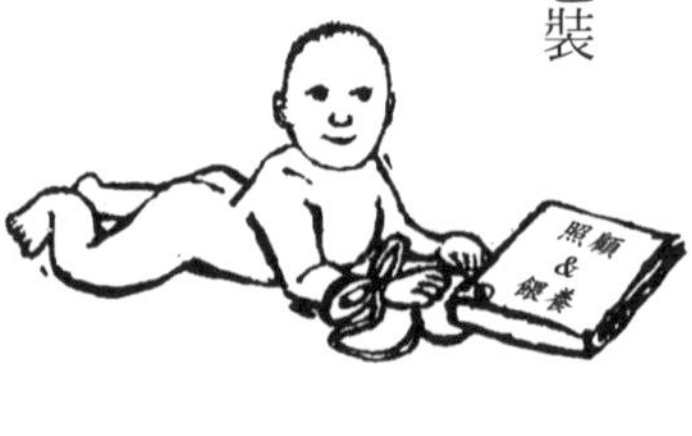

## 昆達里尼瑜伽這門科學

數千年以來，這門瑜伽知識藉著師徒口傳的方式，小心翼翼地傳遞了下來。大師一邊述說，學生一邊記住並修習。最後，這導引至開悟或自我掌握的廣大知識體，終於有一部分被記載了下來，有若干這些神聖的教誨可以在古代的吠陀文本中找到①。

瑜伽的藝術與科學，可以對應用於人類生活的各個方面。早上起床，有瑜伽的方法；晚上睡覺，有瑜伽的方法；吃飯呼吸，也都有瑜伽的方法！事實上，幾乎在人類生存的各方面，都有一種明智、有效率且有效能的方式可對應進行。尤吉巴贊大師在印度研究並精通的這門技能與靈性知識遺產，正是他帶給西方世界的一份贈禮。

## 瑜伽修行者的贈禮

昆達里尼瑜伽始終被蒙上一層極爲神秘的色彩，也從來不曾被公開傳授——直到一九六九年，尤吉巴贊大師挑戰了這項古老的保密傳統。

---

編按：○為原註；●為編註。

①帕坦加利是第一位將精通帝王瑜伽之道所需的八個步驟記載下來的瑜伽修行者，對他的箴言有著精采評論的翻譯，被寫成了一本叫《認識神》的書（參見「資料來源與查詢資源」）。

尤吉巴贊大師花了多年的時間，在印度學習、掌握並精進昆達里尼瑜伽的習慣與做法；有時候，在老師向他揭示任何事物之前，他得花上數月的時間耐心等待，並通過種種的試煉。然而，他願意拿出這些古老的秘密，並公開地、誠實地與我們分享。他的動機是什麼？慈悲。他希望我們不再受苦。他看見了我們內在的美麗、力量和潛力，希望我們能為自己去發現這項眞實的存在。

尤吉巴贊大師開始以一種易於消化的瑜伽「小點」方式傳授昆達里尼瑜伽，我也想以同樣的方式與你分享這些教導，使其盡可能地輕鬆、簡單，讓你能夠在日常生活中加以運用，能感覺自己變得更好、看起來也更好，成為一個快樂的人。

尤吉巴贊大師擁有一個知識淵博、技藝精湛的寶庫，在他所能傳授的所有技能與智慧當中，他選擇了昆達里尼瑜伽，因為那是如此有效、全面性，而且「可行」。

**成為健康、快樂與神聖，是每個人與生俱來的權利。**

這樣的瑜伽，正是為了汲汲營營忙碌於家庭與工作的世俗之人，他們每天都必須面對工作、養家、打理事務的挑戰與壓力。昆達里尼瑜伽會在最短的時間內就讓你看到成果，你不需離開你的家，成為一名苦行者或坐在某個山洞裡頭苦修。昆達里尼瑜伽適合每個生活在這個時代的人，希望自己能擁有成功面對挑戰的技能。（而且，你也不必扭成一條椒鹽卷餅；在身體的練習方面，只要你會呼吸，就算只是往正確的方向傾斜，你都能蒙受其益。我已經告訴過你，如果我做得到，任何人都可以做到。）

## 昆達里尼瑜伽可以做到什麼？

修習昆達里尼瑜伽可以平衡腺體系統、強化神經系統，讓我們能駕馭心智與情感的能量，進而達到自我控制，而非受思想與感覺所控制。

本書的另一個目的是消除有關昆達里尼瑜伽的神秘、神話以及誤解。昆達里尼瑜伽是神聖的知識與力量的珍寶，我將讓你看到其無數璀璨琢面中的若干面向，使你的生命發光發熱。事實上，昆達里尼瑜伽就像一顆神奇的寶石，我將之贈予你後，自己仍然可以擁有；而分享它，還會讓我手中的這顆寶石更加璀璨明亮！

## 目標

昆達里尼瑜伽旨在提供你的最高意識一種「親身」的體驗，教你一種方法去實現你生命的神聖目的。這可以用許多方式來描述，舉例來說：

- 體驗你內在的意識之光。
- 體驗你自己的最高意識。
- 發現你眞正的身份。

這樣的修習，讓你能夠與宇宙的自我融合或「連結」。個體意識與宇宙意識的融合，會創造出一種「神聖的結盟」，稱之爲「瑜伽」。

這種可導引至自我掌控狀態的修習，也稱之爲「瑜伽」；因此，這條道路與目的地有著相同的名稱，都叫做「瑜伽」。瑜伽有許多不同的種類與學派（參見第二十三章〈其他的瑜伽之道〉），修習瑜伽的人以及精通瑜伽的人，都被稱爲瑜伽修行者。

昆達里尼瑜伽將其專門的技能應用在我們的身心，以毫無分界、一視同仁的精神爲目的，因此，這是人人可行、全體適用、不限於任何宗教派別的一種瑜伽。

## 瑜伽是一種宗教嗎？

昆達里尼瑜伽不是一種宗教，而是一門神聖的科學。說它神聖，是因爲它涉及你內在的神GOD（「G」負責創造（Generate），「O」負責組織（Organize），「D」負責實現（Deliver）或摧毀（Destroy））；說它科學，是因爲它提供了一種技能，一種任何人只要修習即可體驗內在神聖身份的方法。你選擇去信奉這樣的神，這樣的方法才是你的宗教。

是的，昆達里尼瑜伽的確需要一種信念（而非信仰），就像一堂化學課程，也需要學生願意在實驗室進行實驗的信念，如此一來，他才能親身實證那些化學公式的有效性。

## 長期的收穫／短期的收穫

當你努力實現瑜伽或解脫的目標，你在外在生活中做任何事情的時候，都會變得更有能力、更有自信，而且更有效率。同時，你也會逐漸在各個層次上更清楚地察覺到自我的意識。這是一個雙贏的局面！

## 力量的秘密

要充分體認尤吉巴贊大師帶給我們的這份偉大贈禮之價值，我們必須先瞭解為何數千年以來，瑜伽修行者對此皆保持秘而不宣；他們小心翼翼地保存並守護著這項關於人類內外修練的知識，極為謹慎地揭示其技能，並選擇性地以口語的方式，由師父傳授給經過選擇的弟子。之所以必須加以選擇，是因為知識會產生力量，而力量可能使人腐化。傳統上，弟子必須以多年的時間來證明他們是可信賴的、道德是純潔的，才能接受昆達里尼瑜伽這門神聖科學的傳授；

故唯有在學生表現出謙卑、自律與順從之後，老師才會爲其揭示這項神秘的奎亞（Kriyas）。然而，尤吉巴贊大師自行承擔了這項重責大任，將他的知識公開地分享予所有人（參見第十九章〈我的靈性導師〉該章內容，即可瞭解更多有關這位了不起的人士——昆達里尼瑜伽與白譚崔瑜伽（White Tantric Yoga）大師的事蹟），以便爲人類做好準備，去面對地球正在經歷的重大轉變。即便只在十年之前，我們所認識的世界已全然改變，不論是在地理、社會、經濟、道德各方面，跨越雙魚年代來到了寶瓶年代②；正如尤吉巴贊大師所言，「過去行得通的，現在行不通了。」昆達里尼瑜伽自古相傳下來的技能將帶給我們覺知與力量，讓我們在這個新世紀能更爲平順地經歷各種轉變。

## 普拉納（prana）的力量

昆達里尼瑜伽又特別專研於宇宙中最強大的能量——基本的生命能量「普拉納」。普拉納是一種次原子（sub-atomic）能量，亦即生命的力量。數千年以來，遠在科學家對原子進行分裂以前，瑜伽修行者即已知曉普拉納的存在：你在每個呼吸中所吸收到的能量，就是普拉納，一種強大至極的事物。昆達里尼瑜伽就是通往發現我們內在普拉納來源的道路，並可教導我們如何使用之。

## 為什麼要修習昆達里尼瑜伽？

人們決定修習昆達里尼瑜伽可能出自種種的原因。可能是你的脊椎治療師如此建議；可能是你的心理醫生、內科醫生或隔壁鄰居推薦它可以幫助你放鬆、應付壓力、找到心靈的平靜；可能你只是感到好奇。不管基於何種原因，我們都歡迎你來修習！但要先提醒一點：如果你如實地修習昆達里尼瑜伽，你會發現你自己以及你的生活都會有所改變。如果你不想改變，或是你對現在的自己以及現在的生活感到完全滿意，那麼，就別再進一步了；但如果你想要探索你最大潛能的可能性，那麼，請繼續讀下去。

昆達里尼瑜伽絕不僅是一套鍛鍊身體的方法，而是發展覺知的一種動態的、強大有力的工具，請以尊重、敬畏及開放的態度去親近它。

本書的目的是要讓你能夠親身嘗試昆達里尼瑜伽，如此一來，你才能親身經驗其所提供的好處。

## 「百聞不如一試」

②一九九一年十一月十一日，我們進入了寶瓶年代的二十一年轉換期；這二十一年會分成三個七年，強度漸增，到二〇一三年時達到一個全盛時期。

在自我發現的個人旅程中，讓這些書頁上的文字幫助你踏出下一步。毫無疑問，你是一個獨特而奇妙的存在，有著獨一無二的命運；讓昆達里尼瑜伽——覺知瑜伽——幫助你實現最美好的你！

# 2 一個目標

## 靈性之旅

萬物皆來自於神，也都會回歸於神，包括你在內；而你如何到達那裡，則是你的特別旅程。瑜伽修行者希望的是及早獲得這種體驗，並選擇一條最適合他的①性情與能力的路徑。

不同的路徑適合不同的人。來趟健行？你可以選擇攀爬崎嶇不平、艱難費力的上坡，也可以沿著有清楚指標的步道悠閒漫步。想走遠點嗎？你可以從洛杉磯直飛紐約，或是在中途停靠他站，甚至可以更改航班；如果你有大把時間，更可以沿著風景秀麗的路線搭乘巴士或火車；還有些人喜歡駕

①每當你看到「他」或「他的」之非特定人稱，請假定我把「她」或「她的」也包含進去了。讓我們省點墨水。

車穿越鄉間。「如何」到達那裡，是你的選擇；而「何時」到達那裡，會被「如何」的選擇所影響；「那裡」則是業已決定之處，因爲，即便有許多條回「家」的路，除了「家」之外，我們並無他處可去。

**昆達里尼瑜伽**或可稱爲是無任何停靠站的飛行直達路線。這項極爲全面性的瑜伽技能，非常適合在今日世界中積極生活的人們。

在本書的後半部，你會讀到某些其他瑜伽方法的簡短描述。既然本書所談的就是昆達里尼瑜伽，我打算給它比其他瑜伽更多的篇幅，我想這是很公平的吧，你認爲呢？

昆達里尼瑜伽能平衡我們的腺體系統，強化體內的七萬二千條神經，擴大肺容量並淨化血液；它可以帶來身心靈的平衡，教導我們積極正面、自我賦權的思維態度；它就是爲達生命中之成功與卓越的在職訓練，可建立起內在的力量與自我的覺知，讓你得以實現自己最大的潛能。

藉由昆達里尼瑜伽，我們可以駕馭身體中的精神、物質以及神經能量，並將這些置於靈魂的工具——意志——的支配之下。昆達里尼瑜伽連結有限的生命至無限的體驗，使其更臻完美。

### 「瑜伽」是什麼意思？

「瑜伽是什麼意思？瑜伽意味著合而為一。當你與你的靈魂合而為一、與給予你靈魂的唯一真神（the One）合而為一時，這就是瑜伽。以莊嚴的方式去做，就被稱為「帝王瑜伽」（Raj Yoga）；以優雅的方式去做，就被稱為「業瑜伽」（Karma Yoga）、「奉愛瑜伽」（Bhakti Yoga）、「能量瑜伽」（Shakti Yoga）……。當你以一種絕對潛心於意識的方式去做，並將你所涉入的意識置於最高地位，就被稱為「昆達里尼瑜伽」——一種自我的開展。你展現出你自己，你認出了你自己。這就是所謂的昆達里尼瑜伽，錫克徒稱其為薩特南（SAT NAM）……」（譯者註：南的尾音要將嘴巴閉上）

——尤吉巴贊大師，一九八八年十一月三十日

「昆達里尼瑜伽是將有限與無限合而為一的科學，也是在有限中體驗無限的藝術。那些修習昆達里尼瑜伽的人，不必對此有不同的定義；因為這就是昆達里尼瑜伽，直接，簡單，一點也不複雜。」

——尤吉巴贊大師，一九八八年十月二十七日

「昆達里尼瑜伽是什麼？它就是人類的創造潛能。」

——《尤吉巴贊大師的教誨》，第一七七頁

# 3 調頻

嗡 南無 古魯 戴芙 南無（*Ong Namo Guru Dev Namo*）

**我們在做任何昆達里尼瑜伽的練習之前，一定會先調頻**

當你想觀賞你最喜愛的電視節目時，你得先選到正確的頻道。如果你想看世界職棒大賽，就不會轉到家庭購物頻道。藉由選擇了播送某節目的特定波長，你看到了你想看的節目。

電視有那麼多的演出訊息，所有的電視台都在同時間播送節目，而你的螢幕只會播出你所選擇的特定那一個。爲什麼？因爲調合波長的原理。你藉由調整到正確的頻率，得到你想要的電台或頻道。當你使用正確的「代號」，就會轉到你想要的頻道。梵咒的原理，也是如此。

**調頻**
**只是改變你心靈電視的頻道**

## 梵咒

我們生活在能量的大海之中。能量會振動，宇宙中的每一種聲音，都有與其相對應的某個特定振動頻率。透過某種特定的聲音（音節）組合之振動，你可以調整到各種不同的智識或意識層級；事實上，不論你是否有意識到，你無時無刻都在選擇自己的節目。

不論是有意識或無意識、特意或隨機，透過你所思考（振動）的想法與你所說出（振動）的話語，你都親自地選擇了在你心靈螢幕上播映的節目。

梵咒就是有意識地建構而成的音節組合，以便正確地對應至特定的智識層級。利用一段梵咒，就像撥出某個電話號碼：如果你想跟佛羅里達的朋友通話，就不會撥到聖地牙哥動物園去。

這些聲音的意義與力量的知識以及音流的運用，都包含在梵咒瑜伽古老的技能當中，在昆達里尼瑜伽的練習中，這也是極爲重要的一環。

靈性無法被教導，只能被傳染，就像麻疹一樣。

我們已經說過，昆達里尼瑜伽是一門神聖的科學，一種靈性的練習。「靈性」是會感染的，因此，你得從某個已擁有靈性的人身上去得到它。這就是爲什麼我們在開始每一堂課時，都要先「調頻」到正確的頻率，也就是與那些已經「得到它」的導師們波長一致；如此一來，我們才能接收到他們的振動，與他們產生共鳴。我們用來達成這個目

的的梵咒，就是**嗡　南無　古魯　戴芙　南無**（ONG NAMO GURU DEV NAMO）。這些代碼不僅能祈請你的最高自我給予祝福，還可以打開你與靈性大師，亦即在我們之前走在這條道路上、一脈相傳的眾多靈性導師們之間的保護性連結；這種由導師傳送高層意識給弟子的方式，已然行之有數千年之久，有時也被稱爲「黃金鏈結」。尤吉巴贊大師，就是我們所有修習昆達里尼瑜伽的人與這條黃金鏈結最直接的連繫。

**唱誦（振動）「嗡　南無　古魯　戴芙　南無」是為了確保你在修習昆達里尼瑜伽時，能夠擁有最純粹的內在指引。**

以下就是教你如何轉動你心靈的撥號盤、如何切換到可以讓你最清楚接收昆達里尼瑜伽技能，以及隨之而來的高層意識（振動）的頻道。我將會十分詳細地說明這一點，因爲讓你從一開始就具備正確的認知，是非常重要的。

準備好了嗎？讓我們開始吧！

坐下，脊椎打直，最好可以盤腿坐在地板上（利用墊子、折疊的毛毯，或某些可作爲襯墊的牢固之物）。以瑜伽用語來說，這種盤腿的坐姿稱爲「散盤」（Sukh Asan），翻譯爲「簡易坐」（easy pose）——雖然對你來說可能不怎麼簡易。如果你無法坐在地板上，可以坐在椅子上，只要確定你的雙腳皆穩定地在地板上，而且兩邊的重量均等且平衡。脊椎保持伸直。雙手合掌，緊貼在一起，置於胸部正中央；手指朝上且略微向外，大拇指的這一邊輕微但穩定地按壓於胸骨的中央。這樣的壓力會刺激到往上直達大腦的神經末梢，我們稱之爲「心智神經」。這個手印又被稱爲「祈禱式」，這不僅讓你看起來神聖（是個不壞的形象），更有助於加強你的專注力：讓你得以把心神集中於一點上。讓你的專注力保持集中，不僅有助於冥想，在烤蛋糕、寫交響樂、騎腳踏車時，也都用得上。要成功地完成任何工作，都需要我們能捕捉並駕馭大量分散的思想碎片——它們無時不在我們未經訓練的心智中瘋狂奔馳著。

散盤（簡易坐）的祈禱式

保持雙掌穩定地緊貼在一起。雙掌上有著可對應大腦左半球與右半球的神經末梢，緊貼在一起時，有助於平衡大腦中掌控邏輯的半球與掌控創意和直覺的半球，這種平衡感，對於成功的專注力來說極爲重要。

稍微將你的下巴往內收，有助於打直脊椎，並讓昆達里尼的能量可以更自由地往上流動。

## ONG NAMO GURU DEV NAMO

**嗡　南無　古魯　戴芙　南無**

**「我向造物主及內在的神聖導師禮敬」**

- **嗡**（ONG）意指造物主，創造你的唯一眞神。
- **南無**（NAMO）意指虔誠恭敬的問候與禮敬。
- **古魯**（GURU）意指這項技能的給予者，亦即導師。

　導師：消除愚昧無知的人。

　古＝黑暗，魯＝驅散黑暗的光明

- **戴芙**（DEV）意指透明的（非實質的）

準備好了嗎？先閱讀下列的指示，接著閉上你的眼睛，保持專注於你的前額中央，然後開始。

做幾個長長的深呼吸，從你的鼻子深深地吸氣，然後再從鼻子把氣完全呼出；如此反覆進行數次，接下來：

鼻子深吸一口氣，從喉部後方振動嗡的音節，感受聲音透過鼻子傳出。

接著，慢慢滑進**南無**的聲音（「南」是一個短音節，「無」是一個延長的音節。參見第二部（發音的關鍵）），完成這段梵咒的其餘部分：提高**戴芙**（Dev）（與save這個字同韻）這個音節的音調，約高於其餘部分三分之一。

在唱誦最後的**南無**時，呼完所有的氣。

如果你可以做到，就一口氣唱誦完整段的梵咒，不要停頓；如果你發現自己在唱誦**古魯**（G'ROO）（與who這個字同韻）之前需要稍微喘口氣，你可以在唱「嗡　南無」之後，快速地用嘴吸一小口氣，就像你在說話時會自動吸氣一樣；但是，別在梵咒中間用鼻子吸氣（注意，「古魯」中的「古」這個音節非常短）。

每一段完成後，在你再度開始唱誦下一整段的梵咒之前，從鼻子深深吸氣；持續這個順序至少三次，只從鼻子呼吸。繼續唱誦**嗡　南無　古魯　戴芙　南無**，你想多唱幾次就多唱幾次，直到你感覺「連結上了」；就像你讓電話一直響到終於有人接聽爲止。

我們通常會使用一個基本的旋律，但旋律並不比節奏與呼吸來得重要；這一點適用於所有的梵咒，亦即，節奏與呼吸是梵咒中最重要的因素。

當你完成**嗡　南無　古魯　戴芙　南無**的唱誦時，深深吸氣，感覺自己充滿了能量、活力、光明與喜悅！在你感覺舒適的情況下，盡你所能屏住呼吸，愈久愈好；然後再完全把氣呼出，感覺呼吸把你的緊張與疲勞都帶走了，感覺你自己擺脫了憂慮或疾病。再多做幾次長長的深呼吸，把每次的呼吸都當成是自我療癒的冥想；在各式各樣效用強大的冥想中，再沒有比呼吸的冥想功效更有力量的了。

讓我再重複一次：在每次你開始練習昆達里尼瑜伽之前，都要記得唱誦至少三次的**嗡　南無　古魯　戴芙　南無**。當你在唱誦時，要意識到這段梵咒的重要意義，這才不會變成只是一種表面的儀式。

正因**嗡　南無　古魯　戴芙　南無**是如此珍貴的梵咒，尤吉巴贊大師有一卷持續四十五分鐘的梵咒錄音帶，是由妮爾冷將．考爾（Nirinjan Kaur）唱誦，我們通常在瑜伽課程中播放，並跟著冥想或唱誦；這也經常被用於白譚崔瑜伽視訊課程的冥想練習。這卷錄音帶中優美的旋律不同於原始版本❶。

**重要概念：**

1. 再沒有比呼吸的冥想更強大的事物了。
2. 唱誦不是唱歌，也不是說話；它是一種振動。
3. 從你的丹田處發聲唱誦，可使任何梵咒產生更大的效果。

❶音樂參考出處 https://www.sikhnet.com/gurbani/audio/ong-namo-guru-dev-namo-0

# 4 生命的呼吸

## 如何呼吸（我不是早就知道了嗎？）

我們會給小孩上鋼琴課，熱切地鼓勵他們走路、說話，但是我們之中有多少人會訓練他們呼吸？你的父母有教你如何呼吸嗎？好消息是，我們出生即具備了與生俱來的呼吸技巧，讓我們得以活下來；壞消息是，除非我們學會有意識地呼吸，否則我們只能算是「半活」著而已。我們就像冠軍賽車，卻永遠無法將排檔打到一檔以上！

## 呼吸、呼吸、再呼吸！

某些最深奧的眞理、宇宙的「秘密」，都包含在生命最簡單、最基本的事實中。呼吸，就是這些秘密之一；呼吸是如此基本，又如此自然而不費力，以致於我們總是視之爲理所當然，卻不瞭解其重大的意義與潛在的力量。

大家都知道，一個人幾個星期不吃東西、幾天不喝水還可以存活。但幾分鐘不呼吸就必死無疑。這是我們都知道的事實，那麼，重點是什麼呢？

重點是，你的整個未來、你的生命本身，完全取決於你是否能吸到下一口氣。對你來說，再沒有比下一口氣更重要的事了，然而，絕對沒有任何保證可以確保你吸到你的下一口氣。你能保證的預期壽命，眞正來說，只有一個呼吸！除非你正在呼吸，否則，你所有的財富、所有財物、關係、權力、聲望、希望和計畫都毫無用處。

這就是爲什麼昆達里尼瑜伽的基本首要原則即爲：

## 珍視你的呼吸

每個呼吸都是贈予給你的。在呼吸的不是「你」，而是你內在的某個事物。想想看，從你出生的那一刻開始一直到這一刻，每天二十四小時、每週七天、一年三百六十五天，沒有假日、沒有假期、沒有休息，不論你是醒著還是睡著、有意識或無意識、快樂或不快樂，你內在的某個事物始終在呼吸，讓你活下去。

在此出現了一個最重要的想法：有些人將你內在呼吸的那個有著驚人力量、能量或影響力的事物，稱之爲「神」（**GOD**）。沒錯，那個創造（**G**enerate）、組織（**O**rganize）、實現（**D**eliver）或摧毀（**D**estroy）一切創造物的「唯一宇宙智慧」（the One Universal Intelligence），正是我們每個人內在呼吸的事物。等一下，我們正在談論的是宗教嗎？不！當然不是。宗教是你選擇（如果你想選擇）如何崇拜你內在那個呼吸的事物。

呼吸是一股微妙的細繩，連結了你這個造物與創造這整個宇宙（包括你和我）的造物主。你所接受的每一個吸氣，都是對你內在神聖存在的一種提醒，一種再次的肯定。

「如果你的內在有任何神性的存在，那必然是你的呼吸。」

——尤吉巴贊大師

在東方世界，據說一個小孩出生時，他的壽命業已被決定、被預先測量過，已然命中註定了——不是由年齡來決定，而是取決於他被分配到的呼吸次數。因此我們可以理所當然地得出結論：如果你呼吸得慢些，你就可以活得久些，也可以活得健康些。呼吸速度減慢，也會讓神經系統、新陳代謝與消化功能的負擔減輕許多。

呼吸的速度和節奏，與我們的心理和情緒狀態密切相關。事實上，正如情緒與心智會導致呼吸產生變化，藉由有意識地控制呼吸，我們也能控制自己的心智與情緒；藉由放慢呼吸，我們就能讓自己的心智與情緒能量平靜下來。

對大部分人來說，平均的呼吸速率每分鐘約十五次。當呼吸速率增加，或是變快、變得不規則時，我們的心智也會變得不安寧、不穩定。我們已經本能地知道了這一點。在看電影的時候，當我們聽到電影中某人喘著氣、沉重地呼吸時，即便我們沒看到人，都可以感受到那種緊張的氛圍，並且推測出他們正在心煩意亂、苦惱不快。而當我們想知道嬰兒是否睡著時，也會傾聽他們的呼吸是否勻緩。

## 普拉納與空氣

是的，呼吸就是生命。但讓我們得以存活的，並不是我們所呼吸的空氣，而是呼吸中微妙的本質，藉由呼吸帶來給我們，那包含有我們稱之爲「普拉納」的生命能量。我們從每次的呼吸中所接收到的普拉納，跟科學家分裂原子時所釋放出來的能量，並無二致。這不是什麼新鮮事了。

數千年以來，瑜伽修行者始終致力於修習普拉納，這項瑜伽呼吸練習稱之爲呼吸控制法（pranayam）。普拉納是宇宙的基本構成元素，在每次吸氣時被帶入我們的身體之中。還有什麼能較之更強大有力？

當一個人死亡的時候，體內仍含有空氣，但是神聖的生命力量普拉納已然被抽離了。

**吸入的生命氣息是普拉納，呼出的則稱為阿帕納（Apana）。**

後續會介紹更多關於阿帕納的內容。

**要記住的原則：**

1. 你的呼吸速率與你的心智狀態，兩者之間有著密不可分的關係。
2. 你的呼吸速率愈慢，就愈能控制自己的心智。

另一個要記住的原則（特別在之後我們談到放鬆時），就是：

3. 心智隨呼吸轉，而身體則隨心智轉。

## 呼吸控制法：有意識的呼吸

我跟尤吉巴贊大師上的第一堂課，整個內容就是緩慢、深長的呼吸，他叫我背靠地板、平躺下來（好在地板上還有塊墊子），開始從鼻子盡可能深長地吸氣及呼氣。然後，他就離開了教室，四十五分鐘之後才回來！這就是我的昆達里尼瑜伽入門課程。

尤吉巴贊大師並沒給我任何技術性的細節指導，只叫我躺直，將雙臂保持在身體兩側，從鼻子有意識地進行深長的呼吸；有意識的呼吸意味著將你的注意力專注在每個吸氣與呼氣的動作上，跟我們大部分時候只是讓呼吸「自然發生」比較起來，是一種截然不同的經驗。

最基本的瑜伽呼吸技巧，就只是深長的呼吸。

## 深長呼吸（Long Deep Breathing）

深長呼吸的效果是什麼呢？深長呼吸能平靜你的心智、平衡你的情緒，並使身、心、靈和諧一致。冥想與瑜伽運動的練習中，都會用到深長呼吸；它可以被運用在任何日常情況中——只要在你想控制自己的情緒，或是希望自己可以清楚地思考、有效地行動時。切記，你呼吸得愈緩慢，你的心智就會愈平靜。結合正面的肯定詞一起運用，深長呼吸法可以是一種極爲強大有力的自我療癒工具。

所以，讓我們開始吧！坐直，或者你甚至可以躺下，背部貼平地板。閉上眼睛，以**嗡　南無　古魯　戴芙　南無**（ONG NAMO GURU DEV NAMO）的唱誦來調頻（參見第三章〈調頻〉）。最重要的一點是脊椎必須打直，不得有任何彎曲。我們將運用深長呼吸作爲宇宙智慧冥想的呼吸法（參見下頁）。

你可以運用深長呼吸法作爲引導冥想，進行各方面的自我療癒。選擇你要冥想的特質清單，在每次吸氣時，有意識地接收並接受你所選擇的任何特質，然後在每次呼氣時，釋放或放下相反的特質。舉例來說：

| 吸入 | 呼出 |
|---|---|
| 健康 | 疾病 |
| 力量 | 衰弱 |
| 能量 | 疲勞 |
| 信心 | 恐懼 |
| 平靜 | 緊張 |

## 宇宙智慧冥想

為集中你的能量於智慧的特質上，將你的雙手置於膝蓋上（雙掌可朝上或朝下），彎曲食指，食指指尖貼住大拇指的第一節指腹，其他三指併攏伸直。手臂伸直自然垂下，手肘不彎曲，雙手皆如此。你的身體就像是一座平衡、對稱而穩定的金字塔，多麼莊嚴的一位瑜伽修行者！

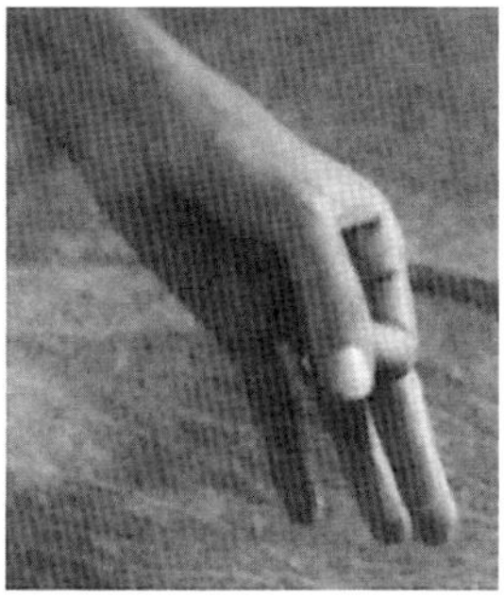

從鼻子深深地吸氣，感覺就像你正在把吸入的空氣下拉進丹田；然後，當這吸入

的空氣開始充滿肺部時，你的橫膈膜會隨之擴展。你可以把腹部想成是一個氣球。保持吸氣，直到你的肺部吸入所能容納的所有空氣，然後你的胸腔也會隨之擴展。

持續專注於你的呼吸上，感受其進出。深深地呼吸，感覺呼吸一路往下走到丹田。當你呼氣時，將肺部空氣完全地排出。用上你整個的肺活量，讓每次的吸氣與呼氣盡可能地深長、充分而完整。很快地，你必須更加專注以維持呼吸的深度——因為隨著呼吸變慢，心智也會變得遲緩，這往往讓你更想睡覺。（當你晚上想睡覺時，就用得上這個原理了。我們會在第十四章〈睡眠〉那一章詳述。）現在，試著開始保持警覺，繼續讓每一次的呼吸保持深長而充足。

在每次深長呼吸時，保持你的腹肌放鬆；腹部會隨著呼吸自然移動，那是因為橫膈膜在工作。有意識地感覺自己在每次吸氣時吸進了宇宙的智慧，在每次呼氣時呼出了懷疑與困惑。

持續進行三分鐘。你會發現自己感受到多麼平和與清明的神智——雖然只有三分鐘時間！當然，你可以用更長的時間來進行這個練習（十一分鐘、三十一分鐘，或更久）；但一如以往，我們還是建議適度即可。從短時間的練習開始，再逐步拉長你的時間。

看起來似乎很簡單，但相信我，這眞的有用！事實上，你的內在早已流動著永恆力量的無限創意，這只是一個去運用它的方法。請記住，呼吸就是生命，因此，呼吸能夠使你恢復活力並再生。

## 攤屍式（Corpse Pose）

你也可以躺下來進行深長呼吸（或是任何呼吸法），讓你的背貼平地板，身體保持一直線，雙臂置於身體兩側自然下垂，雙掌朝上。然後，你可以告訴你的朋友們，你精通了哈達瑜伽（Hatha Yoga）的一項體位法（姿勢，Asana）！這個姿勢稱爲攤屍式，不但提供脊椎（有共計七萬二千條神經附著於二十六塊主要脊椎骨上）最佳的支撐，還可以讓能量在全身自由流動。

## 結合呼吸與梵咒

一個最簡單但卻最強有力的呼吸冥想方法，就是在每次吸氣時想著「**薩特**」（SAT）的音，在每次呼氣時想著「**南**」（NAM）的音，傾聽你心中的這些音節（薩特，與 but 這個字同韻；南，與 calm 這個字同韻），在心裡創造出這些聲音。慢慢來，先做十次深長而完整的呼吸，把「**薩特　南**」無限延長的聲音運用在每次呼吸的冥想上。

我們爲什麼要使用這些特殊的音節呢？因爲，「**薩特　南**」可以立刻將我們的頻率調成與我們的最高自我一致。「**薩特　南**」確認了「眞實是我們的身份」，翻譯爲「眞實是神的名」。我們稍後會再談到更多關於梵咒的內容，但在此之際，要先對一個重大的概念稍加解釋：

**「太初有道，道與神同在，道就是神。」**①

**薩特　南**

**薩特　南**是一個「種子梵咒」（Bij Mantra），或稱「種子音」（seed sound）。**薩特**意味著眞理，也就是最終不變的宇宙眞理；**南**意味著名字或身份。當我們對彼此說「薩特　南」時，

**SAT NAM**

表示我們正在向對方的神聖身份致意；那麼，我們至少在那短暫的片刻中是團結一致的，「在精神上合而爲一」，彼此之間沒有障礙，也沒有恐懼或分離的阻隔。藉由使用「薩特　南」作爲一種互相的問候語（我甚至把它放在我的語音郵件之中），我們都可以把自己的頻率調整成與自己的最高意識一致——至少在那片刻的時間當中。在那之後，只要我們想，我們可以決定不同意任何事！但至少，我們已建立起一個全然和諧與歡迎的溝通基礎。我認爲，這就是愛。

## 擴展你的肺活量

當你的心智安寧、處於冥想狀態，並在你的掌控之下時，你的呼吸速率會變得緩慢、穩

定、平靜。因此，藉著緩慢而穩定的呼吸來平靜你的心智，是合乎邏輯的方法。是的，再次重複，這是一個事實：當你改變了你的呼吸速率，也同時改變了你的心智狀態。但要更緩慢地呼吸，就必須要有更大的肺活量；所以首要之務，其一就是增加我們的肺活量。而要達成這個目的，練習火呼吸是最快的方法。

## 火呼吸（Breath of Fire）

這裡要介紹的呼吸法，不僅能增加你的肺活量（讓你得以輕鬆地進行緩慢而深長的呼吸），還能：

- 強化你的神經系統
- 淨化你的血液
- 提供你能量，刺激、喚醒你！
- 提升你的活力！

這種呼吸法稱爲「火呼吸」，這也是我會先教導初學者的幾件事情之一，而我想現在就教

①創世紀。

你怎麼做。請先用**嗡　南無　古魯　戴芙　南無**「調頻」，接著我們可準備開始。

讓我們以簡易坐，像瑜伽修行者般坐好，亦即輕鬆的盤腿坐姿。如果你覺得愈來愈不舒服，試著坐在你的腳後跟上（金剛跪姿 Vajra Asan，又稱岩石坐 Rock Pose），或是坐在椅子上，或是躺在地板上。重點是，在你「有意識地呼吸」時，你的脊椎必須打直。

手指交叉，置於腿上；理想情況是雙手以「金星鎖」（Venus Lock）的方式交握。當你在做火呼吸時，金星鎖可以幫助你控制及容納增加的能量——來自你即將帶入身體之中的更多普拉納。

仔細看看圖示，注意雙手的拇指並沒有交叉。男性與女性的手部位置是相反的（圖示中顯示的是女性的金星鎖）。右手的大拇指指尖穩定地按壓在左手的大拇指與食指之間，而左手的大姆指則按壓在右手拇指與手腕之間的掌丘凸起處。確定雙手手指間隔交握，別讓同一隻手的兩根手指靠在一起。

金星鎖

## 如何進行火呼吸

火呼吸法只是一種從鼻子快速呼吸、效力強大的呼吸法。要學習這個方法，先確定你的脊椎已打直，保持雙唇閉起，快速地從鼻子呼吸。吸入與呼出同樣重要（不像哈達瑜伽的「風箱式呼吸法」（Bastrika）強調呼氣，並專注在下腹部的肌肉）。

吸氣挺胸，保持靜止不動；呼氣，丹田向內收。注意，上腹部與橫膈膜會隨著丹田往內拉進身體的動作而移動，呼吸是從丹田到橫膈膜開始啓動。剛開始時你可能會發現，先同步想著呼氣與丹田往內拉進身體中的動作會有幫助。

**傾聽你呼吸的聲音，想像你在為一部有著二十七個蒸汽引擎的火車正在爬坡的電影配音。**

當你剛開始學火呼吸法時，可以慢慢來，直到你習慣於這樣的呼吸節奏，並能夠輕鬆地協調你的呼吸以及丹田往內拉入的動作。然後，你再加快速度到一分鐘大約呼吸一百二十次到一百八十次。

傾聽你呼吸的聲音，想像你在爲一部有著二十七個蒸汽引擎的火車正在爬坡的電影配音。

在每次的呼氣時，將丹田往你的脊椎後背拉，然後放鬆。動作之間不要暫停。當火呼吸做得很正確時，會是一種很輕鬆的呼吸，肌肉隨著節奏起舞，你會變得活力充沛，而非奄奄一息。火呼吸不是過度換氣。過度換氣的呼吸深而不穩定，上胸腔也並非保持不動，人們通常會用「胸部呼吸」，或是用相反的方式呼吸；也就是說，呼氣時丹田往外推出，而非往內拉入。

繼續火呼吸的練習，快速而持續地吸氣與呼氣，中間毫無暫停。在你第一次練習時，大約練習三十秒即可。讓你的肩膀放鬆，毫無壓力地進行練習，同時要保持脊椎打直不僵硬。

不要試圖用嘴巴吸氣或呼氣去跟上你的呼吸。如果你開始覺得上氣不接下氣，而認爲應該停下來了，只要從鼻子做幾個緩慢而深長的呼吸，直到你覺得已經準備好重新開始，然後再試一次。

若要我寫一篇關於火呼吸的廣告，我會這麼說：

**你的神經「緊繃」嗎？**
**你會因為一點最輕微的挑釁就抓狂嗎？**

## 試試本週精選的呼吸法：「火呼吸」

- 火呼吸可以確實地隔絕你的神經，以一種無形而強大的生命能量防護墊包覆住你的神經，可維持數日之久。
- 規律地練習火呼吸，瑜伽修行者保證你可以終結任何令人尷尬的發脾氣壞習慣。
- 讓你的朋友與家人對你平靜而安詳的性情改變大感驚異。

那麼，現在你對於火呼吸已有概念了，這不僅對於強化你的七萬二千條神經有著奇蹟般的功效，又因為火呼吸能夠擴展肺活量、讓你能緩慢地呼吸，所以還可以活化你的直覺。

在吸氣或呼氣時，都不要暫停或屏住你的呼吸。火呼吸是一次連續的呼吸，儘管那看起來像是許多次的吸氣與呼氣，仍被視爲是一次完整的呼吸——從你開始的時間算起，一直到你停止的時候；這就是爲什麼火呼吸對於平靜心智可以產生如此令人驚奇的作用（我們

說過，你的呼吸愈緩慢，你的心智就會愈平靜）。即便你只做了一分鐘的火呼吸，所得到的效果宛如在這整個一分鐘之內只呼吸了一次！一分鐘的呼吸次數只要少於四次，就可以讓你進入冥想狀態；再者，緩慢地呼吸也會提升你內在直覺指引的流動。

## 呼吸與直覺

呼吸是這麼運作的：當一分鐘的呼吸次數少於八次時，即可刺激腦下垂體的分泌。腦下垂體不僅是身體的腺體總管，更是通往直覺的大門、控制直覺的面板。腦下垂體分泌得愈多，你的直覺就會變得愈發積極活絡、顯而易得。這意味著，你會更加清楚地意識到自己必須採取的行動，你會找到自己內在的指引；一種直接、瞬間產生的「我就是知道」的意識，變得更為頻繁、強烈而清晰。透過昆達里尼瑜伽的冥想，你也會學到如何運用你的冥想性心智，以及如何隨心所欲地召喚你的直覺。

## 對身體產生的效果

火呼吸是一種可達到清理與淨化效果的呼吸，因此，如果你是剛開始練習火呼吸，可能會注意到火呼吸對身體產生的某些反應；尤其當你的血液中含有許多毒素時，可能會在練習的過程中感到輕微的頭暈目眩。不過不必擔心，只要繼續練習下去就好，或許會有點不舒服，但這是無害的，你只會感覺毒素從身體的表面排出，被消除了。

在任何清理的過程中（像是極爲嚴格的潔淨飲食或斷食），你可能會在一開始時感覺虛弱，甚至或許比你開始之前還糟糕了些；但是繼續下去，便能除掉那些毒素，否則它們將鎖在你的體內——一直等到某個良辰吉日，這些毒素才會決定出來透透氣，那就是你「生病」的時候了。

當你開始做火呼吸時，其他症狀也會開始出現。你可能會感覺鼻孔裡在發熱或發冷，也可能感覺到鼻根處的壓力；有些人會覺得「搔癢」或刺痛，有些人則毫無任何症狀。各種感覺都是身體附帶的、暫時的調整，你可以忽略這些。火呼吸會產生大量的熱，讓身體熱起來（試試在某個寒冷的日子練習吧！）。不過，因爲火呼吸往往會加強血液循環，女性不該在生理期期間進行這項練習。

藉由梵咒的加入（只在心中聽到聲音），你可以讓火呼吸更爲強大：哇嘿 古魯（Wahe Guru）、哇嘿 古魯、哇嘿 古魯……（發音爲哇 Waa 嘿 Hay 古魯——參見第二部〈發音的關鍵〉），跟著呼吸的節奏，一遍遍快速地重複。**哇嘿 古魯** Wahe Guru 的意思是「哇！神眞是太偉大、太棒了！」這是一種表達狂喜的梵咒。或者你也可以默念複誦種子梵咒**薩特 南** SAT NAM 六次：「薩特 南，薩特 南，薩特 南，薩特

*SAT NAM*
*SAT NAM*
*SAT NAM*
*SAT NAM*
*SAT NAM*
*SAT NAM*
*WAHE GURU*

南，薩特　南，薩特　南」，然後在唱完每一段之後，加上「哇嘿　古魯 Wahe Guru」！

## 回家作業

對自己好一點，就開始規律地練習火呼吸吧。每一天，帶著你的手錶或計時器一起坐下來，或者你就直接進行；每天給自己五分鐘時間，先從每次三十秒開始練習，當你需要時，就在中間做幾個深長呼吸。

持續練習，直到每天可以做到比一次三十秒更長的時間；過了一週，你就可以輕鬆自如地進行長達兩分鐘之久的火呼吸，而且中間不用暫停。當然，你得空腹練習！你不會希望在任何練習之前的一小時內進食，而在做昆達里尼瑜伽之前的兩小時內，也只能吃非常清淡的食物。

在許多昆達里尼瑜伽的練習當中，火呼吸是極為重要的一環。因此，你必須**練習、練習、再練習**！你會發現火呼吸是如何提供你充沛的能量，讓你感覺有多棒！

## 兩個鼻孔好過一個鼻孔！

我們已談過呼吸及其與心智狀態的關係，也學到了兩種最基本的呼吸法：火呼吸，一種能強化神經系統、擴展肺活量的呼吸法，以及深長呼吸。

現在，讓我們來談談你為什麼有兩個鼻孔，然後學習如何分別地運用它們。

你的體溫是藉由輪流通過兩個鼻孔的普拉納來調節，作用有點像是空調裝置與火爐，每兩個半小時打開、關閉，來回切換加熱與冷卻功能，保持你的體溫正常、能量平衡。

你的腦下垂體，亦即你體內的腺體總管，作用就像是控制切換開關的恆溫器。左邊的鼻孔吸進月亮那冷卻、舒緩、擴展心智的能量，屬於「水」的元素；右邊的鼻孔則吸取太陽那活力四射、活躍敏捷、警醒精神的能量，可以讓身體熱起來。你現在就可以體驗一下，看看你是哪一個鼻孔正在運作：把一根手指放在你的鼻子底下，徐緩地呼氣；你會發現，空氣多半只從一個鼻孔流出來。

右邊的鼻孔控制我們的能量水平，而左邊的則控制我們的情緒。所以疲累時，從右邊的鼻孔做深長呼吸，會讓我們獲得額外的能量；若從左邊的鼻孔呼吸，則能在我們感到心煩意亂、情緒化、生氣、害怕或不安的時候，讓心情平靜下來。

雖然你的身體也有讓鼻孔輪流呼吸的自動轉換節奏，在某些時候，你還是可以藉由有意識地控制這項功能而受益。許多呼吸法會用到一個或兩個鼻孔，或者輪流交替使用，端視想達到什麼樣的效果而定。

## 左邊鼻孔呼吸：平靜下來、冷卻下來

如果你感覺心煩意亂、氣憤、激動不安、心理或情緒上深感困擾，或者只是因爲步調太快而感到緊張焦慮、壓力很大，試試下面的方法：

找一個無人打擾的隱蔽所在，用五分鐘進行這項呼吸法。

坐下，脊椎打直，用右手的大拇指——其他手指併在一起，像天線般朝上指——壓住你的右鼻孔。開始只從左鼻孔做吸氣與呼氣的深長呼吸，如此進行二十六次就有效果了。當你平靜下來時，便能決定要怎麼處理所有需要你採取行動的情況，如此一來，你才不會因爲任何不經思考的情緒反應而一觸即發。

## 交替鼻孔呼吸：活化並鎮靜神經系統

這是一種運用鼻孔交替呼吸以舒緩、平靜，同時活化整個神經系統的呼吸技巧，其作用無庸置疑，因爲你的神經系統能量，直接與你的呼吸成正比。

只需要三到五分鐘，就可以讓你的整個神經系統恢復活力與生氣。當你感覺到「心不在焉」，但還是得在工作崗位上、在家裡、在學校如常運作時，這項特殊的技巧也能派上用場。

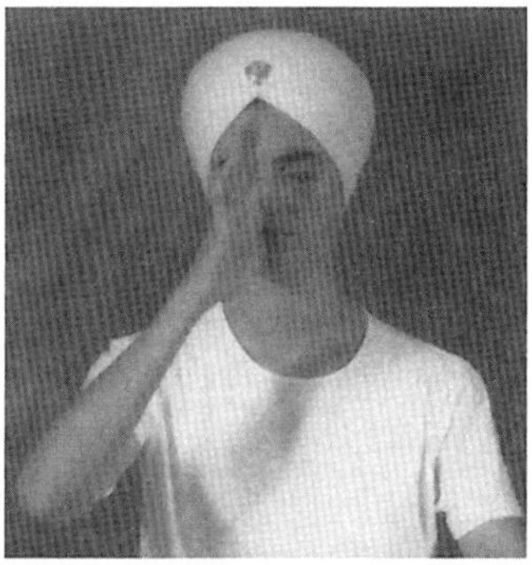

假設你有一場已排定的重要商務會議，但你正感到極為緊張並煩躁，這項呼吸法就能幫助你平靜下來，讓你能夠在會議中進行有效的溝通。下面就教你怎麼做：

讓自己舒適地坐下，脊椎打直，用你右手的大拇指與食指做出一個「U」字型；以大拇指按住右鼻孔，用左鼻孔吸氣或呼氣，再以食指按住左鼻孔，用右鼻孔吸氣或呼氣。進行練習時，另一隻手放在你的腿上，或是擱在左膝蓋上。

呼吸順序是這樣的：

閉上左鼻孔，從右鼻孔深吸氣；完整吸入之後，閉上右鼻孔，從左鼻孔呼氣；現在，換成從左鼻孔深而完整地吸氣，閉上左鼻孔，從右鼻孔呼氣。再次，從右鼻孔吸氣，從左鼻孔呼氣。繼續這樣的呼吸模式三到五分鐘。

在吸氣和呼氣的循環中完整而充分地呼吸。在三到五分鐘之後，深深吸氣，屏息幾秒鐘之後，把手放下，從兩邊鼻孔同時呼氣。放鬆後，你會感覺很棒！

## 「一分鐘的瑜伽修行」

## 察覺你自己的呼吸！

當你走在街上、坐在餐廳裡、打開郵件、等紅綠燈時，或在電視廣告的當兒——察覺你自己的呼吸！意識到你正在呼吸、因此你還活著的這個事實，記住是「誰」給了你每一口氣，向祂說聲「謝謝祢」！

呼吸冥想是冥想中最高的形式之一，
別低估了你呼吸的力量。

## 普拉納

神並非遠在天邊，
遙遠又難以接近。
每一次的吸氣，都是神存在於你之中的肯定，
就在這裡，就在當下，就在你所在的地方。

人與神之間的真理，
為何不能被大聲說出？
人告訴人什麼樣的謊言，
為了不讓他感到自豪？

自豪於在你之中呼吸的神——
在皮膚的覆蓋之下，

有著光的神聖存在。

當一副軀體「死去」之時，裡頭還有空氣的存在，
消逝的是「普拉納」，生命的本質；
再多的財富也買不到。

普拉納，神的微妙本質，
是原子分裂時釋放出來的原始能量，
宇宙基本的構件，
所有的人類生命全靠它。

神給予生命不斷更新的愛之贈禮，
得以聽、看、說的力量——
你選擇如何運用它，可以讓你自由或判你受刑。
時時刻刻，日復一日。

把普拉納拿走，
徒留一副軀殼，
不論你擁有什麼樣的財富，
或財物。

慢慢呼吸，深深呼吸，
你的心將會平靜下來，
你還會活得更長久，
十拿九穩。

珍視你的呼吸，那是神聖而純潔的，
如果你的內在存有任何的神性——無庸置疑，那就是你的呼吸！

# 5 梵咒

## 「神奇的話語」

### 歷史．神話．傳說

我小時候讀過一個故事，說的是一位被監禁在高塔上的美麗公主，她因爲猜到俘虜她的人叫什麼名字，而獲得了自由（如果你已經忘記了，告訴你，這個故事就是《侏儒怪》（*Rumplestilkin*））。《阿里巴巴和四十大盜》也是因爲說了「芝麻開門」的神奇話語，於是一扇隱藏的門奇蹟般出現，才發現了那座藏著寶藏的洞穴。這些話語，事實上就是咒語。這不是童話故事，而是事實；當你知道了這些「神奇」的話語，你就能找到隱藏的寶藏！

運用聲音以影響意識的科學方法，稱爲「梵咒瑜伽」。梵咒的運用僅次於呼吸（這點對任何努力來說，都是必須的），可說是昆達里尼瑜伽練習中最重要的一部分。

「MAN」是指心智，「TRA」是指調頻振動（就像是調整一把吉他的琴弦），故梵咒

（Mantra）就是一種調整並控制心智振動頻率的音流。這是一種「指令式心靈」（directive psyche），一個字或一些字、音節的組合，都有助於讓心智集中注意力。這樣的話語，有著極大的力量。

「精通梵咒是什麼意思呢？當你經常、大量地複誦它，嫻熟到你可以在自己的內在聽到它、得心應手地運用它——尤其在死亡的那一刻——那麼，你就可以說是已經精通了這段梵咒。」①

「曼陀羅（Mantram）悉曇（siddhyam）悉曇　帕拉梅斯瓦蘭（Parameshwaram）。」

**精通梵咒者，亦深得神之三昧。**

聲稱梵咒擁有強大力量的言論，或許看起來像是奇蹟；然而，咒語其實是一種根據物理學與形上學法則運作的公式。

「（大聲地）重複一段梵咒，可重建容許經驗發生的心智模式；靜默則讓你意識到心智中的眾多經驗。」②

---

① 尤吉巴贊大師。

② 古魯恰蘭・辛克・卡爾薩博士，〈通往繁榮之道〉，錫克正法通訊刊物，一九九五。

## 好的共振！

我們生活在一座能量之海中，能量會振動。宇宙萬物清單上的每件事物都在振動，即便看似堅實的無生命之物也不斷地在振動，只是以一種比有生命之物更緩慢、更低的頻率在振動。有些頻率聽得見，是用耳朵就可以聽見的聲音。而思想是沉默的聲音，一種電磁的振動。頻率愈高，所能聽見或說出的振動質量就愈稀疏、愈縹緲，而我們自己的振動頻率也會愈發提高；我們自己的振動提高了，有助我們與最高振動——萬物、神、宇宙創造力之起源的體驗與融合更接近。

整個宇宙都是建立在聲音、振動之上。以詩意的方式來呈現，則是：神一說話，就創造了世界。或是更精準地來說，神一振動，所有的宇宙和世界、太陽系、海洋、土地、天空，以及住在其上的無數生物，都出現了。

有一個振動頻率對應著宇宙中的一切。藉由一種聲音的特別組合之振動，你可以調整自己的頻率去對應不同層級的智慧或意識；不同的情況、人物、事件會回應你所發出的信號。無論振動什麼頻率，梵咒的振動頻率會被你吸引；你就像一塊磁鐵，藉由你所送出的頻率，把別的振動頻率吸

引過來。

無論是默念或是大聲唱誦梵咒，都是一種有意識地控制、導引心智的方法。快樂或悲傷、喜悅或哀慟都是心智的振動頻率，我們可以稱其爲態度、信念，但從根本上來說，這些都是振動頻率或思想波，決定了我們的心智會「上演」哪一種節目；而我們選擇緊抓不放的那個情節，就成了我們的振動，定義了我們的感受以及投射予他人的情感。我們隨時都可以行使我們的選擇權。

當我們唱誦梵咒時，就是選擇喚起那些特定音節之中的正面力量；無論是爲了獲得成功、內心的平靜、直覺的提升，或是任何梵咒原本就會帶來的其他眾多可能之益處，只要唱誦梵咒，我們便可將其振動設定進會產生效果的意向與動機之中，而我們能否理解這些聲音的意義，實際上並不重要。

藉由我們所說、甚至所想的每一個字，我們創造了一切。文字、話語就像迴力鏢，我們所送出的每個振動，早晚都會回到自己身上；我們得到的，就是我們與之調頻的事物。

## 你個人的梵咒

有些人認爲他們需要自己的梵咒。事實上，不論你所唱誦的是什麼梵咒，都會變成你個人的梵咒！如同昆達里尼瑜伽大師所言：

「『梵咒』這個字，意味著精神朝向無限心智的振動，一種神與你之間的直接連結。梵咒是個人的，會在個人層面影響我們，其振動也是個人的。因爲，如果那是你的心靈熱線，你撥了它，就找到了神；這支電話不是我的，也不是別人的，那是你的。」③

「梵咒的本質即爲心智與靈魂之間的對話，梵咒的用意是投射並保護心智，給予心智方向……。當語言與韻律交融，灌注某種最深層次的思想，就是一種強大的梵咒。這是一種神聖的言語，也是一種運用語言的特別方式。」④

「日復一日，我在各方面都愈來愈好。」

## 有效的積極思考力量

埃米爾．庫埃博士（Dr. Emil Coue）在二十世紀初以他「日復一日，我在各方面都愈來愈好」的誓言，引起了相當的轟動，一時之間蔚爲風潮。積極思考似乎是個革命性的概念！諾曼．文森．皮爾博士（Dr. Normal Vincent Peale）以他知名的暢銷書《積極思考的力量》（*The Power of Positive Thinking*）引起數百萬讀者的廣大回響，而戴爾．卡內基（Dale Carnegie）則在他的《如何贏取友誼與影響他人》（*How to Win Friends and Influence People*）一書中，運用了相同的原則。這些人發現了語言文字的創造力，並將之傳授給他人。瑜伽修行者非常了解這種力量。

以瑜伽的用語來說，積極思考在心智中相當於積極思想波，取代了消極思想波。積極肯定也是梵咒的一種形式，正面的字眼有療癒、鼓舞與啓發的作用；另一面，則是會造成傷害的草率、刻薄的負面字眼；文字話語宛如銳利的工具，人們可以視其爲外科醫生的手術刀來挽救生命，也可以當成屠刀來殺人。

有句話說，「文筆比刀劍更有力。」⑤我們所想或所說的每一個字，的確會如實地在宇宙中開啓一個創造性的過程。因此，別低估「話語」的力量，小心你所說的話。事實上，你還要特別小心自己所祈求的事物，你很可能如願以償！

③西里．辛克．沙黑伯．尤吉巴贊，新墨西哥州艾斯潘諾拉，古爾德瓦拉講座，一九九二年一月二十六日。

④《昆達里尼瑜伽的神聖科學：尤吉巴贊博士的教誨》（*The Sacred Science of Kundalini Yoga: The Teachings of Yogi Bhajan, Ph.D.*）古魯恰蘭．辛克．卡爾薩博士彙編。

⑤「在真正偉大之人的統治下，文筆比刀劍更有力。」（Beneath the rule of men entirely great/ The pen is mightier than the sword.）愛德華．皮爾衛—李頓（Edward Bulwer Lytton），《黎塞留》（*Richelieu*），第二幕第二場，一八三九。

## 我們爲什麼不能用英語唱誦？

有時候我們也會用英語唱誦。然而，爲了對意識產生最大的影響，我們用「古魯巴尼」（Gurbani），亦即一種以「內在聲音」（NAAD）科學爲基礎的語言來唱誦梵咒，這些梵咒是最有效的。英文的肯定詞與梵咒必然會對心智和情緒產生影響，但要讓我們的意識產生最深刻的改變，得發生在更深的層次上；我們必須改變大腦中實際的化學作用，才能體驗什麼是無限。

## 內在之聲的科學

「內在之聲意味著和諧，透過體驗『無限』（Aad）的一種和諧過程。音流是所有時代、所有語言的基本聲音，來自一個稱爲音流的共同來源；其爲語言，或可說是人際溝通背後的通用代碼。」

「內在聲音科學的運作，是以口腔內舌頭的運動、語言以及大腦的化學作用爲基礎，沒有任何從大腦的一部分連結到另一部分的神經連接系統，沒有任何連結的線路，而是一種溶液，一種神經傳導液體，不同的化學液體從大腦中所有不同的部位分泌出來；透過這種稱爲『納德　納摩達　拉莎』（Naad Namodam Rasaa）的液體，訊息可以極快速地傳送於大腦的每個部位，『納德』（Naad）意指和諧交流，『納摩達』（Namodam）意指傳達，『拉莎』（Rasaa）

意指汁液……。」⑥

## 密碼鎖

除了振動的運作，當你在唱誦時，還有別的作用也會連帶發生。這一點相當重要。我們口腔頂部有八十四個經絡穴位，或稱壓力點；每一次你說話時，舌頭都會刺激到這些壓力點。而透過某種特定的順序去刺激這些上顎的壓力點，等於運用了正確的存取代碼，你可以增加下視丘的分泌，讓腦細胞的排列組合確實發生改變，影響腦中的化學作用。說到如何唱誦特定梵咒時，尤吉巴贊大師更明確指示：

「要用你的舌尖。」

「你可以用舌頭去感覺上顎各部位不同的表面。上顎與上排牙齒後方的牙床有兩排經絡穴位，舌頭刺激到這些穴位時，穴位會隨之刺激下視丘，使松果體向四面八方發散，使得腦下垂體產生一種衝動；而當腦下垂體發出衝動時，會帶動整個腺體系統的分泌，於是這個人就會感受到一種極樂至喜。這就是原理。」⑦

⑥摘錄自古魯恰蘭・辛克・卡爾薩博士彙編的《音流瑜伽》（*Naad Yoga*）。

⑦摘錄自尤吉巴贊大師彙編的《音流與古魯巴尼的科學》（*The Science of Naad and Gurbani*）。

這就像是你的口腔中有一套電子的、電腦化的安全系統，只要敲打上顎正確的代碼，你就能進入大腦、那高層意識的內在密室！

當我們唱誦時，我們也運用到普拉納，即宇宙的生命力（「原子能」），去創造出一種音流，無怪乎梵咒的唱誦可以如此地強大有力。

## 技術用語（如果你有興趣的話）

### 聲音的種類

我們總以為聲音是聽得見的，但聲音也可以是十分隱約細微的：它可以只與部分的你共振，也可以與整個的你共振。

瑜伽修行者定義出下列幾種不同類型的聲音或音流（shabd）：

- **巴克利**（BHAKREE）：用舌尖響亮地形成音節，稱為「巴克利」，這是最簡單的唱誦方式。
- **漢特**（KHANT）：這是當你不動嘴唇默念時，在心中所聽見的音流，一種潛意識的發聲；這種「聲音」是靜默的，然其音節會在你的喉輪（意識的第五中心）產生振動。

- **哈代**（HARDAY）：這是心所振動的音流，也就是為什麼一個母親能「聽見」遠從九千多公里以外的戰場上傳來她受傷兒子哭喊的聲音。
- **阿納哈特**（ANAHAT）：這種音流有時被稱為「未傳出的旋律」（Unstruck Melody），這是當梵咒在你身上的每一個原子與每一根纖維響起時，你的每一根神經都會調整至其頻率；因此，梵咒的振動就成了一部分的你。這種內在的聲音是來自丹田，並以舌尖發出；這種組合會觸發高等腺體產生「極樂的花蜜」，亦即「甘露」。

由於梵咒有如此的威力，因此數千年來，梵咒的科學在東方世界中始終被視為是一個必須謹慎守護的秘密。但是，尤吉巴贊大師公開傳授這項「密碼」詞語與技術，打開了我們內在感知的大門，他認為，「有什麼神與人之間的真理，是不能被大聲說出來的？」

在第二部〈該做的事〉中，你會看到我挑選出來與你分享的梵咒，並且有詳細的指示，告訴你如何唱誦那些梵咒而可以得到最好的效果。

# 6 征服了心智（Mind），你就征服了世界①

「管好（Mind）你自己的事」
「注意（Mind）你的禮貌」
「精神（Mind）高於物質」
「別介意（Mind）……」
「照料（Mind）你的母親！」
「我不介意（Mind）這麼做……」

跟普遍的看法相反，你的心智不等於你。你的身份比你的心智存在得更爲恆久。想想看，你的心智有多常改變（或者說，你「改變了心意」），但你的身份並未改變；無論你的心智在思考、計畫、建議、還是爭論什麼，你仍然是「你」。

就像你的身體不是「你」，你的心智也不是你。你的心智相當於一種載具，幫助你在地球上運作順暢；它應該是你最有用的僕人、朋友，而非你的主人！

你曾經留神觀察過你的心智嗎？這可是極具教育意義的經驗！「你」可以觀察你的心智，

這個事實證明了你的心智不是你，你的心智是某種與你分割開來的事物，是一個你可以觀察的「目標」。

掌控你的心智，是昆達里尼瑜伽（或任何瑜伽）的目標之一。因爲，直到你能夠控制你的心智，你才能超越它、得到解脫。解脫是你自身無限的經驗，超越你的心智。

但這並不是叫你要扔掉你的心智，或是摧毀、壓抑它。事實上，你想讓你的心智比以往更敏銳、更清晰、更有用。

你可以運用呼吸控制你的心智，因爲**心智始終隨著呼吸轉**，而身體則隨著心智轉。自我掌控之道始於呼吸，如果你尚未這麼做，請回過頭去閱讀關於呼吸的那一章，查找基本呼吸系列的特別建議，有助於讓你的心智變得敏銳、清澈。

「當你的心智成為你的主人時，它是一隻怪獸；但當它成為你的僕人時，便是一位天使。」

——尤吉巴贊大師

①古魯．那納克（曼吉特（Manjeet），傑格吉特（jagjeet））。

# 三個心智勝過一個心智

## 意識心智

事實上，你有三個心智（難怪有時候你會「三心二意」，無法下定決心）。數數看：

1.第一個心智是你的保護者，有警報系統作用，被稱爲是「負面心智」。它會警告你在任何即將面臨的情況或決定之中有什麼危險與不利之處。這個負面心智十分寶貴，你也需要它存在，讓你不至於踏進行駛中火車的前方。但是，你不會希望它握有你生命的最終決定權；當負面心智發展到極端的情況時，甚至會讓你對靜止不動的火車都感到懼怕。

2.第二個心是「正面心智」，讓你看到自己可以在某種情況下，得到什麼樣的收穫或利益。就在負面心智提供意見之後，正面心智即會於幾秒鐘內開始跟你溝通；你當然可以傾聽正面心智的看法，但是還不能採取行動。因爲，在了解正反兩面的利弊得失之後，你還是無法做出決定——直到你發現自己的第三個心智有什麼看法。

3.你的第三個心智是「中性心智」，不會被恐懼和不安全感遮蔽，也不會被一廂情願的想法愚弄。其唯一的偏見，就是對任何問題皆提供最佳、最清醒、最明智的解決方案。中性心智是你可以信賴的心智，不論是從感性或理性方面來說，它都會以你的最大利益爲依歸。

不論是關於你的公司業務或個人關係、健康狀況，甚至去哪裡渡假，爲了要做出對當時的自己及未來的自己最好的決定，你不僅得意識到正面心智與負面心智各持什麼樣的看法，還得考慮你的中性心智——或稱冥想性心智（Meditative Mind）的看法，再做出最後的決定。

昆達里尼瑜伽的練習有助於中性心智或冥想性心智的發展，使其愈來愈強大、活躍，讓你可以迅速從而得到解決問題的建議。

## 潛意識心智

除了意識心智，你還有一個非常活躍的「潛意識心智」，而比潛意識心智更深層之處，則是無意識的範疇，一片廣闊至極的地下區域。

意識心智只是冰山的一角，大部分激發我們的動機，都是來自表面以下的區域。我們行爲中很大一部分的比例，是受到潛意識心智提供的暗示所支配；然而，潛意識心智並不知道眞僞爲何，只是包羅了所有我們不斷接收到的語言與非語言資訊，不做判斷，幾乎來者不拒，像是信條、準則，並以其有限的理解力去描繪我們的思考、說話與行動的習慣。

你可以利用潛意識容易受騙的特質進行自我療癒。如果你對自己不斷地重複「我完全健康」，甚至是在你發燒到攝氏三十九度時，你的

潛意識還是會相信它，你就會好得快些；因爲不論潛意識相信什麼，身體都會試圖去證明那一點。這是正面的肯定行得通的另一個原因！但是，除非我們能擺脫潛意識的恐懼與神經官能症，否則我們所擁有的，只能說是殘缺不全的生命。

想想大象。有人說大象記性很好（人也是）。你是否曾經納悶，爲什麼一頭重達近一噸的大象只以一條繞著腳踝的細鍊，就可以被綁在地上的一根短樁上，在一個地方乖乖站著不動？大象之所以不會試圖亂跑，是因爲牠已經被制約了，牠相信自己無法這麼做。怎麼制約牠？很簡單，在牠還是象寶寶時，就把牠綁在那根木樁上，只要牠想移動，那條鐵鍊就會夾住牠的腿，因爲還不夠強壯，所以跑不了；而每一次牠想移動的時候，牠的腿就會受很嚴重的傷。因此，這頭象很快就明白了這個事實：移動會痛；而爲了避免再受傷，牠放棄了嘗試，即便是在牠長大、變成成象，已經可以輕易地扯斷鐵鍊、木樁，甚至整個馬戲團帳篷時，這頭巨大威猛的大象仍不會嘗試去重獲自由，因爲牠相信自己做不到。

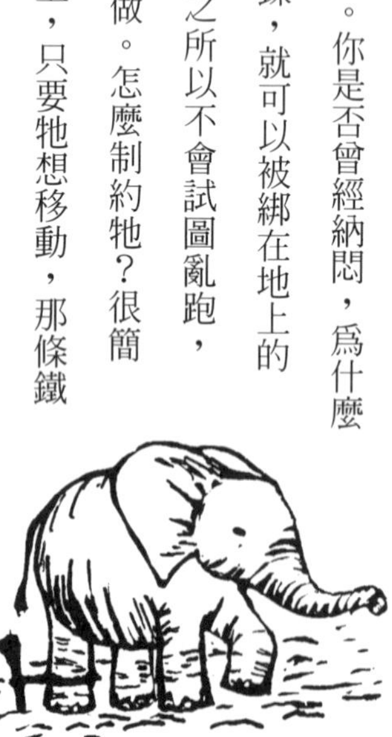

同樣的道理，我們讓自己承受自卑之苦，認爲我們自己是「罪人」，容忍挫折或失敗，只因爲我們的潛意識心智接受了這些謬誤不實的概念。我們相信別人告訴我們的事——我們甚至並未有意識地記得自己曾經聽過那些。

你可以去找精神科醫師或是心理學家，花大把的時間和金錢去翻查、檢視潛意識中自我挫敗的態度從何而來；或是你也可以運用冥想與梵咒的技巧化解痛苦，擺脫那堆堵塞在你潛意識心智中的垃圾。

## 想法從哪裡來？

在每眨一次眼的瞬間，我們的思維就釋放出一千個想法。沒錯，不論是天才、白癡，還是介於兩者間的我們，每個人在每次他或她眨眼時，都會產生一千個想法！同時，這些想法必須被加以處理。

## 想法往哪裡去？

每個想法都會成爲一種

●感覺　●情感　或是　●欲望

當你無法實現欲望時，會覺得心煩意亂；當你沒有直覺來引導你時，通常你無法滿足欲望。未被滿足的欲望會發展成神經官能症，甚至會變成精神疾病。

所有的想法與感覺都會進入到我們的潛意識中，而當潛意識滿到要溢出來時，這些過多的東西就會進入到無意識之中，變成你噩夢的源頭。因爲一旦掉到無意識的範疇內，那些態度、感覺、習慣都會變得難以觸及、難以改變或更動，更別提要消除它們了。這也是爲什麼定期以健全清醒的神智與生存意志來清理潛意識、防止「超出負荷」的想法與感受進入無意識中，是這麼地重要。

## 深度大掃除不只是爲了迎接春天的到來

薩達那（Sadhana）是冥想／梵咒的日常練習，也是最佳、最有效的家居清潔服務之一，幫助你清空心中的潛意識通道。薩達那是一種大掃除的過程，你必須準備好面對漫天飛舞的灰塵——這也是爲什麼冥想不一定會讓人充滿喜悅。在這過程中，塵封的恐懼、被埋葬的怒氣、深沉的負面情緒都會蜂擁而出、浮上水面，梵咒的力量得以驅散它們（一個振動可以消融／吸收另一個振動）；否則它們將會在你的潛意識中根深柢固地被深埋起來、永不見天日，或是變成無意識的範疇中永久的一部分，造成你更大的痛苦與不幸。

## 把注意力集中在梵咒上

當痛苦、負面的想法與感受出現時，讓它們過去就好，讓你的心思與注意力回到你正在唱誦的梵咒上，繼續唱誦！梵咒的正面思想波將會取代你心中的負面思想波。梵咒的高振動頻率就像一種強效的清潔劑，會把油膩、汙穢、痛苦的思想波分解掉。這是一個必經的過程。

假設你只是坐在那裡擔心，或是心中帶著懷疑或恐懼醒來；「你可以藉由自己的自由意志，創造出這個想法：『神與我同在，神與我、我與神，是一體的。』對於任何浮現的念頭，如果你可以用這個想法與之抗衡，對你將是有利而非不利……。因爲你將與神一起對抗那念頭，而你一定會贏。」②

## 如何戰勝

選擇一段肯定詞或是梵咒（參見有關梵咒及波斯輪梵咒的章節），當你發現自己的心處於負面模式中時，就使用之；頻繁地使用，直到那成爲你的「第二天性」。讓那股音流帶走你的擔憂、困惑、疑慮或恐懼！

②尤吉巴贊大師。

**這裡有兩個以音流清掃心靈的簡單例子：**

**「神與我、我與神，是一體的。」**

一定要肯定這一點，並且有意識地接受其真實性！

**「昂　桑　哇嘿　古魯」（ANG SANG WAHE GURU）**

（發音為昂（Ung）桑（Sung）哇嘿（Waahay）古魯）

「神存在我身體的四肢、每個部位、每條肌肉纖維之中。」

# 7 神秘的昆達里尼

「一旦掌握，便無神秘可言。」——尤吉巴贊大師

昆達里尼的能量眞實存在，強大有力，此時此際正流經你的身體，餵養著你的整個神經系統。數個世紀以來，有關昆達里尼的知識始終保持神祕，因爲它擁有極其巨大而驚人的力量；又因爲如此的隱密且缺乏正確資訊，許多謬誤的陳述遂由受人尊敬的、所謂的權威人士所提出。有時候，人們遇到昆達里尼能量自然升起的自發性體驗，但他們還沒有準備好、也不了解該如何適當地去整合並運用這股能量，這就是爲什麼尤吉巴贊大師的教導是如此地寶貴而重要。在這位昆達里尼瑜伽大師的指導下，昆達里尼能量的運作變簡單了，它自然而然地升起，不費吹灰之力；而對於各個脈輪與生俱來的潛能所進行之正面整合，幾乎是自動地發生。運用他所教導的方式，幾乎任何人皆可練習昆達里尼瑜伽（如果我可以做得到，任何人都可以做得到）。

讓我再重複一次，昆達里尼的升起其實相當簡單，然而要保持其流動以便開啓並平衡所有的能量中心（脈輪），才是一項挑戰。爲了理解其價值，我們得先對脈輪、尤其松果體與腦

下垂體的功能有所了解（參見第八章〈脈輪〉該章內容）。因此，耐心地跟我一起看完下一個「科學」的部分，了解腺體、脈輪，以及「神秘的」昆達里尼如何共同發揮作用而影響你的意識。你還可以學到若干瑜伽用語。

首先，昆達里尼（女性的性別）這個字，按照字面意義是「摯愛之人的一綹鬈髮」，以一種隱喻、詩意的方式描述已然存在我們每個人體內的那股能量與意識。自古以來，平民百姓即利用符號與隱喻來隱藏神聖的眞理，以便將其知識傳遞下去。

你是否曾注意過你從醫生那裡取得的處方箋、印在上面的那個符號？其被稱爲「雙蛇杖」（Caduceus），代表著昆達里尼的能量流。這個醫學界的古老符號顯示兩條蛇交互地纏繞住一根權杖，但是，昆達里尼可不是蛇！只是在神話與民間傳說中，往往把蛇與智慧聯繫在一起，同時，昆達里尼能量沿著脊椎上下流動時，路線蜿蜒宛如蛇行。雙蛇杖代表了昆達里尼的能量，沿著兩條纏繞著脊柱中樞神經的神經通道運行；這兩條神經作用就像主要的導體，一條叫做左脈（Ida），另一條叫做右脈（Pingala），當它們從脊柱底部盤旋上升時，會環繞中脈（Shushmana）兩圈半，帶入可供給整個神經系統的昆達里尼能量。左脈與右脈引導了身體

中基本的正與負、屬於太陽與月亮的能量。左脈的神經末稍在左鼻孔，會帶進月亮那冷卻、舒緩、擴展心智的能量；右脈的神經末稍在右鼻孔，會帶進太陽那活力四射、活躍敏捷的能量，讓身體熱起來。除了已經在我們體內流動的昆達里尼能量，在脊柱的第四節脊椎骨之下，還蘊藏了一座未開發的、或說是「休眠中」的巨大能量寶庫。

藉由昆達里尼瑜伽的修習，我們可以刺激並釋放出這股尚未被運用的昆達里尼能量，讓它（而非強迫它）沿著脊柱中央上升至頭頂，啓動松果體的分泌，帶動意識產生重大的改變。而當這股能量回歸左脈與右脈，啓動並平衡各個能量中心時，這個人的生命就會發生重大變化；雖然不乏昆達里尼能量未經有目的的靈性修習即自發性升起之例，但你的昆達里尼能量貯存池，在你一生中往往是保持著休眠的狀態。這就像是你擁有一部賽車，卻永遠無法將排檔打到一檔以上！

## 啓動你的昆達里尼能量

啓動你的昆達里尼能量並不難。當你修習昆達里尼瑜伽時，它會自然而然地發生，你甚至可能無法辨識出它發生的實際時刻；如果你期待會有鈴聲響起、大砲轟鳴，或是燈光閃爍，別癡心妄想了吧！看見靈視、聽見聲響、身體有某些感覺的現象，有時候的確可能會發生，而且似乎會令人印象相當深刻，但也很容易產生誤導。這類的現象並非修習昆達里尼瑜伽的目的，事實上，可能沒有任何身體症狀會出現，或者只是某個極其輕微的跡象而已；萬一你眞有這類的經歷，別讓自己的注意力被轉移了，那並不代表什麼，也不是你的昆達里尼能量是否升起的標準。尤吉巴贊大師稱它們爲「在梯子底端閃閃發光的裝飾品」。①

**斯瓦米・維韋卡南達（Swami Vivekananda）曾說，「只要有任何通常被稱為是超自然力量或智慧顯現出來，必然有若干昆達里尼的能量找到了流入脊柱的途徑；在絕大多數的這種情況中，人們只是不知情地、碰巧地在某些練習中釋放出極少一部分的昆達里尼盤繞之能量。所有的禮拜，不論有意識或無意識，都會導向這樣的結果。」②**

**昆達里尼能量是否升起，端看一個人否擁有始終如一的品格與崇高的行為，這才是真正的試煉與標準。**

①《昆達里尼的進化與啓蒙，探索神話與誤解》（*Kundalini, Evolution and Enlightenment, Exploring the Myths and Misconceptions*），約翰・懷特（John White）編，佳作書屋（Paragon House）出版，一九九〇年，第一四四頁。

②《認識神》，斯瓦米・帕拉伯瓦南達與克里斯多福・伊薛伍德合著，吠陀出版（Vedanta Press），一九五三年，第二六六～二六七頁。

## 昆達里尼危險嗎？

大師回答：

「金錢危險嗎？那只是一種能量。昆達里尼是一種潛伏的能量，可以用來啓動全面的意識覺醒。唯一的危險就是當一個人的昆達里尼能量正確地升起時，其意識也就完全地覺醒了，你不能對他撒謊、不能欺騙他，他也不會拿不定主意、搖擺不定。昆達里尼是一項不可或缺的基本要素。只要你修習的是一門全面性的學科或是完整而平衡的奎亞，要升起昆達里尼並不會有任何困難。在昆達里尼瑜伽中，你會注意到每種冥想及奎亞中，都有某種形式的梵咒存在，確保能量能被引導到正確的渠道之中。」③

## 創造性潛能

「**昆達里尼是什麼？**腺體系統的能量結合神經系統而變得更加敏感，使得整個大腦可以接收到訊號並加以詮釋，前因後果的影響對一個人來說，會變得非常清晰透徹；換句話說，一個人會變得完全地、健康地覺知一切，這也是爲什麼昆達里尼會被稱爲是『覺知瑜伽』。正如所有的河流都會流歸同一片大海之中，所有的瑜伽也都以升起一個人的昆達里尼爲依歸。昆達里尼是什麼？就是一個人的創造性潛能。」④

---

③《昆達里尼的進化與啓蒙，探索神話與誤解》，第一四四頁。

④《尤吉巴贊大師的教導》（*The Teachings of Yogi Bhajan*），第一七七頁。

## 「神聖的腺體」

### 腦下垂體

腦下垂體除了是身體的主要腺體，還控制了我們的直覺，因此有時亦被稱爲「第三眼」。第三眼是身體中包括了腦下垂體的第六個能量中心（眉心輪，Agia /Ajna Chakra）。

### 松果體

松果體與第七個能量中心有關，有時稱爲「千瓣蓮花」、「第十道門」、「救贖之門」、或是「頂輪」（Shashara / Crown Chakra，新生嬰兒頭頂上柔軟的一小塊，也就是囟門，在第七個中心）。

### 科學、技術資訊（知道也不錯）

#### 松果體

松果體有幾種分泌物是在西方的人們才剛開始了解的，雖然，瑜伽修行者早在數千年前即已知曉其重要性。松果體的一個主要功能，就是振動和控制身體中每個細胞的細胞核發射。大部分成人的松果體都只有一粒小麥那麼大，但是幼兒的松果體大概有一粒鷹嘴豆的大小。大多數人隨著年齡增長，松果體也會逐漸縮小，其特殊的分泌物亦隨之遞減。然而修習了昆達里尼瑜伽奎亞之後，松果體可以被軟化、增長、刺激，再度長成一粒杏仁般的大小、分泌提升意識的甘露。在孩童身上，這種特別的分泌物很充足。

### 意識

在本質上，所有的生物意識都是一種化學作用；我們的意識狀態是由化學物質的分泌所控制的，這些化學物質包括大腦不同部位中的神經元介質、神經傳導物質，以及神經阻斷劑。「提升昆達里尼」可藉由有意識、經引導的行動，激發大腦中的特定化學物質。

## 平衡

在昆達里尼瑜伽中，平衡極爲重要。這也是爲什麼我們教導的是用一種全方位的生活方式以提升昆達里尼能量，而非只關注於運動方面。我們在生活中所做的每件事都會影響我們的昆達里尼能量，而我們的昆達里尼能量也會影響我們在生活中所做的每件事。

我們所說的每一個字、所想的每一個念頭，這些振動都會立刻提升或降低我們的昆達里尼。這就像是我們的思想、心情、話語與行

動，都顯示在一個有史以來最精緻、最敏感的溫度計上，它會反應我們的振動所造成的最輕微變化；要保持這個昆達里尼溫度計，我們必須監看自己所想的每個念頭、說出的每一個字，否則振動或頻率就會下降，或者落入較低的脈輪之中。所有的脈輪都極爲珍貴，我們必須用上所有的脈輪；但是，當昆達里尼能量主要集中於較低的脈輪中、而我們也並未對這些脈輪行使任何的控制時，接下來，我們就會變成心智和情緒的奴隸。

倘若無法透過中性心智的運用、保持一貫的高度洞察力（參見第六章〈征服了心智〉該章中的「三個心智勝過一個心智」），我們的生命幾乎不會有滿足的一天。不論我們實現了什麼、在這世上多麼地成功，最後還是空洞無價值——除非我們可以將更高的意識帶入日常生活中，滿足靈魂的渴望。

**靈魂的本質是純粹的喜悅。**
**如果我不曾體驗喜悅，**
**就等於不曾體驗我的靈魂。**

# 8 脈輪（能量中心）

「你現在的位置在哪裡？」

在尤吉巴贊大師教會我脈輪實際上是什麼、以及如何影響我們的生活之前，我一點也不想去探索梵文用語的迷宮以及我所看過的瑜伽書中那深奧難懂的符號學。色彩鮮艷的蓮花，以神像、動物或其他描繪脈輪的符號所裝飾的花瓣異常美麗，但我不明白這些跟我的生活有什麼關係。幸運的是，尤吉巴贊大師教我們有關脈輪的事，並不需要對神祕學進行任何研究；因爲那一點也不神秘。相反的，脈輪的本質及其作用簡單而直接，重點是：你大部分的昆達里尼瑜伽能量聚集或分聚在哪裡，會影響你的方式；從人類的功能面來說，脈輪的確扮演了一個至關重要的角色。所以，讓我稍微深入一點，與你分享昆達里尼瑜伽大師所帶來的領悟。

脈輪是意識的中心、能量的焦點，對我們的日常生活有著直接、立即且深遠的影響。

## 力量的永恆之流

由「建築大師」（Master Architect）所設計的人類有著能量流的模式。能量流經脊椎、四肢以及八個特定的能量中心（或稱脈輪）。而體內有六個意識的投射中心則相應於這些脈輪，第七個是在頭頂上方，第八個脈輪是我們的氣場或磁場。

前五個脈輪的能量對應生成我們的五個基本要素：地、水、火、風，還有以太（ether）。

## 你現在的位置在哪裡？

你大部分的昆達里尼能量主要聚集、或分聚於哪個脈輪或特定的能量中心，會影響你基本的行爲與態度。讓我措辭再強烈點：你用來作爲昆達里尼能量基地的脈輪是哪個，幾乎就決定了你是個什麼樣的人；你主要的昆達里尼能量在什麼位置，也是你會吸引什麼樣的人事物來到你身邊的原因。

就像在房地產業中，三個最重要的元素就是：地點、地點、地點。當我們知道自己的能量主要聚集在哪裡時，就更容易理解結果了。爲什麼？因爲能量的作用就像磁鐵，我們經常吸引到的振動，是與我們所運作的那個脈輪有著相同的波長；這些振動就是我們所經歷的事件及狀況。人們（不一定是有意識的）會被我們所投射出來的振動所吸引——在知

情或不知情的情況下。

沒錯，「異性相吸」也是眞的。昆達里尼能量的提升可進而活化我們的中性心智（第六個脈輪），使我們得以平衡每種情況中都會有的正面與負面力量。平衡是達成自我掌控與滿足的主要關鍵，瑜伽修行者始終致力於達成平衡，讓自己不至於偏離根基。以瑜伽用語來說，就是「一位瑜伽修行者不會被二元對立所影響。」我們修習昆達里尼瑜伽，就是爲了平衡、協調較低的脈輪功能，並體驗較高的脈輪境界。

在昆達里尼能量提升並習於自由流經所有脈輪之後，一個人的意識將會產生明確的變化，性格也會產生明顯的轉變，開始以截然不同的方式看待生命、感受生命，行事作爲也會隨之改變。要判斷一個人的昆達里尼是否已然提升，眞正的「證據」在於這個人對生命的態度、與他人及自己的關係是否有所提升。

當昆達里尼從左脈與右脈兩條神經通道流回、打開所有的脈輪時，「恰地卡拉」(Cherdhi Kalaa)，亦即「崇高靈性」便會油然而生。

昆達里尼能量的上升與靈性的提升有關，不應該受聽見聲音或看到靈視的跡象而混淆了視聽。當昆達里尼能量經由昆達里尼瑜伽的修習而被容許升起時，並不會使一個人變得怪異或不平衡。注意這裡的關鍵用詞是「容許」。昆達里尼瑜伽不會強迫你去提升昆達里尼能量，而是讓你的身體準備好、容許其提升，以便讓你能體驗更高層的意識。這裡要實現的目標，是以在較高脈輪中所發現的宇宙意識與延展，去協調、平衡與日常生活所需有關的脈輪功能。當這樣的平衡發生時，你會被賦予力量，成爲一個富有同情心、有自覺、有能力的人。

有些人認爲，與宇宙意識融合代表了自我身份的喪失。事實上剛好相反，我們失去的是一種侷限。與宇宙意識的融合，是一個人對其更大身份的發現與體驗，這種更大的身份是無限的。簡潔地說，就是「薩特　南：眞實是你的身份」。

## 八大脈輪

就像我母親以前常說「萬物皆有其所」（There's a time and a place for everything），對我們來說，每個脈輪都各有其重要且必要的功能，都是我們所需要的；沒有一個脈輪比其他脈輪更好或更差，也沒有一個脈輪比其他脈輪更重要。透過了解脈輪的目的，我們就可以充分利用其力量。前五個脈輪的能量對應地、水、火、風、以太這五種元素；想想這些元素的特性，對於與其相關的脈輪之屬性，應該就有跡可循了。

## 第一個脈輪：地

第一個脈輪代表體內的土元素。這個脈輪位於直腸，在七萬二千條神經末梢的會合處；沒有這個脈輪可沒辦法過日子，因爲它讓我們能夠排除固體的廢物，這是身體最不可或缺的功能之一。第一個脈輪關切的是有關安全及生存的基本問題。當其功能能夠正確運作時，這個能量中心就能提供一個人力量與信心；要是無法正確運作，一個人就會活在恐懼與不安全感之中，甚至可能會過著墮落、反常的生活。

## 第二個脈輪：水

第二個意識的投射中心與本質中的水元素有關，位於性器官。當這第二個脈輪運作得當時，一個人就會充滿創意、想像力、活力充沛、生氣勃勃。若這個脈輪發生堵塞時，則會讓人對性產生一種癡迷，甚至會嚴重到生命中除了性，別的事情都不重要的程度，同時還可能會不健康地沉迷於各式各樣的幻想之中——不僅僅是性幻想而已。

## 第三個脈輪：火

第三個脈輪代表了我們體內的火元素，位於丹田、一處能量的主要焦點，是七萬二千條神經末梢的交會之處。這個脈輪控制了消化之火，這裡的能量與認同、領域、判斷力有關。如果這裡產生了不均衡的狀態，在一個人性格上的表現就是過度的貪婪，以及難以抑制追求個人權力的欲望；也就是不論他已經得到多少，永遠還想要獲得更多；不論他需要與否，永遠沒有饜足的一天。

正如我們對待所有脈輪的能量一樣，我們也希望能駕馭第三脈輪的能量，使其爲我們所用、令我們受益。從正面來看，第三脈輪的能量能帶給我們進取心和勇氣，它的火可以點燃我們內心強烈的欲望，實現偉大的事蹟，給予我們堅持下去的熱情！

## 下三角（Lower Triangle）對上三角（Higher Triangle）

雖然神可以藉由任何一個脈輪而被體現，前三個脈輪主要是設計來處理身體的需求與世俗生活所關切的事。第四個脈輪則是在這些較低的脈輪（下三角）與較高的脈輪（上三角）之間的平衡點，即更關切宇宙意識的脈輪。

## 第四個脈輪，或稱心輪：風

第四個意識的投射中心，有時也被稱爲「心輪」（Heart Center）或是「基督意識中心」（Center of Christ Consciousness），位在胸腔的中心而非心臟這個身體器官的位置。第四個脈輪與體內的風元素有關，犧牲的力量、宇宙神聖之愛的誕生，都來自於這個脈輪，這個眞正母性之愛的發源地；任何不期待回報的無私奉獻之舉，亦是來自心輪，這是善良（最崇高的美德）與慈悲之所。當我們「眞心誠意」地對某人說話時，我們的語言必然和藹、親切、令人振奮，訊息也能讓人充分理解。當一個覺醒之人留駐在第四脈輪時，他必然易接近、易連結、充滿愛與慈悲。

有些人認爲心輪開啓了感受與情緒。其實並非如此，開啓感覺強度的是第二個脈輪，第四個脈輪則是給你一種與情感的關係，將騷亂激動改變爲虔誠奉獻，將激情轉化成慈悲。從心輪出發，使你在所有情感的範疇中都能自覺地行事，而不只是強化這些感受而已。

## 愛

**我們在生活中受了許多的苦，是因為大部分時候，我們的昆達里尼能量都堵塞在較低的三個脈輪之中（下三角）。只有當心輪受到刺激、變得活躍時，我們才能體驗到真愛。**

在我們的社會中，往往我們所認爲的「愛」，充其量不過是一筆商業交易，描述爲佔有欲或是情欲可能更爲貼切。「如果……我就會愛你。」然眞愛是沒有界線、無所要求也毫無限制的，那是一種完全的付出、全然的接受。愛是盲目的，不質疑、不挑錯，我們之中極少有人體驗過這樣的眞愛，因此，我們不了解它。而對人類付出如許眞愛的聖人及大師，往往會被釘上十字架處死。

**「活著是為了去愛，愛就是付出，付出就是要有愛。」**①

## 第五個脈輪——喉輪：以太

第五個能量中心與言語的力量和影響有關。當我們從第五個脈輪說話時，我們的話語直接透徹、鞭辟入裡，也可能直率到令人痛苦。第五脈輪的主要特質之一，就是投射的力量。任何時候你成功地以言語深入、打動人心時，其中必然有第五脈輪的力量在運作，它以言語進行控制。

把主要的關注放在喉輪，意味著我們對於自己所想、所說的，只在乎其是否爲眞理（亦即，神）。但是，當這個脈輪無法運作得當時，其能量只會讓我們極度自以爲是、固執己見，我們傳達的只是侷限於個人版本的「眞理」。第五個脈輪使我們得以進入知識的場域。

①早期的 3HO 之歌。

## 第六個脈輪：直覺

第六個脈輪或稱眉心輪，位在前額中央、略高於眉毛之處，有時也被稱爲「第三眼」。這一處讓我們得以「看見未見，知道未知」。藉由第六個脈輪，我們可以獲得直覺並擁有增強直覺的能力，直接通往我們每個人之中的宇宙知識與智慧之無盡源頭。當我們的第六個脈輪起作用時，即可運用自己的中性心智或冥想性心智，接上過去、現在與未來的知識。

當你愈來愈專注於第六個脈輪時，你的直覺力會變得愈來愈活躍，愈來愈認可並珍惜呼吸、生命與直覺，是你所獲得的贈禮。

第六個脈輪是你設定目標、評估行動的長期效果之所在，亦即預測、推估錯綜複雜之場域。

我們透過第六個脈輪對腦下垂體愈加以刺激，它會分泌得愈多，我們的直覺會愈強大，愈能夠爲我們所用。我們就是會有那樣的直覺，我們就是會知道！

直覺是一項高於智識的能力，有直覺跟能通靈並不一樣。通靈能力透過第三個脈輪運作，運用的是其能量，而非第六個脈輪。通靈能力可以是非常有用的，但這種力量也隱藏了許多危機與陷阱；因爲能通靈是一種極爲個人且主觀的狀態，誤差幅度相當廣泛，同時，使用通靈能力去控制他人也是一種很大的誘惑。

## 第七個脈輪

這個脈輪有時被稱爲「千瓣蓮花」，是位於頭頂的第七個意識中心；也被稱爲「救贖之門」、「第十道門」、或是「頂輪」。

當一個人提升並體驗到第七個脈輪的昆達里尼能量時，他或她會融入一種無上的喜樂之境（阿南達）——被描述爲「難以言喻」。因此，表達狂喜的梵咒「哇嘿　古魯」即意味著「體驗神眞的是太棒、太美妙、太偉大了，以致於我無法用言語來形容它！」

這種神聖結合的狀態被稱爲「瑜伽」（有時候也被稱爲「三摩地」）。透過第七個脈輪的運作，一位瑜伽修行者可以有意識地離開他的肉體、與「無限」合而爲一；這些開悟的存在，教導我們「萬物皆來自神，也將回歸於神」。

## 第八個脈輪：氣場

第八個脈輪是由人類的振動而產生的磁場。你的氣場圍繞著你，而且通常會從各個方向延伸出數尺之遠。氣場的品質與大小會顯示許多關於這個人的事，既是一種力量的投射，也可以顯示出挫敗的軟弱與沮喪。

第八個脈輪是你的防護罩，其顏色、強度和大小會因你的身體健康狀況、瞬間的想法和

感受而改變。許多人能看見氣場，也有許多人看不見——但它就在那裡。克里安（Kirlian）攝影術據稱可以把氣場的影像呈現於底片上，這是人們用來探索方法以紀錄氣場與身體微妙改變的許多科技設備之一[2]。我們可能看不見一個人的氣場，但是我們可以感覺得到。我們往往會因爲與某人的電磁場接觸，而爲他所吸引或是對他產生反感。

## 平衡

一旦昆達里尼從脊柱中央升起，然後從左脈與右脈兩條神經通道返回，分配並平衡於所有的脈輪之中，一個人的生命就會呈現出某種新的特質：不太強也不太弱，就是剛剛好（完美的平衡），這也正是我們希望所有脈輪運作的方式。

## 脈輪、昆達里尼，與我的幸福

我的昆達里尼能量主要聚集在哪個部位，便會影響我如何振動。低頻率的振動之中不會有幸福的存在，幸福就是無法存在那裡，因爲兩者互相排斥。這全與振動有關，而非道德判斷，這幾乎就像一個數學方程式：善良、慈悲、慷慨、愛、犧牲之類的思想與言語，會產生高頻率的振動；而憤怒、嫉妒、怨恨、貪欲、自大、恐懼、自私之類的思想、言語與感受，振動的頻率極低。所以，當我們捲入其中時，這些當然會把我們往下拉到較低的脈輪之中。這就好比是鋼琴的琴鍵，你敲擊哪個音符，哪個音符就會振動；當你敲擊中央「C音」時，你的位置就在那裡（其次，這個音符會與所有與它和諧一致的音符產生共鳴，即便那些音符是在其他的音階）。你的意識正是位於你的思想與言語振動之所在。

②克里安攝影利用皮膚表面的放電觀察能量的暈光，發現暈光會隨著情緒狀態與意識狀態而改變；這種攝影方式為氣場提供了視覺的模擬，並促成許多關於身心靈連結的研究。雖然這並非一項經過驗證認可的技術，但的確是一項相當有趣的實驗過程。

## 靈魂的神經

尤吉巴贊大師談到昆達里尼時，是這麼說的：

「是的，昆達里尼被稱為是靈魂的神經。它需要被喚醒，你的靈魂也需要被喚醒。當靈魂覺醒時，就沒有東西留下來了——還有什麼在那裡？

「在現實世界中，這些脈輪不過是想像、虛構的事物，如此而已，也不怎麼重要。這些普拉納與阿帕納本來就在那裡，在我們體內一切早已俱足，絲毫不缺。我們用這些術語，只是為了清楚描述過程，讓我們可以有所進展；事實上，這項過程非常簡單。在黑暗中自我摸索了這些年之後，我發現，如果我一開始就知道那是如此簡單，我就可以幫自己省掉許多麻煩；當我發現昆達里尼真的可以像這樣升起時，我驚訝極了，這對我來說真是一個驚喜。我問：『這一切就是昆達里尼？』我的老師回答：『沒錯！』」

現在，我不得不承認上述引文並不完整；在這段引述的文字當中，尤吉巴贊大師談到普拉納、阿帕納與脈輪，他稱其為「想像、虛構的事物」（雖然這些確實存在）。這位大師有自己相當獨特的表達方式，他也說：

「所有這一切，就是在體腔中創造出普拉納，並將其與阿帕納混合、往下壓（如同我們對油施以壓力），然後讓油提升上來。這就是昆達里尼，就這樣，這就是最偉大的真理。我知道真理苦澀難當，所以我不能說出所有的真理；但我會以直接與間接方式談到真理，因為，我無法說出超越真理之外的話語……」③

## 總結

你可以僅藉由提升你的昆達里尼能量，改善你的心情、提振你的精神、讓你的日子變得明亮而快樂。當我們受前三個脈輪的控制、而非控制它們並利用其寶貴的能量去達成積極而有建設性的目的時，我們會深受其苦；在我們的生活中，每一項元素都有其正面而必要的功能。留神觀察你自己，你開始生氣了嗎？（你知道這對消化系統不好！）做幾個有自覺的深長呼吸，將你的專注力集中於第六個脈輪，以你的中性心智決定，你眞的想發脾氣嗎？那股火的能量可以被轉化爲熱誠、主動進取以及勇氣。你甚至可以選擇駕輕就熟地運用第三個脈輪的能量，爲你的心血管系統做點好事。重點是，你要能夠去選擇並運用，而非活在失去控制的自虐當中。

當你繼續往下閱讀並嘗試各式練習時，你會自動地讓每個脈輪的能量皆爲你所運用，而非跟你作對。

好吧，你可能會想，這一切聽起來都很不錯，但是究竟要如何提升我們的昆達里尼？很簡單：閱讀本書第二部〈該做的事〉，學習運用「根鎖」（Root Lock / Mul Bandh）；接著，練習薩奎亞（Sat Kriya）。在任何練習之中運用根鎖的方式，都有助於提升你的昆達里尼。根鎖會封鎖住三個較低的脈輪（下三角），因此昆達里尼能量就必須往上流動；這就像關起防洪的閘門，能量除了往上之外，無處可去！

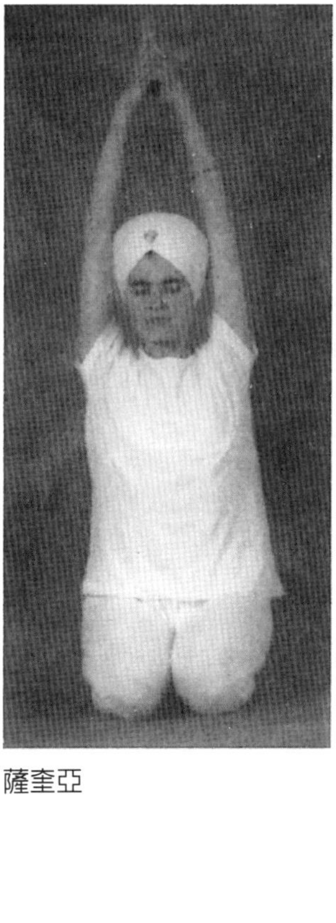

薩奎亞

③《昆達里尼的進化與啓蒙》，第一四十一頁。（你可以整篇讀完最好！）

# 9 壓力、耐力以及鋼鐵般堅強的神經

回到三〇年代初期的明尼蘇達州，當時我還是個小女孩，那個時代的家電用品彷彿可以永遠使用都不會壞。我不記得我母親買過新的烤麵包機或是新的熨斗，但她偶爾會給我們看邊緣被磨損的電線——電線的包材已然被磨損到極薄，使得裡面的銅線都暴露了出來；她說，這時就得換一條新的電線了，因爲磨損的電線非常危險，沒了那層絕緣體，裸露在外的電線可能會導致短路、燒斷保險絲、甚至引發火災！

到現在，我還能描繪出那些磨損電線的模樣，有著裸露在外的皺縮線頭與光禿銅線。而當我想到我們體內的神經時，我看到的是一套有著七萬二千條「電線」相互纏繞、連結的網絡，攜帶著訊息來回往返於大腦與整個神經系統之間。不論我們的用意是多麼良善，倘若我們的神經衰弱不堪、磨損到疲憊至極，我們會，而且是常常會把保險絲燒斷。然而，當我們的神經堅強而且有良好的絕緣體時，就能提供我們身體與情緒上持久的耐力。堅強的神經讓我們得以具備耐心，否則在我們神經脆弱之時，我們可能會因爲最輕微的挑釁就勃然大怒，而且怒氣一發

便不可收拾。

當一個人發脾氣時，就意味著他失去了自我控制。遺憾的是，怒氣勃發時的大喊大叫，會創造出一種個人權力的錯覺，在那一刻，腎上腺素激增的感覺棒極了；但是，這種感覺無法持續下去。當一個人發怒時，腎上腺素開始運轉、啓動身體的自動防禦系統，「打或逃」的生存本能會觸發腎上腺的分泌，於是大量的腎上腺素不僅使腎上腺體超過負荷，也會帶給胰腺極大的負擔。對那些腎上腺功能低下以及低血糖的人來說，發脾氣就跟吃毒藥沒有兩樣！它們的效果是一樣的。

在盛怒之下，自我控制和常識已然飛到九霄雲外，理性心智也停止了運作，所以人們往往會說出或做出後來感到懊悔不已的話語或事情。在氣頭上無心說出的話語，往往會傷害感情，長期的關係也會因此受到損害、甚至被摧毀殆盡。

**你讓怒氣上臺，關係就會跟著垮臺。**

道歉永遠無法抹去已然造成的傷痛印記，人們可以原諒，但通常無法忘懷。事實上，每一句曾經說出去的話，都會被永久地記錄下來；這就是「阿卡西紀錄」（Akashic Record），雖然沒有白紙黑字，但就在那裡。一樣的道理，我們說話時所啓動的振動頻率，是不會就此消失的。

因此，你若是也同意怒氣是有害的，這是否意味著你應該抑制情緒？當你被激怒或是愈來愈惱火時，是否該咬牙切齒、強行忍住、「住嘴別說」？不是的，完全不是這麼一回事。請繼續讀下去，要處理這些令人洩氣的情況，還有一個更好的方法。

## 第一步：建立堅強的神經

大多數人都希望自己是親切和善、輕鬆愉悅又充滿愛心，希望自己可以成爲明智有耐心的父母、寬容能諒解的配偶以及他人的好友。但是，如果大部分時候的我們，每一條未經訓練的神經都在痛苦中尖叫、「瀕臨崩潰邊緣」、即將「失去理智」，又要如何成爲那樣的人呢？

## 壓力

如果我們的神經沒能強壯到足以抵禦日常生活中各種挑戰的猛烈攻勢，那麼，我們就得承受現代疾病中的頭號殺手：壓力！

我們每天都會遇到若干壓力很大的狀況、大大小小的考驗，我們只能面對、解決與克服，這就是人生啊，各位！生命是一所學校，而地球是一間巨大的教室，考驗將持續下去，直到

我們畢業爲止。所有外部事件的發生都是考驗，包括在家中、在辦公室裡、在超市、在高速公路上的一切日常挑戰，都是讓我們學習如何掌控自己心智和情緒的練習，使我們不致於容易發怒、沮喪不安。

學習如何保有耐心、平靜、慈悲與寬容——不論我們周遭發生什麼事、或是我們遭遇到什麼事——這不僅是一項實際的成就，更是一項瑜伽的技巧！

在加州，我們會碰到地震。至今還沒有人知道該怎麼預防地震，也沒有人能控制地震；然而一個已經發現的事實是，造成人們受傷的主因並非地震本身，而是在人們驚慌時所發生的事。當驚慌佔據所有思緒時，與其鎮定地等待危機解除，人們反而會發狂似地四處奔逃，結果不是被掉落的破瓦殘礫擊中，就是因碰到電線而觸電身亡。

我們或許無法改變周遭所發生的情況，但可以學習控制自己反應的方式；我指的不是壓抑或扼殺自身的反應，或是否認自己的情緒。藉由昆達里尼瑜伽發展出強壯的冥想心智，是發展我們本身堅定不動搖的內在力量和內在沉靜的重要步驟——包括每當有需要時、就可以召喚它的能力。

## 機器人般的反應

透過冥想、梵咒與呼吸法，我們可以接上那原本就存於我們之中、絕對寧靜祥和的內在平靜與安定。倘若具備了強健的神經以及平衡的腺體系統，我們就不會只是對情況「做出反應」，而會處於一種極爲穩定、安全的心理與情緒狀態；不論何時何地發生了挑戰性的考驗事件，我們都有能力評估自己的反應，並決定自己想要的處理方式。

「不要反應（react），只要恢復（resurrect）。」——尤吉巴贊大師

正如自覺的瑜伽修行者，我們也可以不要再只是當有反應的機器人，而是成爲冷靜有能力的人類、自身情感與心智的主人。堅強的神經在這方面扮演了一個要角，有助於我們達成上述所有目標。

或許有些時候，你希望能夠有活力、有動力地行事；也有些時候，你必須堅定自信。這跟被動的反應截然不同。練習武術的人都知道，如果他們生氣，練武的成效就會降低。他們會利用呼吸讓自己集中精神，在做空手道劈砍或是徒手打破煤磚之前，都會先深吸一口氣；記住，呼吸有原子能，要聰明地運用之。

或許有些時候，讓人們認爲你生氣了是很有用的；也有些時候，大喊大叫是需要的。但就我個人來說，我必須放棄那一項「奢侈品」，因爲光是經歷生氣之舉，別說眞正去感受那股怒氣，就已經讓我開始覺得身體不適了。我的身體系統無法處理腎上腺素，所以我無法任由自己的情緒擺布；我得聰明地選擇何時、何處以及如何去反應所有的狀況。此外，我也不想只當一部被動的機器，每個人都可以來按我的按鈕；而我絕對不希望任何人都能夠這樣控制我。那你呢？

你不必受情緒所支配。你可以開始認清，你的情緒不等於你，你的情緒也不是你的身份！你可以在同一時間體驗與觀察情緒的發生，就像你即將學會觀察你的心智如何運轉、如何起作用。

**你可以做到的三件事**

- 火呼吸是建立強壯神經的強大而快速的方法，你可以每天練習這個呼吸方法。
- 只從你的左鼻孔深長悠緩地呼吸，做二十六個這樣的呼吸，在任何緊張的情況下都能讓自己冷靜下來。
- 如果你感覺體內冒出一把怒氣之火時，馬上喝下一杯約二五〇公克的水。

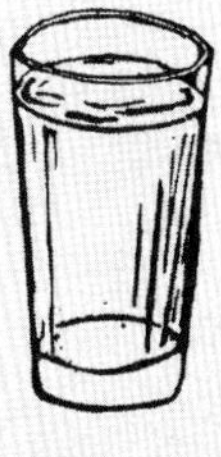

## 神經、肌肉與瑜伽

我們的神經支持我們的肌肉，並給予我們持久的耐力，讓我們可以運動得更久、發展出更強健的肌肉。尤吉巴贊大師年輕時在印度的大學念書，當時他是全能的運動員，也是田徑明星；他打曲棍球，還是足球隊的隊長。他說自己主要是透過瑜伽呼吸的練習（呼吸法）進行運動賽事的訓練；他知道瑜伽可以爲他帶來耐力與持久力，幫助他贏得獎盃。而他的確贏了！

在本書中第二部〈該做的事〉這個單元中，你會找到若干運動是特別用來平衡腺體系統並加強神經。那眞的有效嗎？你得練習才知道，就像我們一直說的，「百聞不如一試」。爲了公平起見，給你自己四十天的時間進行規律的練習，因爲養成一個習慣就是需要那麼久的時間；然後，再給你自己九十天的時間確認其效果。一百二十天之後，別人就會證實你練習的成效了！

# 憤怒

## 憤怒是一種沮喪受挫的狀態　從自我的無力感中產生

「一位英勇無畏、年輕英俊的武士恭敬地站在老禪師面前，問道：『大師，請教導我關於天堂與地獄之事。』①老禪師厭惡地抬起頭來，厲聲說道：『教你關於天堂與地獄之事？為什麼？我懷疑你恐怕連如何讓自己的劍不生鏽都學不會！你這個無知的傻瓜！你怎麼膽敢假設自己能夠理解任何我可能會說的話！』老禪師繼續厲聲謾罵，甚至愈來愈無禮、極盡羞辱之能事；這位年輕的劍客先是驚訝，然後感到困惑，隨即又轉變成勃然大怒。

『不管你是不是大師，誰能侮辱一位武士之後還能活下去？』最後，這位武士咬牙切齒、血液幾乎因盛怒而沸騰，不假思索地抽出他的劍，正打算瞬間了結老人的生命以及他尖刻的話語，這時，老禪師直視他的眼睛，說道：『這就是地獄。』就在他的怒氣達到最高點時，這位武士意識到，原來這就是大師給他的教誨；大師以他失控的怒氣與自我，將他逼進了活生生的地獄。

於是，這位年輕人謙卑地將劍插回鞘中，對他偉大的精神導師深深俯伏了下去。他抬頭望向這位年邁智者微笑的臉龐，感覺自己一生中從未感受過如此的關愛與慈悲；就在此刻，老禪師像學校的老師一樣舉起了他的食指，說道：『這就是天堂。』」

①素材來源不明，有人傳真這個故事給我。

# 10 療癒

## 醫師的診斷·藥草和藥物的治療
## 療癒是神的一份贈禮

自古就有「療癒者」的存在，那些人似乎擁有特別的天賦，能夠紓解痛苦、帶來寬慰、治療他人；雖說沒有人是眞正的療癒者，但是，每個人都可以成爲一位療癒者，包括你跟我。

我們每個人都可以提升自己的能力，爲自己與他人帶來更多的療癒能量，只要我們能接上一切療癒力量的源頭，也就是在每個人體內呼吸的唯一造物主（The One Creator），每一次的吸氣都讓我們重生。

「療癒」是什麼意思？指的是爲某個不斷惡化的情勢或狀況帶來生命，意味著修補、復原、重生。

透過昆達里尼奎亞、呼吸技巧與梵咒的修習，我們可以提升那不斷流動於體內的生命力，普拉納；它流經我們的手、眼，甚至聲音，我們可以利用這些部位作爲療癒自己與他人的工具。

運用以梵咒形式振動的話語傳達出積極、肯定、正面思考的力量，我們便可以療癒。每一個字語都有自己的波長或振動的頻率，這樣的能量會以漣漪或波浪的方式傳送出去，其振動最終會像迴力鏢，回歸到我們自己身上，而且還會帶回更多同類的能量。這就是正面思考與積極肯定的力量！而這股力量，可以用來爲自己與他人加快療癒的過程。

## 自我療癒

你相信嗎？你可否接受這項事實：不論你生命中的外在環境如何，你都有成爲健康、快樂及神聖的權利？

即使你感覺很糟糕，特別是在你感覺很糟糕的時候，像是發燒到攝氏三十九度、手臂剛好斷掉、或是丟了工作的時候；事實是，你的存在中有一個層面，在任何時候都是完全地健康、快樂與神聖的。

當你堅信（陳述並複述）自己很「健康、快樂與神聖」時，你確確實實地改變了你的潛意識對於發生之事的感知，而這樣的感知會加速療癒的過程。

我們創造出任何我們所堅信的情況，一切都是「觀者眼裡（或耳中？）出美景」。藉由從心理上創造出健康的信念，我們會建立起有利的環境，得以實際地展現健康的狀態。

在此之際，遵循醫療步驟。別扔掉你的處方藥，但是要了解（understand，亦即站在下方stand-under）並知曉神會快速地療癒你，而且要不斷告訴你自己，你現在已經健康地活蹦亂跳了!正面的肯定是一種現在進行式，因為那正發生於你的潛意識之中。

## 簡單的自我療癒冥想

坐下（或躺下），脊椎打直。只從鼻子呼吸，深深吸氣，然後大聲複誦：

**健康是我**

**快樂是我**

**神聖是我**

再次深深吸氣，感覺神聖、充滿愛與療癒的能量隨著每次吸氣灌進你的體內，再次重複這項肯定詞。持續數次，在每兩次之間深呼吸，你想進行多久就繼續多久，別害羞，大聲而有力地唱誦，讓訊息得以滲入你的潛意識中！別低估這簡單肯定詞的力量。

我們如何看待事件與環境，也就定義了它們對我們的影響！就拿電視來比喻，我們可以在自己的內在螢幕上「轉換頻道」，任何時刻都可以從悲劇轉成喜劇、從淚水化爲歡笑。我們每個人都有這樣的力量，試試看，你可能會愛上呢！

**心理狀態可以馬上改變，但生理狀態則須花上較長時間才會改變。**

## 療癒他人

每個人都是療癒者，但只有一位眞正的療癒者，有時被稱爲神，或是神之意識。唯有透過這唯一神聖力量，療癒才會眞正發生。有些人會使自己發展成特別明確的療癒導體，當你的振動反映並投射自身靈魂的神聖光芒時，你的存在即可療癒他人。

你是否曾與某個人握手時、覺得摸起來極爲黏膩汗穢，以致於你等不及想趕快出去洗手？因爲那觸感就像是你握住了一條死魚。而另一方面（On the other hand）（原諒我用了這個雙關語），你是否曾在與某個人握手時，感覺到愛、力量與仁慈的溫暖注入你的身體？

在這兩個例子中，你感覺到的是另一個人的電磁場，他或她的振動被傳送給你；我們會感

覺到人們散發出來的振動，特別是經由碰觸。當一個人不健康時，他們的振動會缺乏普拉納；因此，我們可以藉由碰觸、言語、思想傳送普拉納，以影響別人的情況。

關於療癒，一件有趣的事是，當我們祈望療癒他人時，往往反而會療癒到我們自己。因爲其運作方式是「出乎爾，反乎爾」（What goes around, come around）、「種瓜得瓜，種豆得豆」（As you sow, so shall you reap）。「己所不欲、勿施於人」（Do unto others as you would have them so unto you）的訓誡是生活中非常實用的準則。我們付出得愈多，收穫得愈多。

## 跨越時間與空間

### 拉瑪達薩薩歇梭夯（RAA MAA DAA SAA SAY SO HUNG）

這是我所知最具威力的療癒振動／梵咒（參見一二〇頁），將會大幅提升你作爲一位「療癒者」的效力，規律的練習會爲你的雙手帶來數量倍增的普拉納。這段梵咒可以跨越時空，用來進行遠距的療癒，所以你可以將療癒能量傳送給千里之外的某人，就像你穿過房間傳送能量一樣簡單。我把這段梵咒的樂譜放在這裡，如同我剛開始學習它的方法，以及尤吉巴贊大師教我們如何唱誦它的指示（後來，他還教導了這段旋律的其他變化版本）。

## 療癒之手

你想提高你療癒碰觸的善意與效力嗎？以下是你可以練習的簡單過程，這將會為你的雙手帶來更多的普拉納：

1. 快速地搓熱雙掌三到五分鐘，在手中製造熱氣；然後往身體兩側伸展雙臂，與地板平行，掌心朝上，大拇指指向後方。做三分鐘的火呼吸。
2. 然後吸氣，屏住呼吸，雙臂仍然在身體兩側保持伸展，彎曲手腕，讓雙掌掌心朝外（遠離你的身體），彷彿你正在將身體兩側的牆壁往外推。**感受掌心中央的能量正流向全身**。
3. 再搓熱雙手兩分鐘，然後彎曲左手肘，讓前臂保持與地板平行，同時左手置於橫膈膜前方，掌心朝上，而右掌掌心朝下，約在左掌上方二十公分的位置。**冥想你雙掌之間的能量正在交流、轉換**。

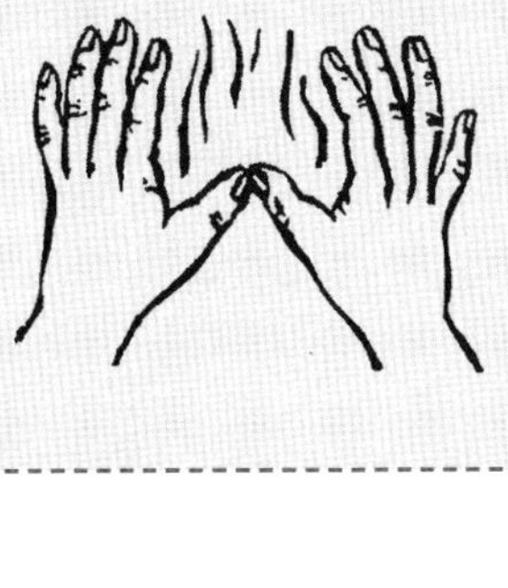

如果你想轉移療癒能量給某人或某物——像是按摩油或一杯水，每天練習這個方法十一分鐘。

# 拉瑪達薩薩歇梭夯

## 傳送神的療癒力量與能量

從丹田有力地唱誦十一分鐘。以簡易坐坐下，將手肘輕鬆地靠著肋骨收攏，前臂以四十五度的角度從身體中心伸出，掌心打平朝上，拇指張開，其餘四指併攏。在冥想時，有意識地保持掌心平坦向上，要注意它們很容易就會變得彎曲。雙眼近乎完全闔上，僅留一條細縫。

在唱到**梭**與**夯**時，將聲音有力地拉入丹田，並「切斷」這兩個音，使他們變短。特別注意「夯」的音不長，也不拉長，當你將其拉入丹田時，就用力地將之切斷。

唱誦完一輪完整的梵咒，然後深深吸氣再繼續。

| | |
|---|---|
| 拉（RAA） | 太陽 |
| 瑪（MAA） | 月亮 |
| 達（DAA） | 地球（全體的接收者） |
| 薩（SAA） | 全體 |
| 薩（SAA） | 全體 |
| 歇（SAY） | 精神，能量 |
| 梭（SO） | 體現 |
| 夯（HUNG） | 汝的經驗 |

Raa maa-aa daa saa saa sa-ay so hung

（記住，唱誦不是唱歌，而是振動。）

十一分鐘之後，閉上你的眼睛，深深吸氣、屏住呼吸，獻上一個療癒的祈禱時，想像你希望療癒的那個人完全健康強壯、容光煥發的模樣；然後再次深深地呼氣、吸氣，屏住呼吸，獻上你的祈禱。

你可以進行數次，每一次都在心中描繪出一幅景象，想像這個人已然完全地痊癒了。你還可以想像這個人完全沒入於療癒的白光之中。

完成冥想時，深吸一口氣，高舉你的雙臂，用力搖晃雙手和手指。放鬆。

## 毫無療癒效果的言語！負面思考的力量

單只療癒肉體是不夠的（參見第二十五章〈十個身體〉該章內容）。如果我們不能同時療癒這個問題的心理與情感原因，它極可能會以相同或其他形式再次地發生。這也是爲什麼我們要強調正面思考以及進行薩達那的必要性（有關薩達那、個人靈性修習，參見第十六章〈薩達那：你的靈性銀行帳户〉該章內容）。

接下來所說的，是一個眞實的故事。我知道這個故事是眞的，因爲就發生在我身上。

那是個冬季「寒冷」（對洛杉磯來說）的下雨天。我正坐在普瑞伊斯路舊公寓的地板上，爲我們新成立的3HO基金會記帳。在一九七〇年代初期我還沒有辦公室，所以在家工作；而3HO基金會的財務部門就由一些放在我衣櫃中、裝著收據的鞋盒所組成。當時我在比佛利希爾頓飯店還有一份全職的工作，所以我是在空閒的時間爲尤吉巴贊大師寫信、幫他的3HO瑜伽課程處理財務事宜。

在那歷史性的一天，我決定要煮一杯熱茶來暖暖身子。於是我加熱了一直在爐子上的那壺瑜伽茶，端著一杯冒著熱氣的茶來到了客廳。

我的腳覺得有點冷，所以我小心地把熱茶放在地板上，就在我的書籍和文件旁邊，回到臥室穿上一雙襪子。說到把腳放進襪子裡就有氣！因爲當我回到客廳時，竟忘了那杯茶就在那裡，於是我不偏不倚地一腳踩進那杯滾燙的熱茶當中；我慘叫一聲，奔進浴室。更精準來說，我用一隻腳跳進浴室，並且狂亂地抓住另一隻腳的襪子，試圖盡快把它脫下來——因爲濕漉漉的毛織品會保留液體的熱度，而且非常灼熱。我從藥櫃中抓了些軟膏塗抹在受傷的腳上，這時，這隻腳已經變成憤怒的鮮紅色了。

尤吉巴贊大師才剛完成一趟教學之旅返回城裡，我知道他就在離我不過半個街區的古魯．拉姆．達斯靜修所（Guru Ram Das Ashram）。我拿起電話打給他，以爲他會馬上跑過來安慰、治療我。別傻了！

當我告訴他發生了什麼事，他說：「你會沒事的，我讓粉紅克里西那（Pink Krishna）（這個暱稱是來自她那紅潤的氣色——只吃綠色蔬菜的美好效果）過去照顧你。」他也的確這麼做了。粉紅克里西那不一會兒就來了，幫我在沙發上安置了一個妥當的位置，讓我躺下來。我知道自己不可能睡在床上了，反正我也不期望這時能睡得多好。

我打電話過去比佛利希爾頓飯店，告訴經理我的腳嚴重燙傷，第二天無法去上班，然後躺下來、閉上雙眼，準備迎接一個無眠的夜晚。我斷斷續續地睡睡醒醒，但是你瞧，到了清晨破曉時分，我的腳上居然已經沒有絲毫被燙傷的痕跡，皮膚沒有變色，而且一點也不痛了！我驚訝極了，感到十分興奮而且激動不已。

我打給我母親說：「你猜怎麼著……」然後我告訴她發生了什麼事，關於那杯熱茶、灼熱的襪子、這整個驚人的療癒故事，然後以「我真不敢相信！」這句話作結。我至少打給了另外四個人，重複這個故事，每一次最後都說了「我真不敢相信！」這句話。於是到了下午四點鐘時，我的腳也不敢相信了，它又開始灼痛起來，鮮紅的灼傷回來了，而且火力全開。接下來我花了幾個星期，等待自然的療癒過程緩慢地完成。那一天讓我學到了一課：我的話語是有力量的！

我們以自己所說出來的每一個字語，創造出一切；而正面（或負面）思考與言語的力量並非幻想，而是事實。

多年之後，我又有一次機會得以體驗言語的力量。某天清晨，我在一段水泥階梯上滑倒並摔斷了兩根肋骨。摔斷肋骨的好處之一是，它們會自行完美地癒合在一起（而且在你療養的時候，人們會對你非常好）；但是這個時候，你無法大笑、咳嗽，甚至連做個深呼吸都會讓你痛得要命。雖然有藥物治療，但那種疼痛還是相當劇烈，所以我決定嘗試一些我自己所教授過的瑜伽技巧；同時我發現，「天啊，那眞的有用！」每當我感到一陣劇痛時，我就大聲說出（或者想著）：「感謝神，我接受你這份痛苦的美妙禮物。」疼痛就會立即得到紓緩。

「你必須『強調』正面、『消除』負面、鎖住肯定。別跟那位『介於兩者之間』的先生攪和在一起……。」

——約翰尼．默瑟（Johnny Mercer）在一九四〇年左右推出的暢銷歌曲

感恩地接受每件發生在我們身上的事，並且把這些當成是神的禮物，會喚起來自神顯著而有力的回應。這種「感恩的態度」會邀請並允許神的力量更快速、更容易地賜福予我們，並且治癒我們。

你自己不妨試試看。不論任何好事、壞事、愉快的事、不愉快的事、想要的事、不想要的事發生時，將之視爲是神的旨意；然後用言語來表達並肯定你的感激之情，看看會發生什麼事。至少要有把它當成一個實驗去嘗試的信心。即使有人做出糟糕的事，也要感謝神，還好做

出那件事的人不是你！那個做出糟糕事情的人得去面對糟糕的業果，而你如何應對這件事，就成了你的業果。

## 古魯．拉姆．達斯的解救

尤吉巴贊大師的一生中曾經有某個時候，遭受到某些試圖傷害他的人威脅和騷擾；於是他冥想、禱告，祈求古魯．拉姆．達斯的幫助。於是古魯．拉姆．達斯給了他這段特別的梵咒，讓他（或任何人）遇到危難時都可以運用（你也可以用喔）。

**古魯　古魯　哇嘿　古魯（GURU GURU WAHE GURU），**
**古魯　拉姆　達斯　古魯（GURU RAM DAS GURU）**

當我們對古魯．拉姆．達斯唱誦時，我們不只是對一個人唱誦，而是對他所體現的意識唱誦，並且喚起他所代表的特質。「拉姆」（Ram）本身就是神的印度名稱之一，「達斯」（Das）則意指僕人；拉姆．達斯確實是一位神所鍾愛的僕人，他是一位帝王瑜伽修行者（Raj Yogi），也在錫克上師之列排名第四位。

錫克上師有十位，每一位皆具體化某特定的美德、示現出特別的例證、展現出某些特質，目的是爲了證明，各行各業、各種身分階層的人們都可以是神聖的。古魯．拉姆．達斯因他所具備的謙卑、服務與慈悲而備受愛戴與尊敬，同時，他也是一位偉大的瑜伽修行者，尤其以非凡的療癒天賦而聞名。

## 爲古魯．拉姆．達斯歡呼
## 並療癒這世界！

你你即將讀到的是一個真實的故事，故事中所有的名字都沒有經過變更，因為這是真實發生之事。

一九三八年，尤吉巴贊大師當時還是個九歲的小男孩，感染了一場嚴重的耳疾，他那當醫生的父親以及所有其他被諮詢過的醫生與治療師都束手無策，找不出治療的方法，而且感染正在擴散，他已經被診斷為無藥可救，眼看就要死了。

有一晚在這個小男孩睡著時，古魯．拉姆．達斯來看他，叫他要求其父親（卡爾塔．辛克．普里大夫，Dr. Kartar Singh Puri）在他那被感染的耳朵裡放些洋蔥汁。果然，這項治療奏效了！

從那時起，後來成為尤吉巴贊大師的哈爾巴贊・辛克・普里（Harbhajan Singh Puri），開始將古魯・拉姆・達斯視為是自己特別的保護者、導師與指導者。全世界的3HO靜修所皆以古魯・拉姆・達斯為名，以向這位古魯偉大的靈魂致敬。

古魯・拉姆・達斯是一位「帝王瑜伽修行者」，在印度的阿姆利則（Amritsar）那座知名的金廟（Golden Temple），就是蓋來紀念他的：金廟被稱為哈里・曼的爾・沙嘿伯（Hari Mandir Sahib），對全世界的錫克徒來說是聖地中的聖地，開放給所有人，不論其宗教、膚色與民族或國籍為何。成千上萬的人至此朝拜，藉由古魯・拉姆・達斯的振動而深受激勵與振奮，並啜飲、浸沐在圍繞著這座廟宇的療癒之水中。哈里・曼的爾・沙嘿伯這座金廟，半由大理石、半由黃金所建成。

尤吉巴贊大師還是年輕人時，有四年的時間，每個晚上都去刷洗金廟的大理石地板，同時也藉著向古魯・拉姆・達斯祈禱而清潔並淨化自己。他進去時不過是一位瑜伽修行者，出來時已經是一位聖徒，而這就是古魯・拉姆・達斯的力量與莊嚴之處。

## 關於錫克上師的簡史

在十位錫克上師之中，有一位是極爲年幼的孩童，有幾位是年紀很大的長者；有些結婚了，有些是單身；有些是詩人，有些是軍人。古魯．拉姆．達斯生於一五三四年，卒於一五八一年，是自第一位上師古魯．那納克（Guru Nanak）的神聖之光與無限意識一脈相傳下來的第四位上師。依古魯．那納克的教誨，每個人與生俱來神聖的天性，人們不該爲如何崇敬那存在於每個人內在的唯一眞神（the One God）而爭吵；他的追隨者或學生，被稱爲「學生」（shishya）或「錫克徒」（Sikh）。於是錫克徒不再崇拜任何人作爲他們的上師，而端賴「希里．古魯．格蘭特．沙嘿伯」（Siri Guru Granth Sahib）這本聖典——亦即神的世界（World of God）之化身（聖音古魯，Shabd Guru），作爲他們永存的上師。①

① 古魯的字面之意是「技術的給予者」（Giver of technology）。對錫克徒來說，「古魯」這個字所代表的意義遠大於僅是導師，而是神的體現。（我得再寫一本書才能說明呢！）

# 11 讓我們來談談食物

這裡有些老生常談是真的（老生常談通常是如此）：

- **人如其食。**
- **你的身體是神的活殿堂。**
- **吃是為了活著，而不是活著為了吃。**

對成千上萬的人來說，控制飲食是生活中最大的挑戰，一場意志力對抗衝動與習慣的日常戰役。健康俱樂部、健身房與水療中心滿是使勁伸展、氣喘吁吁、哼哼唧唧、汗流浹背的身體，為了要「擺脫醜陋以及多餘的身體脂肪」，達到理想的體重。然而不論是胖是瘦，如果沒有吃進身體所需的食物，都可能會嚴重地營養不良。

在我們社會中，享受那些覆蓋著厚厚肉汁與異國醬汁的美食，似乎被視爲一種「成功」的象徵。當然啦，潰瘍、胃炎、便秘和超重，更別提高血壓和心臟病，都可能是暴飲暴食或吃錯食物而產生的結果（你不必成爲富人，就可以大啖脂肪或鹽分含量過高的食物）。超重不僅會對身體造成傷害，也會影響心理。

倡導著各式各樣飲食方法的書籍在書店的貨架上氾濫成災，電視廣告也充斥著五花八門的減肥計畫，每一個都聲稱擁有完美的解決方案。然而，要能應用任何解決方案的前提，是需要改變我們的習慣，包括習慣性思考自己的方式。幸運的是，瑜伽修行者給了我們方法，幫助改變自己的慣性（habit pattern）（參見第十二章〈習慣的動物〉以及第二部分〈習慣的改變：呼吸冥想〉），同時，讓我們來談談食物吧。

## 到底是爲了吃而活著，還是爲了活著而吃？

吃有兩種，第一種被稱爲是休閒的吃，這種「吃」純粹（事實上也並不純粹）是爲了品味或交際之用，因此這種吃的內容，通常會由垃圾食物所組成。我所指的垃圾食物是什麼呢？就是任何會在你身體裡留下過量有毒廢物、無法於二十四小時內代謝排除的物質。在我的書中，任何會消耗身體維生素、過度刺激神經或造成胰臟過大負擔的食物，都是垃圾食物！

第二種的吃，是可以滋養、維持身體所需，供應身體能量，讓身體產生充沛的活力，也就是我們所知「爲了活著而吃」的那種吃。我們生命中有一大部分的時間都花在吃上面，我們吃些什麼、怎麼吃，都會對身體、心理和情緒造成影響。既然瑜伽修行者的目的是在生活各方面都達到最好的結果，就讓我們從瑜伽修行者的角度來談談吃這件事。

在此，讓我與你分享若干瑜伽修行者的資訊，但是請記住，每個人都不一樣，也有著各種不同的飲食需求，一個人的食物可能是另一個人的毒藥。每個人都必須找出最適合自己新陳代謝與身體需求的食物，有著正確平衡與化學的組合，而且也應該要看起來開胃、嘗起來美味才行。健康的食物不必是很單調、無趣或是嘗起來像是稻草般無味，健康的飲食也不必然就會是令人反感或覺得很難吃的。

## 吃還是不吃？

在像是《吠陀經》（*Vedas*）的古籍中，可以找到教我們如何吃的知識，像是「別吃到飽」，只用一半的胃容量承裝固體食物，另外的四分之一留給液體食物，剩下的四分之一空著，讓消化過程可以更容易地進行。

在兩餐之間相隔四到五個小時的建議，也是爲了同樣原因。否則，血液會在消化區忙得不可開交，使得身體其他部位得不到血液供應。像眼睛、耳朵、鼻子、喉嚨等特別需要良好的血液循環，當這些部位因爲循環不佳而虛弱疲軟、營養不良時，就容易受到細菌及病毒的攻擊，得到傷風、流感和感染。如果你需要更頻繁地進食，沒問題，但是你不需要吃很多。當血糖降低時，試試輕食點心。

一個人倘若有血糖過低的情況，是因爲胰腺無法正常運作，導致血糖值會激烈震蕩；因此，通常每兩個小時就需要吃點東西。必讀的是帕夫．埃羅拉博士（Dr. Paavo Airola）的《對抗低血糖，有更好的方法》（*Hypoglycemia, A Better Approach*），而讀讀達非（Duffy）的《糖的憂鬱》（*Sugar Blues*），也是個明智的選擇。

你享用的可能是世界上最棒、最美味的餐點，但是，誠如我母親過去常說的，如果那不「適合你」，如果你無法適當地消化並代謝它，它帶來的傷害可能遠大於好處。食物應該是要提供我們能量，應該是要作爲身體的燃料並餵養細胞，以轉化爲血液、骨頭和組織。不論我們吃了什麼食物，如果不是用於這些目的上，都會變成身體的廢物，必須排出體外。如果身體代謝的速度不夠快，這些就會變成有毒物質，使我們生病；我們眞個是在毒害自己的身體，一點也不誇張。我們所吃的食物應該在時限內被消化並吸收，女性是十八個小時內，男性是二十四小時內。

有個方法可以判斷你是否適當地消化食物，這方法可以被稱爲「漂浮測試」。如果你所吃的食物大部分皆已爲身體正確利用，以之療癒、滋養身體，那麼剩下來的粗渣會是最少的，因此當你排出它時，它會漂浮起來。如果你的糞便是沉到馬桶底部的話，那麼你肯定並沒有從所攝取的食物中獲得多少眞正的價値。

咀嚼，咀嚼，再咀嚼！你的胃裡可沒有牙齒！

正確消化的一個重要環節，是在你的嘴巴裡。食物必須經過徹底咀嚼，才能跟唾液中的消化酶充分混合，如果你只是狼吞虎嚥，就錯失了整個消化過程中最重要的第一步；如此一來，當食物進到胃裡的時候，就是還沒準備好進行適當消化的狀態。花點時間好好進食，試著把每一口食物都嚼上二十到五十次，這樣眞的會讓你的進食速度慢下來。另一個提示是，如果你正設法減少食物的攝取量，那麼，在吃任何第二份食物之前，都先等個五分鐘；通常這段等待的時間，已足夠讓身體認清是不是眞的已經吃飽了。否則當你吃得太快的時候，即便實際上已經不餓了，還是會繼續吃個不停。

## 水啊水，無所不在的水
## （你需要喝更多的水）

有助於消化的另一個提示：喝很多很多的水。但不要在吃了一口食物之後，馬上喝任何液體把食物沖下胃裡，這樣會稀釋掉適當消化所需要的消化酶。幫你的腎臟一個忙，每天早上刷完牙之後，先喝上兩杯水（參見第十五章〈早晨如何起床〉該章內容）。工作時，在你的桌上擺一壺水，整天都要記得喝水；一天八杯水還不夠，試試喝上十六杯——至少要喝十二杯。晚上上床睡覺之前，要喝一杯水。你可以藉由觀察自己在早上第一次排出的尿液顏色，來判斷腎臟的健康與否；那時的尿液顏色應該比金黃色要再淺一些，如果顏色更深的話，你就有麻煩了。你得喝更多的水。又或者，你該去做個身體檢查了。

## 爲了活著而吃

那麼，所謂健康的瑜伽飲食是什麼？好的，首先，那不是一種狂熱的盲從，也並非怪里怪氣或沒滋沒味的一種飲食，而是由下列食物所組成的平衡飲食：

- 水果
- 堅果
- 蔬菜
- 穀物
- 豆類
- 乳製品

儘管大多數航空公司認爲許多素食者都吃乳製品，但我們並不吃蛋。當你練習昆達里尼瑜伽的火呼吸時，會排掉很多身體裡的黏液；因爲這些黏液可以保持呼吸道潤滑並有保護黏膜的作用，因此，你會想要補充回來，而乳製品即可刺激這些黏液的生成。如果你對牛奶製品過敏，或可改嘗試大豆製品或羊乳製品。每個人的體質不一樣，你得找出最適合自己的方式。

你可能已注意到，肉類、魚類、家禽類與蛋類都不在我們的食物清單上。沒錯，瑜伽修行者不吃這些食物，因爲身體不需要它們。你可以從其他的食物中獲得一切所需的蛋白質、維生素和礦物質。避免攝取會堵塞動脈的食物，就是幫了自己的動脈一個大忙。瑜伽修行者的飲食就是素食者的飲食，這可是有絕佳的理由，以下就是其中的三項。

## 素食飲食方式的三項絕佳理由

### 絕佳理由之一

吃肉的時候，我們等於是在餵自己吃著有毒的腎上腺素——那是由動物在被屠宰之前因驚恐而分泌出來的。

### 絕佳理由之二

獅子、老虎以及其他肉食動物（神顯然是創造牠們來吃其他動物，以保持大自然的平衡）

都具備了獠牙、利爪以及很短的腸道，因此牠們可以很迅速地處理吃下去的肉，並且在這些肉變得有毒之前就把它們排出來。而人類的消化道非常地長，我們做不到這一點。

如果你擔心自己因爲沒吃肉而變得虛弱，想想大象吧。這種巨大又孔武有力的動物只吃植物，卻可以活得很久，而且聰明得要命。

### 絕佳理由之三

肉類會在血液中留下一種尿酸的殘留物，而某些研究認爲尿酸是致癌物質（癌症的肇因）。因爲尿酸是一種毒素、一種存在於血液中的刺激物，令我們難以達到更高層級、更清明的冥想狀態。

**曾經會走、會跑、會爬、會游或會飛的東西，我可不想要這些出現在我的盤子上！**

### 普通常識

古老的瑜伽教義禁止吃肉以及任何燒焦、不新鮮或腐敗的食物，建議吃簡單、健康、新鮮、盡可能自然的食物。

## 可憐的魚！

那魚呢？你一定聽過「poor fish（可憐的傢伙）」這種形容詞，嘴裡被一個殘酷的鉤子勾住，拖離海洋、河流、湖泊或溪流的家裡，在受盡折磨的脫水狀態中死亡。如果魚沒被馬上放進水裡或冰裡，就會開始腐敗、發臭。你是否注意到在吃了魚之後，會覺得非常地口渴？因爲即使魚已被吃下肚，還是需要水。所以吃魚會讓身體脫水。手臂下方鬆垂的掰掰肉就是吃魚的結果。還有問題嗎？

## 蛋：你得做個決定

好，來談談蛋類。姑且先把任何有關每顆雞蛋中小雞存活與否的討論放到一旁。不管你是不是一位瑜伽修行者，若想善待你的動脈，就別吃蛋。

## 把牛排扔掉？

天哪！沒有肉、沒有魚、沒有雞（沒錯，也沒有任何家禽），甚至沒有雞蛋，那我要吃什麼呢？

素食飲食並不是要你拿一盤有牛排、烤馬鈴薯和一份豌豆的食物，然後把牛排丟掉；當然，也不是要你在盤子上裝滿義大利麵和麵包。有各式各樣長在地上、樹上、植物上、藤蔓上的美味食物供君選擇；而你也不必住在農場才能取得這些食物，幾乎無所不在的健康食品商店與超市中就有許多很好的食物，也是對你有益的食物。再加上可增添風味與療效的奇妙草藥與香料，享用素食餐點可以是很棒的體驗。遵循如此聰明而平衡的素食飲食方式，你可以活得更久、更充滿活力，甚至睡得更好。罕薩（Hunzas）據說是世界上最長壽的民族，他們就是素食者。

我們不該忘記我們是靠著普拉納維持生命，因此需要從所吃的食物中、所喝的水中、所呼吸的空氣中獲取普拉納。相較於其他食物，有些食物可以提供我們更多的普拉納，這取決於食物的質量和條件。

在本書有關食譜的章節中，你會找到若干我最喜愛的食譜，即便你的家人與朋友不是素食者，也會喜歡的。同時，我列出個人推薦的烹飪書籍，幫助你發現某些你可以製作的創意、美味餐點，不但對身體有利，也可以滿足你的食欲。

想知道更多關於食用肉類的資訊，請參考約翰·羅賓斯（John Robbins）的《新美國飲食》（*Diet For a New America*）以及芭芭拉·帕拉姆（Barbara Parham）的《吃肉有錯嗎？》（*What's Wrong With Eating Meat?*）

## 綠豆和米飯很搭

最營養、最容易消化的食物，就是穀物混合粥（Kitcheree）。這是一道傳統的印度菜，由綠豆與白色的印度香米所煮成。不建議使用精製的白米來做這道菜，因爲精製白米中有益人體的維生素含量已被剝除掉了；但也不建議使用糙米，因爲糙米很難消化，除非烹煮很多個小時。

綠豆是一種微小、不起眼、深綠色的豆類。烹煮穀物混合粥的基本食譜在本書的食譜章節中可以找到，你可以依自己的口味與創意來做好些改變；穀物混合粥最棒的一點是，除了嘗起來很美味，還包含了四種最重要的瑜伽基本療癒食物。繼續讀下去……。

## 四大天王（The Big Four）：「草本根三人組」（Herb Root Trinity）加一

洋蔥、大蒜和薑通常被稱爲「草本根三人組」，一起運作時可以潔淨身體，產生並保持能量。當這三種草本植物一起烹煮時，其個別的功效就會因而倍增。

### 大蒜

你或許聽過有些苦行者不吃大蒜，因爲大蒜會增強其性欲與性能力。大蒜的確有助於身體製造更多的精液（強大的創造能量）。但是，透過昆達里尼

瑜伽的修習，藉此提升的性能量是可被控制、可更進一步地加以利用。所以，不須對此感到懼怕。相反的，增強了這股能量，如此一來，就可以導引它往上而達成更強大的靈性覺知。

由於具有強大的療效，大蒜被古人視爲神聖的藥草，大蒜油已被發現可以有效對抗許多類型的病毒和細菌。大蒜與大蒜萃取物也已使用於治療胃腸道失調、敗血性中毒、斑疹傷寒，甚至霍亂。事實上，大蒜在前蘇聯被稱爲「俄羅斯的盤尼西林」（Russian Penicillin）！

大蒜最好是生吃，但也可用膠囊的形式來攝取（以防萬一你的朋友無福消受你對這種芬芳四溢的草本植物之熱情）。你可以將切碎的生大蒜混入搗碎的酪梨，做出吐司或餅乾的美味塗醬；用一整球的烤大蒜塗在吐司上也十分鮮美，大蒜烤過之後，你只需把一瓣瓣的蒜瓣擠出來即可，美味極了！在家料理大蒜時，多會跟洋蔥和薑一起烹煮。

## 洋蔥

洋蔥在作爲萬能的療癒食物上有著良好的聲譽，不僅能攻擊有害細菌、淨化血液，還有助於造血；建議使用在治療感冒、發燒、喉炎、腹瀉這類疾病上（洋蔥汁與熱或冷薄荷茶混合飲用），甚至有人說，「一天一洋蔥，癌症遠離我。」如果你即將出國旅遊，你的身體在這些國家必須對付陌生、不熟悉的細菌，在動身前的幾個星期以及離家旅行的這段期間，每天吃一顆生洋蔥，將有助於免受腹瀉或痢疾的威脅。如果你無法生吃洋蔥，至少要吃煮過的洋蔥，不管怎樣，總要以某種方法攝取洋蔥以進入你的免疫系統。甚至有人聲稱，生吃洋蔥有助於保持頭腦清晰。

## 薑

當身體處於壓力之下，薑可以同時舒緩並強化神經；藉由滋養腦脊髓液，薑有助於強化脊柱上的神經中樞。你可以很容易地用薑做出一杯美味、使人恢復元氣的茶。只要切下三、五公分的薑（在大部分雜貨店、超市都可以找到薑，健康食品商店當然一定會有），在一公升的水中煮上幾分鐘就好，你甚至不用幫薑去皮，只要在煮沸一會兒後過濾掉，就可以喝了；如果你喜歡的話，還可以加上糖以及/或者牛奶。女性在經期時飲用薑茶，效果特別好；在你覺得頹喪疲乏、虛弱不堪時，薑茶是很棒的「提神飲料」（pick-me-up）。試試看，薑會強化神經，而不是像咖啡因運作的方式去摧毀神經。

## 薑黃

薑黃對皮膚與黏膜很好，特別有益於女性生殖器官。它是咖哩粉的主要原料，調味後，可以用在許多食譜、砂鍋菜、湯類、肉汁以及醬汁裡。在穀物混合粥之中，薑黃是必備的標準原料，其好處受到尤吉巴贊大師的高度讚揚，其中最重要的特性，就是其有益於保持骨頭與關節靈活有彈性，而且只要少量即可發揮相當好的效果；參見第四〇五頁食譜章節中的黃金奶（Golden Milk），那是一種對你跟你的孩子都很棒的飲料。薑黃在超市的香料架上即可找到。警告：當你在烹調薑黃時，要小心別灑在衣服上，因爲薑黃在潮濕的狀態下會留下污漬。

昆達里尼瑜伽的教導，建議我們每天都要吃草本根三人組——大蒜、洋蔥、薑。同時，每天讓身體攝取（而不是潑灑在身體上喔）若干薑黃也很不錯，然後喝至少一杯的：

## 瑜伽茶

這個章節如果沒有提到尤吉巴贊大師著名的瑜伽茶食譜，就不算完整了（不過即使提到，也只是略窺到一丁點兒浩瀚如海的食物資訊與技術；尤吉巴贊大師在《自我療癒的古老藝術》（*The Ancient Art of Self Healing*）中，描述了更多瑜伽修行者對食物的利用方式）。沒錯，現在瑜伽茶已經成爲一種商品，散裝的茶或是茶包的方式都有。一九六九年時，尤吉巴贊大師教我如何從頭開始製作瑜伽茶；他告訴我，當他在野外指揮一座印度軍營時，他是怎麼使用瑜伽茶的。當時由於爆發了一場流感，疫情嚴重到所有的部隊都得從軍事演習中撤退返家，但是他卻能讓他的部屬保持健康，繼續留在崗位上；因爲他讓他們的保溫瓶中裝滿了瑜伽茶，不喝別的——甚至連水

都不喝——只喝瑜伽茶。所以這些人沒有一個是病號。

在3HO的生活方式中，這令人驚異的飲料是一項標準的必備用品。如果你也想從頭開始製作瑜伽茶，你可以在本書中找到有著尤吉巴贊大師原始版權的食譜。正如尤吉巴贊大師教我的，利用不同的香料製作專屬於你的瑜伽茶，好玩的地方在於水滾之後，先加入了丁香，然後就會「看到它們在跳舞」；果眞如此，它們會成雙成對，變成兩、三組成群結隊地在跳舞！一、兩分鐘之後，當丁香釋出其精華到滾水中時，你就可以加入其他材料了。

加入黑胡椒可以淨化血液，加入牛奶是爲了舒緩大腸，避免大腸受到黑胡椒的刺激。肉桂有益於骨頭，荳蔻有益於大腸，而丁香則是對神經系統有幫助。薑可加可不加，但強烈推薦你加入。如果你想清除身體內的廢棄物，持續喝瑜伽茶會很有效果；你可以一、兩天——至多三天——只喝瑜伽茶，盡可能多喝，不要吃喝別的食物。你可以感覺自己是多麼地輕盈而充滿活力！

每天至少喝一杯瑜伽茶是個好主意。瑜伽茶不僅是一道美味飲料的食譜，更是一份完整自我療癒的滋補配方！別忽略了紅茶，它也是這份配方的一部分。如今，瑜伽茶也有了各種口味的商品化包裝。這就是現代科技啊！

## 隱藏的成分

在你所烹調的食物中，尤其你是女人的話，一種最有效的療癒成分就是你所加入的「振動」。這是眞實存在而非虛構的事實。當你烹調食物時，你對食物祈禱、唱誦，就加強了食物滋養與療癒的力量。

有關於進入食物中的振動如何作用，讓我告訴你一個眞實發生的故事。幾年前，有位年輕女子來到3HO的洛杉磯中心，並待下來解決她的婚姻問題，希望讓她的生活回到軌道。她是一個很棒的廚師，每天都會爲幾名工作人員準備餐點；她烹調的食物嘗起來都很美味，但是每天下午吃完午餐之後，我們全都感覺不舒服。最後我們終於搞清楚，因爲這位廚師一直處於相當憤怒的情緒狀態，以致於影響到她所烹煮的食物，於是我們就不再吃她煮的東西了。一直到她第二年回來時，她的情緒狀態已然改善很多，這時我們發現，我們享用她所烹調的餐點之後，也不再有任何不舒服的狀況發生了（更多關於女性的特別力量，請參見有關女性的章節介紹）。

說到烹飪，我過去往往擔心並苦惱於得爲大家準備餐點，特別是無預期到來的客人。對於他們是否會喜歡我煮的菜，我向來都沒有信心，但尤吉巴贊大師教我，烹飪就是「利用你手邊的材料，並在準備食物時一邊唱誦」。

你的振動的確會帶來不一樣的結果。當然，尤吉巴贊大師也是一位出色的廚師，許多他的私房食譜不但被用在全世界的金廟意識烹飪餐廳（**Golden Temple Conscious Cookery Restaurants**）中，更收錄在他所撰寫的烹飪書籍當中（參見本書所列出的〈食譜〉章節內容）。

## 喜歡你的食物

櫛瓜眞是值得讚美的食物。非常、非常易於消化，幾乎沒有卡路里，很快就可以煮熟。你可以將之切片、直接蒸熟、或是用洋蔥跟大蒜來煸炒，甚至還可以加些番茄醬汁。

在你的飲食中加入許許多多的綠色蔬菜，加入充滿普拉納（生命能量）的食物，像是成熟多汁的水果以及幾乎任何當季、新鮮的食物。理想的情況下，新鮮的食物優於冷凍的食物，而冷凍的食物又優於罐裝的食物。你可以用檸檬汁代替鹽灑在蔬菜上；市場上有許多鹽的替代品，是由草藥組合製成，瑜伽修行者也說，三十五歲之後要避免鹽分的攝取。當你購買產品時，記得要閱讀上面的說明標籤，避免含有味精與其他化學製品的產品。盡可能利用處於自然狀態的食物，換句話說，食物的加工愈少愈好。

## 它是多麼地甜蜜啊！

我們是一個「甜蜜」的國家，美國人每年都消耗掉無數的糖。糖會損耗維生素B的系統。就個人而言，我發現自己的身體與神經系統無法忍受白糖，白糖會使我變得極爲易怒；如果我發了脾氣，腎上腺素一旦暴增，我就會生病。這種情況發生的次數，已然多到我很確定事情發生的順序以及我得承擔的後果便是如此。如果你對這件事很認眞，有許許多多的方法可以避免攝取糖；其中一例就是，味覺是可以被制約的。

我嘗試著不在瑜伽茶或其他飲料之中添加任何甜味劑。還有其他的食物可以滿足你想吃甜食的欲望，而當你吃夠了身體所需的好東西之後，你對甜食的渴望就會降低了。你可以用肉桂去煮蘋果醬，味道好極了；你也可以用香草在優格或奶昔中增味。我喜歡把冷凍香蕉、牛奶（我用的是豆漿）、一小片肉桂，以及一點點的香草一起放入果汁機中攪拌，可以做成濃郁的冰凍優格，用湯匙舀來吃，或者做成稀薄點的奶昔，味道很棒。烘烤食物的話呢，可以用楓糖漿、楓糖或大麥麥芽甜味劑。蜂蜜雖然也是非常純淨的食物，遺憾的是，那是一種經過蜜蜂釀製的濃縮物，會對胰腺造成沉重的負擔；有些人吸收果糖沒有問題，有些人則否。要注意阿斯巴甜這種人造甜味劑，據報導，它會產生某些不受歡迎的副作用。

你注意過孩子們在吃了我們款待他們的糖果、冰淇淋或蛋糕之後，會變得多麼「亢奮」嗎？我可以確定的一件事就是，精製白糖會讓我飽受苦頭，所以我根本就不吃它；而自從我停止吃糖之後，我可以證明自己的生命、健康和行爲都產生了轉變。詳讀商品標籤並謹慎應對，糖分可能會隱藏在你意想不到的地方。

**警告所有的巧克力愛好者：請勿閱讀下一節的內容，你不會喜歡的。**

## 巧克力

巧克力含有咖啡因和可可鹼，很容易讓人上癮。如果你非吃巧克力不可，至少試試那些不是用白糖作爲甜味劑的巧克力。糖與巧克力似乎形成了一種致命的組合，愈來愈多人逐漸意識到，糖與巧克力會對人體造成有害的影響，市場上也出現了許多替代性的產品；試試看，你可能會眞的喜歡上它們，而它們也可能會喜歡你呢！

美國公共衛生局雖然發出吸菸會導致癌症的警告，還是有許多人吸菸，所以我並不期望我的讀者會輕易地放棄他們吃巧克力的習慣。有些人是藉由訓練味蕾習慣角豆的滋味，而逐漸戒掉巧克力；有些人可以容忍用蜂蜜或楓糖漿增甜的巧克力。但就個人來說，我不希望沉迷於任何形式的巧克力味當中。巧克力重要的影響，就是會刺激體內的神經化學物質，亦即皮質的情緒變化物質，產生一種連結與親密的感覺。無怪乎巧克力會讓人上癮！當你需要安撫與慰藉時，不妨試著與你的靈魂對話，那才是最棒的巧克力之吻呢！

## 咖啡因

咖啡因會消耗我們的普拉納。我還需要說咖啡因會對我們的神經系統造成什麼影響嗎？瑜伽修行者通常會避免所有的刺激物或興奮劑，這麼說就足夠了吧！

## 酒精

如果你需要退燒，用酒精來擦拭身體是很有效的。但如果當作飲料的話，酒精剛開始會是一種興奮劑，接下來會變成一種鎮靜劑。酒精會使肝臟的功能退化，並且損傷大腦。匿名戒酒協會（Alcoholics Anonymous）可以提供你許多關於酒精成癮的資訊。

## 你說你吃下一塊石頭？

如果你偶然粗心大意地吃了太多食物（我們美國人很容易把握每個機會把自己塞滿，往往吃得太多，而且吃得太頻繁），有個方法可以讓你從過度飽足的感覺中得到若干舒緩——試著坐在自己的腳後跟上面幾分鐘。但最好別在大庭廣眾下這麼做，除非你想吸引一堆圍觀的群眾；如果你在家裡，可以在晚餐之後以岩石坐，也就是金剛跪姿，坐上幾分鐘；據說用這種姿勢坐著，連岩石都可以被消化。又或者在冥想時，岩石坐應可幫助你坐得穩如磐石。

## 有助於消化的自我療癒奎亞（Self-Healing Kriya）

我年輕時由於無知，曾經愚蠢地嘗試過好些極爲狂熱的斷食實驗，留給我的後遺症就是嚴重的消化毛病；當我遇見尤吉巴贊大師時，我的消化系統已經差到連喝一杯水都會不舒服。尤巴贊大師教我「瓦特斯卡爾道提奎亞」（Vatskar Dhouti Kriya），告訴我要連續做四十天，一天都不能偷懶。這個方法給了我非常大的幫助。想自己試試看嗎？請看——

## 瓦特斯卡爾道提奎亞

### 掌控你的消化系統

幾百年來，**瓦特斯卡爾道提奎亞**一直是昆達里尼瑜伽的祕法之一，只傳授給少數經過挑選的人。令人驚訝的是，這非常簡單而且很容易做到，但我可以跟你保證，這絕對有效。

（警告：剛進食完別做，因為**瓦特斯卡爾道提奎亞**必須在空腹時進行。）

以任何坐姿坐下皆可，脊椎打直。嘴唇噘成「O」形，開始吸入空氣，彷彿你正小口地連續啜飲空氣，盡可能吸進愈多口愈好，然後停止吸氣，閉上嘴巴，屏住你吸進來的空氣，開始用這些空氣來轉動你的肚子、攪動你的胃部，直到你無法屏住這股氣為止；接著，非常、非常徐緩地從鼻子呼出一連串的空氣。重複一輪這樣的動作：小口吸氣、屏住呼吸、翻攪胃部，然後從鼻子呼氣，一共做三輪，就構成了一套完整的奎亞。根據瑜伽修行者的教導，一天不得練習**瓦特斯卡爾道提**奎亞超過兩次。

請注意，在這項奎亞中，你是透過嘴來吸氣，這是我們始終經由鼻子呼吸通則的例外。如果你想要控制好自己的消化系統，一天練習一到兩次的**瓦特斯卡爾道提**奎亞，連續練習四十天，一天都不能間斷。

## 做出轉變

我在一九五六年變成素食者，那時有人向我建議，如果我停止吃肉，我的健康狀況將會得到改善。我照做了，而我的健康也的確改善了。邁向素食主義的一個方法，就是緩慢、逐漸地在你的每一餐中，把主菜替換成無肉的餐點，並且開始吃更多新鮮的蔬菜與水果。一開始，你可以每星期一、兩天嘗試當個素食者，然後再逐漸增加天數；或者，你也可以採取直接強迫戒斷的方式，像是尤吉巴贊大師在一九六九年提供的過渡飲食，其中包括有三十天的飲食內容，只吃水果、堅果與蔬菜。據許多採行這個方式的學生描述，最初幾天會感覺有些虛弱，但是之後，能量水平就會驚人地恢復與提升。三十天之後，你可以在飲食中增加穀物與乳製品。此時，恭喜你，你已經成功地轉換成素食者的飲食了！

「素食者不吃任何有母親的食物。」——尤吉巴贊大師

## 感恩祈禱

一年中至少有一天，大部分的美國人都會提醒自己，對於造物主所賜予的慷慨贈與要心懷感恩。每天對自己的每個呼吸都心存感激的人，有福了。

在我們吃任何東西之前先感恩，請求食物的真正賜予者祝福這些食物，這是一個非常寶貴

的習慣。祝福食物會增添其普拉納，而祈禱也不需要口才流暢、高貴動人。我曾聽過尤吉巴贊大師這麼說：「神啊，非常感謝，我們眞的很餓，而你給了我們食物；請賜福予這些食物並賜福予我們，謝謝。」

## 總結

總結本章，我建議你決定自己是要混合或是改變現有的飲食習慣。對於任何生活方式的改變，重要的是保持適度明智而非狂熱盲信。如果你習慣了大魚大肉，別想一夜之間就變成素食者。另一方面來說，有些人的確成功地以這種方式做到了。運用你自己最好的判斷力與常識，並且切記：

- **徹底咀嚼每一口食物。**
- **喝很多很多的水。**
- **別吃得太多或者太頻繁。**
- **常常大笑。**

## 人如其食！

老虎有獠牙以及長而尖銳的利爪，
如果牠們吞食了一頭鹿或小羊，只是遵循自然的法則；
神原本就打算讓所有的肉食動物
擁有短的腸道——不像你和我的腸道，都是長的。

不論我們吃進什麼，都得迂迴繞行，
吃蔬菜和水果對我們來說，不啻是更為明智之舉。
堅果、莓果、穀物、牛奶和起司，
素食的飲食就是為了讓我們滿心歡喜。
如果這食物會走路、游泳或爬行，
素食者根本不會去吃它。
大象活得長久，又極能負重，
但你不會在大象的餐盤上找到一塊牛排。

不論你吃進什麼，確定它可以被消化。
不能被身體利用的東西，
必須在十八到二十四小時之間——甚至更短的時間內——被排出去。

有些食物可能嘗起來味道很棒，
但是會產生大量的有毒廢物，
血液中的尿酸是一種致癌物質，
烤牛肉或許很美味，但為了它跟癌症調情值得嗎？

阿育吠陀的忠告，給智者的建言：
不論你身材高大還是瘦小，都別吃太飽，
留點空間讓自己的胃可以消化，
以下的比例被認為是最恰當的：
一半給固體食物，四分之一給液體食物，
《吠陀經》說我們應該用這樣的方式來分配我們的胃，
以健康和福祉為目標來管理你的飲食，

好好咀嚼食物，你會需要唾液。

胃裡沒有牙齒，所以別狼吞虎嚥。
消化始於你的嘴——而且要微笑，別皺眉頭！
笑聲是最佳良藥，從醫學角度來說真實不虛，
無論你做了什麼，保持幽默感。

人類對蛋白質的需求被高估了，
你可以在我所說的食物中，得到你所需要的一切，
買本食譜，大膽嘗試，
在死去之前，為了活著而吃。

我想要讓你見見三個一組的朋友們：
大蒜、洋蔥和薑，會讓你的生命更甜蜜美好。
洋蔥可以淨化血液、對抗疾病，
大蒜會讓你強壯，像是製造更多的精液，

薑能強化脊柱上的神經中樞，
喝薑茶能夠舒緩經痛。

我現在要介紹一種危險的香料，
在處理和使用時要非常小心，
當它潮濕的時候，如果灑在你的衣服上，
很難洗得掉（相信我，我很了解！）

這樣的香料是什麼？
它叫做「薑黃」，把它放在你的購物清單上吧！
它有著令人難以置信的療癒功效和美妙滋味，
能保持骨頭和關節靈活有彈性——只要一點點就有效果。
你可以做出黃金奶，食譜就在這裡，
讓所有你愛的人都喝得到。

瑜伽茶不只是飲料，更是健康的配方，

如你所知，用財富也買不到，
每一種原料都有其用途，
是科學方法的混合物，也是治療的處方，
幫助消化，預防傷風與流感，
沒有任何可以宣稱的醫療效果（當然），但瑜伽修行者都這麼做。

# 12 習慣的動物

毫無疑問，我們全都是習慣的動物。我們所做的事以及我們如何感覺、說話、相處，有相當大的比例純粹是習慣使然。聖徒有聖潔的習慣，罪犯有犯罪的習慣；我不想用「罪人」這個字眼，人們把自己視爲罪人的結果，已經造成了太多的傷害；我不贊同有罪的想法，除了如吠陀哲學奉行者（Vedantist）所言，對於你的神性一無所知是一種罪。

習慣是如此強烈地控制我們，以致於有此一說：藉由改變習慣，我們就能眞正改變自己的命運。根據古老的瑜伽智慧，有六個特定領域的習慣性行爲要加以改變：

走路的方式　待人的方式
說話的方式　飲食的方式
穿著的方式　禮拜的方式

當然，打破一個習慣的最好方法，就是用另一個截然不同的習慣來取而代之；因此瑜伽修行者的一個做法，即爲實踐「不與惡作對」（resist not evil）的概念。

## 兩種習慣

「從整個的生活理念中可以看出，我們百分之十五是常規與習慣的奴隸。只要是人，一定有特定的習慣；如果沒有的話，他的生命必然無法繼續下去。但是，藉由改變這些最低要求的習慣特性，他可以獲得解脫。

「習慣有兩種；一種是升級的習慣，一種是降級的習慣。降級的習慣會使你在身體、心理和精神上都不快樂，而升級的習慣會使你在身體、心理和精神上都很快樂。在你的生活中，如果你的習慣都是升級的習慣，最終，你將會是一個獲得解脫、自由而神聖的人；如果你有的都是降級的習慣，你最後必然會變成一具行屍走肉，心理錯亂同時／或者精神失常。

「習慣是個性和心靈不可或缺之物。當你受降級的習慣所掌控時，你的作爲將完全是屬於消極而負面個性的產物。事實是，如果你染上任何一個負面的習慣，就會自動吸引它另外四個情同姐妹的習慣一起出現，因爲它們喜歡待在一起。這五個行爲與態度的降級習慣即爲：貪婪、憤怒、淫欲、執著以及消極的自我。當你讓一個習慣進入你的家門時，她就會召喚其他的姐姐妹妹一起進來了。

建立一個習慣要花四十天的時間，加強它要花九十天，經過一百二十天之後，每個人都可以看出你的改變！

「每一個習慣皆爲兩座三角架所支撐：

- 身、心、靈；
- 過去、現在、未來。

「人有兩種引導的本能：不是改善自己的未來，就是阻礙自己未來的進步。如果你意識到這一點，並且有著誠實且眞摯的強烈欲望想要改善未來，你就會一直有升級的習慣。天啊，就算你不關心神，至少要關心未來吧！當你是如此關心你的未來，以致於願意去養成自己的升級習慣，你將會成爲一個獲得解放的自由之人。

「一個獲得解放的自由之人，始終都會是一個快樂的人。他並不缺乏任何物質的享受，也不知道地球上有什麼力量能侮辱得了他；他活在這世界的恩典之中，當他離開這副軀體時，世世代代的子孫都會尊敬他，並且追隨著他的腳步。每個人皆可如此。

「昨日的極惡罪人，當下就可以成爲聖人，唯一需要的就是一個決定：『我是要捍衛我的未來、選擇成爲一個獲得解放的自由之人，還是阻擋我的未來、隨著這世界的物質/肉體層面而消逝？』……。維持四十天積極、正面的態度以及升級的習慣，你就能改變你的命運。」

有一個基本的冥想可以改變習慣的模式，稱爲「**薩——塔——那——瑪**」（SA-TA-NA-MA）冥想，你可以在本書中找到尤吉巴贊大師一開始所教導的原始形式；之後，他提供了一項美妙的想像技巧，讓我們可以利用來練習這個冥想方式——我也已經爲你囊括在本書之中，作爲一項額外的紅利。我想你會喜歡的。

你也會找到一種有助於控制上癮行爲（習慣）的呼吸冥想法。

## 推薦的升級習慣

連續四十天，每天進行一項特別的冥想，把你的進度以及你所經歷的變化，都紀錄在日記上。

# 13 藥物

「中國人抽鴉片而失去了他們的文明；印地安人吸大麻而失去了他們的文明，埃及人使用佩奧特鹼❶以及其他草藥，而失去了他們的文明；希臘人與羅馬人因為酒精而失去他們的文明。美國則是全部都有。」

——尤吉巴贊大師

人們爲什麼會使用藥物呢？爲了擺脫面對現實這件事，而藥物會帶你去到非現實的世界。如今，使用藥物已經普遍到甚至被認爲是一種「時尚」，然而，成千上萬的人不斷因此而死，成千上萬的生命、事業、婚姻全都毀於濫用藥物，嬰兒甚至一出生就有藥癮，因爲他們的母親是用藥者。新型的「設計師」（designer）藥物甚至比六〇年代時普遍使用的更爲致命而危險。一九九四年，二十二歲的瑞凡．費尼克斯（River Phoenix），一位前途似錦的年輕演員，在比佛利山莊的一間俱樂部前倒下，之後隨即死亡，又是另一個受害者——不然呢？受害於藥

❶取自佩奧特仙人掌（peyote）的一種致幻藥。

物？無知？自負（認爲「這種事不會發生在我身上」）？社會壓力？

當尤吉巴贊大師大師在一九六八年十二月來到洛杉磯時，「嗑藥文化」幾乎是整個年輕世代的一種生活方式。這些年輕人開始嗑藥，爲的是想找到上帝；他們拒絕了社會的物質價值觀，希望能有心靈上的體驗；沒錯，他們也想要有「高昂亢奮」的感覺，但對大多數人來說更是一種精神與心靈上的眞誠探索，而非只是尋求刺激。

遺憾的是，他們並不知道服用這些藥物會帶來什麼樣的後果，也不知道自己會因其副作用而承受多大的痛苦。二千萬個年輕人當中，上百萬人不是死了，就是遭受永久性的損傷，或是發了瘋。

對那些沒有經歷過、也不記得六〇年代的人來說（以及那些曾經經歷過、卻也記不得的人來說），下列引自尤吉巴贊大師的話，可以清楚說明這一點：

「你們當中有些人或許還記得六〇年代的零星片段。你們有些人非常地單純而天眞，你們並不了解。我要說明的是如今的一個情況。一個人如果曾經服用那麼多的藥物，大腦中的神經元就會遭到損傷。你有七個神經元板層，如果一個板層因爲加速及攣縮而受到損傷，你可以理解那種隱約、細微的傷害，就像一輛電池極爲耗弱的車。咖啡因、興奮劑等這些東西，在你服用的那一刻可能會對你有幫助，但長期來說，這些只會對你造成損傷。」

當西里・辛克・沙嘿伯（Siri Singh Sahib），其後受眾人稱爲「瑜伽尊者」（Yogiji），看到這些年輕人服用藥物的結果，喚起了他的慈悲心，促使他開始教導他們昆達里尼瑜伽；他知道，這是療癒他們的身體與心靈最快速的方法，並且能夠給予他們所追尋的靈性覺醒。他決定要公開教授昆達里尼瑜伽，無視傳統的規範——由於昆達里尼瑜伽所賦予的強大力量，傳統上來說，是禁止公開傳授的。

他知道，驅使這些年輕人使用藥物的原因，是一種想去改變自身意識並填補內心空虛的嘗試；他們會使用藥物，是因爲沒有人教他們控制內在生命的其他方式，而藥物可以抵制內在的痛苦與停滯的心理狀態。但是，藥物卻無法提供方法讓你爲新的意識建立起任何眞實的基礎。他也知道，昆達里尼瑜伽可以爲意識建立起立即而實際的改變，雖然許多藥物使用者認爲，昆達里尼瑜伽不過是另一種讓人「高昂亢奮」的方法；誠然，那的確是一種讓人達到更高自我的方法！能讓你走出痛苦、潛意識的混亂以及乏味與煩悶，讓你產生來自內在的能量——那是無法由任何外在物質所提供或創造的。

尤吉巴贊大師知道，藉著修習昆達里尼瑜伽，學生們不僅可以經歷一種更高的「亢奮」之感，還可以修復他們的神經系統與大腦。他說，要修復藥物所造成的損傷，得花三年時間練習昆達里尼瑜伽，並配合健康的飲食。這就是3HO藥物治療康復計畫的由來，我們甚至在所有3HO發出的郵件上，都蓋上了以下的標語：

**「讓這裡成為一個沒有藥物的國度，**

**幫助3HO基金會。」**

尤吉巴贊大師從不直接叫學生停止用藥，但他會指出服用那些藥物的作用與影響，並提供簡單可行的方法以供選擇：

當你感到需要某種興奮劑或刺激物的強烈衝動時，做七次深長呼吸，屏住每次吸氣直到最大限度，或者做火呼吸（那是說，如果你不是在公開場合的時候），這是最強大的治療法！

「如果你每天做半個小時的火呼吸，就能遠離許許多多的麻煩。①」

當你感到需要某種興奮劑或刺激物的強烈衝動時，做七次深長呼吸，屏住每次吸氣直到最大限度，或者做火呼吸（那是說，如果你不是在公開場合的時候），這是最強大的治療法！

大師讓人們自己發現，原來比起其他事物，可以在昆達里尼瑜伽上達到更高的境界；並指出，這種永久的靈性體驗沒有任何會造成損傷的副作用，而且合法又便宜——與藥物相比的話。每堂瑜伽課程不僅有助於療癒過去的損傷，還可以提供立即「提升」的體驗。

由於尤吉巴贊大師提供了精湛出色的技能，一座特殊的全面護理、沒有藥物的3HO藥物治療康復機構，遂得以開始在亞利桑那州的土桑市營運，並配備有合格的專業人員；其後，更發展成爲「超級健康」機構（SuperHealth）——一處人人都可以在這裡放鬆休息、恢復活力與重生的天堂。運用昆達里尼瑜伽是這項計畫的主要特色，讓客人或客戶可以獲得按摩、諮詢、飲食、激勵技巧等服務，以改善他們的生活品質。

**「消遣性藥物 Recreational drugs」是一種矛盾的說法，因為藥物既不會 create（創造）也不會 re-create（再創造），它們只會摧毀一切。**

## 大麻

就連大麻都不是「安全」的。大麻會攻擊脊柱的神經中樞，因此，身體裡的整個神經系統、所有七萬二千條神經，都會受到損傷；而損害記憶功能，則是大麻的另一個主要影響。大腦兩個半球會根據鼻孔的活動而擴張與收縮。當一個人抽大麻的時候，不論「張開」的

①尤吉巴贊大師。

是哪一個鼻孔，都會擴張相對應的那個大腦半球，讓人產生狂喜的體驗以及空間感知和視覺的扭曲變形，呈現一種「精神恍惚」的狀態。問題在於，每當大腦受到藥物影響時，它平常控制擴張與收縮的部分就會被摧毀；從那時起，不論這個人是否有「哈草」，大腦半球隨時隨地都可以擴張，於是人就會變得恍恍惚惚，忘記自己上一刻在做什麼事。根據我的觀察，大麻會使最聰明的人變得不稱職且不可靠，它會刺激腦細胞並限縮脊髓液的運作。

尤吉巴贊大師向我們指出，大麻在印度滿地都是，但是再也沒有人會想去吸它，因爲他們已經知道，大麻會帶來災難性的影響與後果。

## 安眠藥

在這個國家中，有三千五百萬人在晚上無法入眠，其中有許多人服用安眠藥。安眠藥會使你變得神經質，因爲它們可以讓身體睡著，但無法讓潛意識睡著，於是一切都會被推擠進無意識中；但是當一切被放進無意識中時，這個人就會變成一個活「瘋人」，完全沒有任何的神經控制系統，甚至無法接通副交感神經——還沒有一種藥物可以治療這種疾病，因爲安眠藥無法處理根本病因，只能粉飾表面的症狀。

瑜伽尊者教導我們如何在夜晚不用吃安眠藥便可入睡的瑜伽方法，讓我們可以睡得更好、

更沉，而且可以充滿活力地醒來。你可以在睡眠那一章中讀到所有相關的內容。

## 生命的週期

人類生命隨著重大改變的發生，可分爲三個不同的時期或週期：意識的範疇（七年）、智識的範疇（十一年）、以及肉體的範疇（十八年）。

在生命的第一個十八年當中，身體正在成長，所以，我們看起來像是可以輕易逃脫掉任何事情，而毋須去注意一切不良的後果，孩子們可以吃垃圾食物、不睡覺、不運動，甚至抽煙喝酒，還是感覺精神奕奕。從十八歲到三十六歲，身體仍舊處於儲備的狀態，因此，我們似乎還可以避免掉不健康習慣所帶來的不良影響，因爲身體仍可利用其強大的修復能力來調整與適應。但是在三十六歲之後，當心了！我們曾經造成的一切傷害，對我們身體健康的所有濫用與疏忽，全都開始回過頭來糾纏我們了；到那時候，我們已經不再處於儲備的狀態，身體開始顯現過去曾被誤用與濫用的後果。我們開始這裡痛那裡痛，滑囊炎、關節炎、消化問題，似乎都隨著年紀的增長而到來。只是，各位，這跟年紀沒有關係，而是由於缺乏營養。

好在如果你有心改善狀況，永遠不嫌太晚。即使你已經過了三十六歲的年紀，也別絕望；藉由昆達里尼瑜伽的修習，你已經開始改善、修復、療癒並強化你的身體。

昆達里尼瑜伽不必然是「容易的」，因爲你得去「做」，而不只是往嘴裡丟一顆藥丸、或是在手臂上插一根針。尤吉巴贊大師最早曾經講過的兩句話，很値得在此引述，因爲眞是再眞實不過了！

**沒有任何免費得來的自由，**
**也沒有任何不用努力爭取的解脫。**

「我知道你可能有吃迷幻藥（LSD）或是天使塵（PCP），但是你可以擺脫這些藥物的後遺症——如果你可以實實在在地練習薩達那（每天規律地進行靈性修習）。事情就是這麼運作的。這些各式各樣的藥物、刺激物、興奮劑、鎭靜劑（安眠藥被包括在這個類別之中），不論作用爲何，都控制了大腦新陳代謝功能的啓動與關閉能力，只有在極度緊急的醫療狀況下，才能被允許使用；否則，對任何正常運作的大腦來說，服用了藥物只會使其運作變得異常。許多持續修習薩達那的人（參見第十六章〈薩達那〉該章內容），被發現已然完全清除了因使用藥物而產生的影響以及異常的後遺症；而這裡所說的異常，是包括了任何身體、心理或精神的異常。這就是爲什麼薩達那被指定並設計成三個部分：第一個部分涉及身體層面，第二部分涉及心理層面，第三部分則涉及精神層面。我們希望每天早晨都能夠擺脫這些，代之以人們可能逐漸從中受益的理想思維。

「如果你非得對某種事物上癮，就對每天做薩達那這件事上癮吧。否則，上癮絕非自由之源，你也不會從用藥之中得到解脫，反而是大腦的神經元會變弱。吃下這些藥，對我有什麼好處？會失去鼻孔垂體敏感度的人是你，你將永遠無法聞嗅到生命的微妙滋味，永遠拖累自己的生命。」②

## 古柯鹼

古柯鹼會給人一種「無敵」的錯覺，這當然對年輕人特別有吸引力。我猜想，他們並不相信所有顯示古柯鹼是一種致命毒癮的統計數據；又或者，他們相信這些數據，只是不認爲這件事會發生在他們身上。我們都傾向於認爲壞事會發生在「別人」身上，就是不會發生在我們身上。

## 是習慣還是上癮？

行爲模式是心靈輻射與磁場頻率關係到宇宙心靈與磁力的結果。當我剛開始聽尤吉巴贊大師解釋這句話時，我還得把它寫下來、一讀再讀，才有辦法理解。重要的是，要了解我們全都

② 尤吉巴贊大師。

有習慣的模式，如果沒有這些模式，我們就無法運作了。然而，我們通常會超越自己所建立的這些模式，因爲我們會改變，也會想要去改變自己的模式；又或者，想去改變這些習慣模式，是因爲我們知道藉由改變它們，就能改變自己的生命！

無論是暴飲暴食、濫用藥物、抽菸、喝酒還是賭博，我們都能染上極爲自我毀滅的惡習。如何改變這些模式？提升你的頻率。要做到這件事的工具就是**薩塔那瑪**（SA TA NA MA）的梵咒，它是**薩特　南**種子音的核心形式。梵咒意味著心的投射，是一種調節心智的技術裝置（參見有關梵咒的章節）；薩塔那瑪的冥想在第十二章〈習慣的動物〉該章內容中已加以介紹。以下有更多的資訊，說明爲何這些音節會如此地有效。

種子音或「種子」梵咒，是能夠徹底重新安排潛意識心智習慣模式的一種聲音。藉著振動**薩特　南**的音流，你可以啓動心智中那股特定的能量，去抹除並建立習慣；它代表著「眞理」本身藉由聲音表達出來的具體呈現：**薩特**（眞理）是存在的現實，**南**（名稱，身份）是創造它所命名的振動，**薩塔那瑪**則是人類心靈中基本的進化力量，其效果跟分裂原子是一樣的。

**薩**代表無限，也是一個開端；**塔**代表生命，從無限中生出生命與存在；**那**代表死亡，從生命中出現死亡與改變，而從死亡中又出現無限的喜悅之意識，於是回歸到生命或重生，也就是**瑪**。參照下頁，你會看到利用這樣的「種子」梵咒打破上癮習慣的冥想……。

「困難的事情需要花很久的時間才能做到：
而不可能的事情則需要更久的時間。」③

③ 哈伊姆．魏茲曼（Chaim Weizmann），一八七四至一九五二。

## 藉由重整你的潛意識心智

### 打破上癮的習慣

在進行這項冥想時，將你的拇指抵住太陽穴。拇指施加的壓力，會直接在松果體的細柄下面觸發一種有節奏的反射電流，這個隱蔽區域的不平衡，會導致心理或生理上似乎牢不可破的上癮習慣。

松果體下方區域的不平衡，會打亂調節腦下垂體的脈動輻射；又因為腦下垂體調節其餘的腺體系統，因此，當松果體處於靜止狀態時，整個身心都會失去平衡。這項冥想可以解決這個問題，且對每個人都有極好的效果，尤其對藥物成癮、精神疾病及恐懼症等狀況的康復治療特別有效。

雖然這項冥想在五到七分鐘之內就可以產生效果，你一天最多可以進行三十一分鐘。人類的習慣模式可以在四十天的周期中被建立或打破，更根深柢固的模式可能需要花更久的時間才能糾正過來。

而一旦松果體開始分泌，就會帶來脈動輻射，讓你得以擺脫舊有的模式。

以舒適的姿勢坐下，打直脊椎，確保前六節下椎骨向前鎖定。雙手握拳，大拇指向外伸出並伸直，將大拇指擺在太陽穴上——太陽穴是在兩邊眉毛外上方約三公分的小凹陷處，亦即位於顳骨與蝴蝶骨接縫上方的額骨其下前方部位。

讓後臼齒密合在一起，保持嘴唇閉合。藉由薩塔那瑪的節奏，交替臼齒上的壓力去振動下巴的肌肉，有一條肌肉會在拇指下移動；一邊去感覺這條肌肉在按摩著拇指，一邊繼續以手施加穩定的壓力於其上。

閉上雙眼，感覺眼睛看往眉心的方向，默默朝那裡振動薩塔那瑪的音節，持續五到七分鐘，每天練習三十一分鐘，練習一段時間。

# 14 睡眠

「那結束錯綜複雜、糾結煩憂的睡眠。」①

你失眠過嗎？你曾需靠吃安眠藥入眠嗎？你是否有時在早上醒來，感覺就像是被一輛十噸的卡車輾過，或是被一頭大象踩過？你認爲自己需要更多的睡眠嗎？還是你希望自己能少睡一點？如果答案是肯定的話，這一章就是爲你而寫！

睡眠的目的是讓身心得到休息、恢復、再生，而且可以進行若干的自我療癒。因此，當你醒來時，應該是精力充沛、精神振奮、反應機警而靈活，準備好面對新的一天。你是嗎？

①威廉·莎士比亞（Wm. Shakespeare），《馬克白》（*Macbeth*），第一幕第二場，「那日常生活的死亡，疲憊者的沐浴，受傷心靈的油膏，大自然的第二因，生命盛筵的主要滋養」（The death of each day's life, sore labour's bath, Balm of hurt minds, Great nature's second cause, Chief nourisher in life's feast.）。

## 睡眠的四個階段

睡眠會經歷幾個階段：

1. 第一個階段是輾轉反側、千思萬緒的階段，相當浪費時間和精力；如果你讓自己適當而正確地準備好睡覺，你一點也不必經歷這個階段！

2. 下一個階段是淺眠的「幻想」階段（同樣，也是一個不必要的階段），你從這個階段會進入到另一個更爲耗竭能量的階段：

3. 夢境。你可能以爲自己很享受作夢，但事實是，不論你在夢裡經歷了什麼樣的冒險，你都得花上比醒著時眞正去經歷它的十倍精力；無怪乎你會精疲力竭地醒來，尤其當你在夢裡被老虎追殺、或是被來自外太空的怪物攻擊時。我們也不需要經歷這個狀態。我們想做的、想達成的目標是：

4. 深沉、無夢的睡眠狀態。只有在這個睡眠的第四個階段，我們才能眞正地恢復精力，我們的電池才能眞正地充飽電力。

## 打破八小時睡眠的迷思。

### 我需要多少睡眠？

現在，你不會在睡眠的前三個階段浪費寶貴的時間了，你不需要八個小時的「睡眠」，眞的！

這就是爲什麼——當你的呼吸變得飄忽不定、不是緩慢而穩定時，它會摧毀你的神經系統。當你睡飽四個半到五個半小時之後，你的呼吸速率就會改變；因此，一覺不宜睡得比這還長。深沉的睡眠狀態，實際上最多只能持續兩個半小時之久；你愈快進入深沉的睡眠狀態，就能花愈少的時間在其他的階段。然而，我們大部分人都會花上好一會兒時間才能進入深沉的睡眠狀態，也要花上好一會兒時間才能脫離這個狀態。

一個健康、成熟的成人，過著相當健康的生活方式，委實不需要睡超過五個半小時！（據說那些完善了睡眠技巧的人，只需睡三十一分鐘就可以得到一切他們所需求的益處！）

有如此偉大成就的人，像是居里夫人（Madame Curie）以及湯瑪斯·愛迪生（Thomas Edison），皆以他們能時而以「貓打盹」的方式小睡片刻而廣爲人知，他們從來不睡很長的一覺。瑜伽極爲人所渴求的力量之一，就是征服睡眠！能夠在短短幾分鐘之內就讓自己恢復精力，對一個人的生命來說，是一項偉大資產。根據《洛杉磯時報》報導的一篇文章指出②，「約翰·甘迺迪總統過去在白宮的橢圓形辦公室都工作到凌晨兩、三點，然後七點半起床繼續

---

②《洛杉磯時報》（*Los Angeles Times*），一九九四年二月十日，「只有無能者需要八小時」（Only Wimps Need 8 Hours）。

工作，加上每天小睡一個小時。柯林頓總統也設法只睡五個小時，加上一個午覺。薩爾瓦多‧達利（Salvador Dali）覺得自己一天只需要四個小時的睡眠，當他太累時，他會坐在地板上握著一根湯匙，下面放一個錫盤；如果他睡著了，湯匙就會從他手中掉下來，打到錫盤讓他驚醒，他醒來之後會說自己的精神已經完全恢復了。李奧納多‧達文西（Leonardo Da Vinci）決定每四個小時睡五分鐘，這樣一整天只需要睡半個小時即可；但在五個月的嘗試之後，他放棄了，重拾自己規律的四小時睡眠——據說他感覺整個頭都在刺痛，而且常常咬到自己的舌頭。

顯然達文西有點過頭了，然而，我們的確可以學習到如何完全放鬆，僅僅十一分鐘的小憩也可以創造奇蹟（當然，還有瑜伽方式的一夜好眠）；事實上，我們強烈建議你每天打兩次這樣的十一分鐘小盹，尤其對女人來說更是獲益良多。③

遺憾的是，我們許多人心中滿是焦慮不安，就像一張壞掉的唱片般，不停地在相同的問題與擔憂上面打轉；我們甚至擔心自己睡不睡得著覺，以致於我們清醒到睡不著。而即便真的睡著了，也睡不安穩、得不到真正的休息。

這就成了一個惡性循環：如果睡得不安穩，我們的呼吸速率就會變得不穩定而無規律；如果呼吸變得飄忽不定，心智就會受到干擾；如果我們在睡眠中的心理受到了干擾，就絕對無法達到深沉的睡眠階段。結果是，我們醒來時比上床睡覺時還累。

## 東西向是最好的

爲了從睡眠中獲得最大的效率和效益，把你的床放成朝向東／西的方位是最好的。沒錯，你會想要睡在一條穿越地球磁場的線上。

就像羅盤的指針總是被拉著指向北方，你的個人能量也會被地球磁場的拉力吞噬——除非你睡覺時，你的電磁場跟地球的磁場保持著直角。你的床朝向南／北的方位，是你早晨醒來又疲累又不高興的原因。

你的整個神經系統會受到你朝著什麼方位睡覺的影響，你的頭朝東或朝西躺並不重要，重要的是讓你身體中的力量之線朝向東／西方。東西向是最好的！

「你的脊椎有兩個最大的敵人，一是汽車，一是軟床。」

我們都需要多走點路、少開點車。

## 善待你的脊椎

柔軟的床可能讓人感覺很舒適，但是要適當而正確地支撐你的脊椎並給你一夜好眠，你需

③尤吉巴贊大師，卡爾薩女性訓練營。

要睡在一張堅實穩固的床上；這並不是說要折磨你，也沒有必要（甚至想要）去睡在一張釘床上。但如果你想讓整個神經系統達到最放鬆的程度，你得先給脊柱最多的支撐，因爲你身體中的七萬二千條神經與脊椎上的二十六節椎骨息息相關。

所以，「再會了水床！」「永別了，厚沉綿軟的羽毛床墊！」

去買你找得到的一張最牢固的床墊，或者試試約七、八公分厚的日式床墊或乳膠墊；總之，你得扔掉柔軟舒適卻毫無支撐力的床，才能體驗到你所需要且應得的休息和放鬆。許多買得起各式豪華寢具的人，仍然選擇睡在只鋪有一張波斯小毯和一片羊皮的地板上！

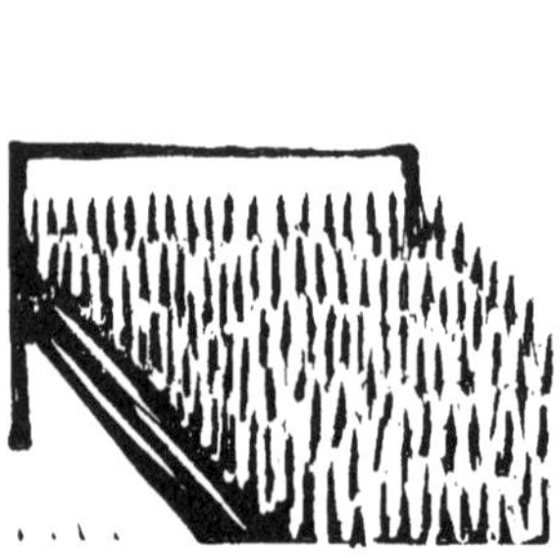

好的，現在你知道怎麼準備好你的床了，但是在你爬上這張床之前，還有更多的事要做。

## 準備就寢的六個步驟

**首先**，確定你這一天做了好些激烈運動，以致於你的身體已準備好、也渴望好好地休息。每個人每天都需要足夠的運動讓自己流汗，睡前散個步是極好的運動。

**其次**，睡前別吃得太飽。如果你的胃是脹滿的，消化的過程會需要許多活動；但在準備就寢時，身體的所有系統都應該要放慢速度才對。

**第三**，刷牙以除去口中會形成細菌的食物殘渣。也要刷刷舌根，清理喉嚨後面的黏液囊。

**第四**，不要感覺很渴的上床睡覺。上床之前，至少喝一或兩杯的水，即使你晚上得起床去上廁所，也比口渴地入睡好。當身體脫水時，會發出需要水的訊號；這樣的需求訊號會干擾心智，使你無法得到適當的休息，甚至還可能會讓你做惡夢。孩子們擁有良好的本能（直到我們扼殺它們為止），通常在上床前會要一杯水喝。讓他們喝吧。

**第五**，在你的腳上沖些冷水，或者浸泡在冷水中。沒錯，「冷」水！然後用一條毛巾用力把腳擦乾。這會刺激每一隻腳腳底的七萬二千條末梢神經，有助於讓神經系統準備好進入深層的放鬆與睡眠。為了使這項活動更有效果，一上床就要按摩你的腳；或者更好的方式（也是最終的奢侈享受），讓某人幫你做個足部按摩！但是等等，你還不能躺平，還有些預備步驟得完成。

**最後**，運動。做完所有的這些準備，包括刷牙、喝水、沖洗你的腳，做些昆達里尼瑜伽練習會非常有幫助。

要保持頭腦清楚，你每天必須做到兩件事：流汗＆大笑！

（或許你在走路時可以一邊大笑！）

其他讓自己準備好睡覺的方式，包括：

- 讀些鼓舞人心的東西；
- 祈禱；
- 冥想；
- 打開你那可以自動倒帶的錄音機，在你睡覺時放些美妙的冥想音樂，潛意識錄音帶也能奏效。
- 現在，你準備好好享受你的足部按摩了！

如果你身邊剛好沒有人能幫你做足部按摩，你可以自己進行（在第二部〈該做的事〉中有完整的說明指示）。順帶一提，如果你希望讓你的丈夫、妻子、心上人、孩子、父母或兄弟姊妹愛死你，給他們來個足部按摩就對了！這是最體貼、最使人感到寬慰與舒適的療癒之舉。

在你上床之前，還有一件非常重要的事要做：

把你所有的煩惱、擔憂、念頭跟問題，通通包起來，把這個包裹放在你心中的某個架子上，在上面貼上「G—

O—D」的標籤，把它留在那裡。你會驚訝於在你醒來之前，有多少問題已經不再是問題，或是已經被解決或改善了。甚至這整個包裹可能都已經消失了！

別忘了設定你的心理計時器，在早上把你叫醒。沒錯，你的潛意識心智有絕佳的時間感，在你睡覺前，它會對你的指令做出反應，告訴你自己幾點要醒來。一開始爲了保險起見，你或許也想要用個鬧鐘；但你會驚訝於你可以多麼迅速地發展出自己內在的起床系統，當你想練習「早晨如何起床」的瑜伽方式時，這個能力就會派上用場。

在昆達里尼瑜伽初學者系列中，我會教一種在睡前練習的特別呼吸冥想，這在第二部〈該做的事〉中可以找到，還有一些很適合在睡前做的運動。

現在，你準備好迎接帶你進入深沉睡眠的瑜伽秘密了：

### 進入深沉、無夢睡眠的四個簡單步驟

即使你並未完全遵循上述的準備步驟（倘若如實照做了，就表示你太有智慧了！）當你終於躺下時，你還是可以嘗試進行這項例行的練習：

1. 俯臥，讓你的胃部靠著床墊，把你的頭向左轉，讓右頰可以放在枕頭上（或是床上，看你喜歡）。這個姿勢會自動讓你的左邊鼻孔可以順暢地帶入冷卻、舒緩、平靜的能量。

2. 開始深長呼吸，盡可能吸入並呼出最多的空氣。當然，你「只」從鼻子呼吸，嘴巴保持閉合。有意識地呼吸，專注在使每次呼吸都盡可能地深而長：當你吸氣時，想著「薩特」的音，呼氣時則想著「南」的音。

3. 做了數次的深長呼吸之後，用你的手臂或手將右鼻孔完全阻隔起來，繼續用左鼻孔進行深長呼吸。

4. 當你感覺自己已有輕微的睡意來襲時，通常在做了差不多十個完整的深長呼吸之後，再轉身仰躺或是轉到你想躺的那一側，取決於你感覺自己最舒適的方式是哪一種；繼續做深長呼吸，直到睡著！順帶一提，睡在右側對你的心臟與消化系統較好，此外，當然啦，睡在右側也會讓你的左邊鼻孔保持通暢。

一旦呼吸變得規律而緩慢，你會快速經歷睡眠的初步階段，幾乎立刻就會達到深沉、無夢的睡眠狀態，避免陷入耗費能量的做夢階段。而當你該起床時，你也能夠更輕鬆、更優雅地從深沉睡眠中醒來。

## 技巧性的東西

如果你有興趣的話，以下是根據通曉一切技術性術語的古魯恰蘭．辛格．卡爾薩博士，一些對於某些睡眠階段的瑜伽術語更爲科學的說明。而我只知道什麼是有效的！

**清醒**（Awake）是塵世的正常意識，藉由環境及外部物體來定義自我。

**古吉拉特**（Jugarat）（或者不管它是怎麼拼的）是有內在世界感的自我，亦即有夢、形象、心靈印象、儲存潛意識的自我。

**舒本**（Soopan）是大量作夢的階段（非常令人精疲力竭！）

**斯古佩特**（Skoopat）或無夢，超越五種元素的牽引力量，進入融合的心靈感——存在於此的身份，並非以這世界爲基礎。

**圖瑞亞**（Turiya）是覺醒的睡眠，如無限心靈（Infinite Spirit）般覺醒，並意識到其他境界的自我。這就是爲什麼尤吉巴贊大師會說，他對夢一無所知。「我曾來沒做過夢。」他已達圖瑞亞之境，在這個境界，「現實的自我」（Reality of Self）始終存在，不需要有融入潛意識的夢境與象徵。在圖瑞亞所經歷的象徵或符號，是一種預見（vision）或直覺。

## 睡眠時間之歌

莎士比亞說，「那結束錯綜複雜、糾結煩憂的睡眠——」

我猜他從來沒失眠過，也從來沒夢過自己被熊追著跑。

甜蜜的夢其實並沒有那麼甜蜜，

夢裡的奔跑或墜落，比起你醒著時

要花上十倍的精力；

所以瑜伽修行者說，「看在天堂的份上，避免做夢吧！」

我們建議上床前喝些水，

讓你的胃休息，它就會當你的朋友。

在你就寢前，把煩惱放到心中的架子上，

貼上一個「G—O—D」的標籤，看看會發生什麼事；

到了早上，它們可能就永遠消失了，

而且，一夜之間就忘了它們，不是很聰明嗎？

呼吸逐漸變緩、變慢，你的心也會跟著慢下來，
左鼻孔吸引了甜美睡神（Morpheus）的追求，
愈來愈深，你逐漸漂移開了，
醒來又是精神飽滿、嶄新的一天。

讓你的身體準備好，引導你的心，
你會發現睡眠變成一種樂趣！

足部按摩是一件額外的樂事，
讓你的神經在晚上可以安定下來；
（先用冷水洗腳，感覺很棒喔）
用你那自動倒帶的錄音機放些鼓舞人心的音樂。

堅實穩固的床墊朝東西方位擺放，

（瑜伽修行者一致同意，這是最好的方式）

做些運動——準沒錯。

我的睡眠時間之歌就唱到這裡！

# 15 早晨如何起床

「當你醒來時，告訴你自己，你是富足、喜樂而美麗的：

富足——你認識你的靈魂

喜樂——痛苦與愉悅都無法對你造成影響

美麗——在逆境中，你仍述說著成功順遂的話語

你想過要感謝你的雙臂和雙腿嗎？你的眼睛跟耳朵呢？在你從睡眠狀態醒來的那些時刻，要感謝造物主為你製造的這副載具是多麼地美妙，讓你得以在拜訪地球的這段期間使用之。」

——尤吉巴贊大師

## 瑜伽修行者是這麼做的……

當然，你可以設定鬧鐘或是使用叫你起床的電話服務，或者請人打電話給你。但理想的做法是（如果你聰明的話），在前一個晚上，藉著告訴你的潛意識你想幾點起床，有意識地設定好你內在的鬧鐘。潛意識心智有極爲精確的時間感，會很樂意爲你服務！

**睡醒時動作要緩慢、優雅，不要突然動作！**

**這樣對你的神經系統才會有好處。**

當鬧鐘響起時，如果你突然驚醒從床上跳起，從睡到醒這種突然的狀態轉變其實是一種驚嚇，會損害你的神經系統。與其上演彈跳傑克的情節，不如在起床時試試這樣：

### 保持眼睛閉上

深深吸氣，手臂伸直向上，往後拉往頭部的方向。做幾個深長呼吸，伸——展——你的脊椎，然後做一個：

### 貓伸展式（Cat Stretch）

將一隻膝蓋彎曲到胸前，穿過你身體前方去碰觸床的另一側，然後換另一隻膝蓋做同樣的動作，扭轉、旋轉、彎曲到最大限度，對你的循環與神經系統都很好；當你這麼做的時候，就是在讓你的電磁場進行自我平衡。

早晨第一件事就先做些伸展，能幫助你平衡並平靜地過完一整天，所以你一定要這麼做。

## 眼睛看到了！

當你進行所有的伸展運動時，眼睛都是閉著的。現在，讓你的背平躺在床上，將雙手手掌穩穩地放在閉起的雙眼上方，一直到那時候，再張開你的雙眼，直接注視你的手掌；繼續凝視你的手掌（好像要讀出你的掌紋及未來？），非常緩慢地抬起你的手，伸直到你的臉部上方大約四十五公分的高度。這個動作可以讓你的視神經有逐步適應光線與距離的機會，也有助於維持你的視力。為了保護視力，在任何時候都要記得避免所有突如其來的光線衝擊。

## 喚醒你的臉龐

讓你的指尖從四十五公分的高度往下降，來到前額的中心。以一種圓周式繞圈的動作按摩前額，從中心往兩邊的太陽穴移動，再往下，從臉頰兩側一直到下巴的尖端（下巴兩側有特別的壓力點，也就是月亮中心，lunar center）。現在，按摩你的鼻子與耳朵，擠壓鼻孔和耳垂片刻，促進血液循環。再做幾個深長呼吸以打開你的肺，準備：

## 伸展式（Stretch Pose）

仰躺，背部朝下，腿伸直、腳跟併攏，抬高你的頭與腳跟至離床約十五公分的高度（最高不超過三十公分），一邊平衡於你的臀部，一邊保持你的雙眼穩定地聚焦於大腳趾上（或是蓋住腳趾的毯子上！），保持這個姿勢一分鐘，進行火呼吸。雙臂在身體兩側伸直，掌心朝向你的大腿，但是不碰觸到大腿（有點像白金漢宮的衛兵，不過你可以微笑）。如果你的眼睛流出淚來，沒關係，這對眼睛來說是很好的潤滑液；如果你的身體搖晃或抖動，也沒關係，這表示你的神經系統正在進行調整。如果你無法保持這樣的伸展姿勢完整一分鐘，你可以分段來進行，即便一次只做十秒鐘都沒關係，只要你盡力而爲，不斷嘗試！這是很值得花費時間去做的事，因爲：

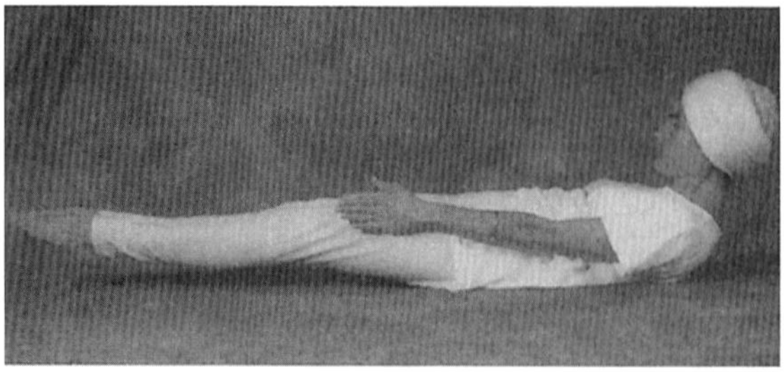

**伸展式可以調整你的丹田。丹田是身體所有七萬二千條神經的中心，伸展式不但可以調節整個神經系統與消化系統，還可以強化生殖器官與腺體（此即為創造力與生**

產力的來源）。

## 從鼻子到膝蓋

做一分鐘的伸展式之後，放鬆約十五秒，然後彎曲膝蓋靠近胸前，用雙臂環抱膝蓋緊靠身體，抬起頭，把你的鼻子放在兩膝之間。以這個姿勢進行三十秒到一分鐘的火呼吸，在你的丹田處像打氣般抽吸空氣。這會刺激阿帕納（離開身體的生命氣息）並有助於你排出它們。就像普拉納並非呼吸本身，而是攜帶著進入身體的生命氣息；阿帕納也是身體的排泄力量，攜帶著向外的或排出的氣息，是生命排除毒素的淨化呼吸。心中持續重複默念**哇嘿　古魯**（WAHE GURU）或**薩特　南**（SAT NAM）的梵咒，與你的呼吸同步進行，會讓這項運動對你產生更大的益處；當你吸氣與吐氣時，大聲且清楚地聽見自己心中的唱誦。接著，深深吸氣、吐氣，放鬆你的呼吸，讓自己……

## 有一顆好心！

讓你的膝蓋緊靠在胸前，轉向右側休息一、兩分鐘。這個姿勢可以強化你的心臟。

**警告：這個姿勢可能很危險——**

**因為你很可能會再度睡著，以致於上班遲到。**

## 散個步

現在，我們準備起床去浴室了。還不要穿上你的拖鞋，最好先赤足走去，讓你的身體能夠釋放出任何你在一夜之間所累積的、過剩的電磁能量。你在床上所做的第一次伸展，是爲了打破你的電磁場所形成的「繭」，重新建立起你跟地球的接觸；用雙手碰觸牆壁與水龍頭，有助於讓你自己爲這新的一天繼續「接地」的過程。

## 如廁時留神觀察

正如我們在〈讓我們來談談食物〉一章中的說明，當你一早如廁時，你可以藉著觀察糞便的漂浮與否，來判斷自己消化食物的成效如何。如果糞便漂浮起來，代表你的身體有從攝取的食物中，獲得一切食物價值所帶來的好處，所以身體只排出無法用來製造血液、骨頭與組織的殘渣；如果糞便沉下去，那麼一定有什麼不對的地方，不是你的飲食出了錯，就是你的消化系統有問題，或者兩者皆是。同時，你也可以藉由尿液的顏色判斷自己的腎臟健不健康；你的尿液顏色，應該比金黃色要再淺一些。

## 刷你的舌頭

以下是一個維持口腔衛生的瑜伽方法，不止是爲了讓你的牙齒變得潔白光亮，更是爲了你的健康著想：混合兩份粉末狀的鉀明礬①（potassium alum）與一份的一般家庭用鹽，作爲牙粉來刷牙。更重要的是，要刷到舌頭的根部。爲什麼呢？

因爲在晚上，你的嘴巴會變成一個細菌的孵育器：溫暖、潮濕又舒適。在這樣的環境下，細菌會大肆狂歡、瘋狂倍增。除非你先排除這種有毒的累積物，否則隨著第一口你所喝下的液體，你將會把這些全部吞下肚。因此，爲了避免毒害你自己，用你的牙刷往後伸至你的舌根處，直到你作嘔、咳出那些會讓你生病的黏液；在那後方的兩個小腺體稱爲「猴子腺」（monkey gland），需要被清理乾淨。

當你作嘔時，另一個好處是你的眼睛會流淚；古老的瑜伽修行者稱其爲「激流」（cataract）之水，說這有助於保持視力。因此，給智者的建議是：每天早晨都利用明礬與鹽的這種收斂性

①粉末狀的鉀明礬可以向哈爾巴贊・辛克大量購買，聯絡資訊如下：Harbhajan Singh, Phone: (619) 281-1327；2822 Gregory St. San Diego, CA 92104。小罐裝則可在西方瑜伽購買，聯絡資訊如下：Phone: (310) 552-4647；Yoga West, 1535 S Robertson Blvd., L.A., CA 90035。（編註：台灣讀者可至中藥房詢問購買）

組合。我將該混合物保存在乾淨、乾燥的空芥末罐之中，倒大約十元錢幣大小的量在手心，弄濕牙刷再沾上它。如果你想要的話，可以在此之後用自己喜歡的牙膏再刷一次，我就是這麼做的。

## 油和水，最佳的混合物

接著，早晨的待辦事項之一，也是這一天最大的挑戰，就是至今人氣仍高居不下的3HO正字標記——**冷水澡！**但是首先，在你淋浴之前，是的，在你淋濕之前，先用一些油按摩全身。當油與水混合時，最容易爲皮膚所吸收，而且你也不會在洗完澡之後感覺油膩膩的。強力推薦杏仁油，因爲杏仁含有非常多的礦物質，可以透過皮膚的毛孔來滋潤身體。大膽嘗試看看吧！當冷水衝擊皮膚（有四層）的表面時，所有你身體深處的血液，全都出於自衛而蜂擁衝往皮膚表面，馬上大幅改善你的血液循環；這種做法被稱爲水療法，可以強化整個神經系統。人們花大把的錢去做所謂的「水療」，而實際上，你只需要自己的兩隻手、冷水跟勇氣。

額外的好處是，當冷水衝擊身體的那一刻，你可能會變得非常神聖，因爲你很可能會高聲嚷嚷：「哦，我的天啊！」你可以試著大聲呼喊：「哇嘿　古魯 WAHE GURU」（意思是「哇，神眞偉大！」）或是「昂 桑 哇嘿　古魯 ANG SANG WAHE GURU」（意思是「神存在我身體的四肢之中」）。記住——神，永遠是一項賜福。

進出冷水四次，不斷地按摩身體，直到你不再覺得水很冷。別漏掉腋窩（主要神經中樞）以及大腿內側，你甚至可以單腳站立，用一隻腳按摩另一隻腳尖，但可別滑倒或失足跌倒！女人尤其別忘了按摩胸部。

然後，你就算是贏得這一天的第一個勝利了。迅速用粗毛巾擦乾，直到身體閃耀光澤；穿上寬鬆舒適的運動服，準備練習你的薩達那——你個人每天的靈性修習（參見〈薩達那：你的靈性銀行帳戶〉該章內容）。神保佑你，你一定會有非常美好的一天！

注意，對於女人來說，淋浴規則有例外的情況！第一，經期來時別洗冷水澡；第二，懷孕七個月之後別洗冷水澡，以微溫、接近體溫的水來洗澡。從懷孕第一百二十天（新靈魂進入子宮之際）到第七個月時，都可以給寶寶洗冷水澡、加上絕佳的按摩（但時間別超過三分鐘），此舉將有助於養成一個強壯無病的寶寶！

「重要的不是生命，
而是你帶給生命的勇氣。」②

②出自休．華爾波爾（Hugh Walpole）所著之小說《堅忍》（*Fortitude*），經常為尤吉巴贊大師所引用。

如果你很愛洗熱水澡，這也很棒，你可以在晚上或其他時間洗；洗完澡後可以裹著許多毯子、讓自己至少流一兩個小時的汗。但是在早晨，冷水才是你的好朋友，早晨的淋浴是爲了強化循環並刺激神經與腺體系統。

# 16 薩達那：你的靈性銀行帳戶

## 連天使都忌妒（天使無法做薩達那）

據說連天使都會忌妒我們。因爲，唯有在一個生命體演變成「人類」的形體時（在以其他生命型態活了八百四十萬輩子之後），才能從生死輪迴中解脫出來。其他的生命型態都沒有這種機會，甚至連天使都沒有。

爲了體驗這樣的解脫，我們必須擴展覺知直到超越個人意識的限制之外。唯有如此，我們才能併入宇宙自我（Universal Self），亦即我們的眞實身份的廣袤之中；這樣的擴展需要勇氣以及堅持不懈的努力，需要持續的修習。

**「沒有努力，就沒有解脫可言。」**①

邁向解脫的主要修習之道，即稱爲薩達那。薩達那是所有靈性修習的基礎與根基，是你個

①尤吉巴贊大師。

人自身在靈性修習上的努力成果，也是你爲達生命目的而用以自我精進的重要工具；你可以自己進行，也可以用團體方式進行。薩達那能夠不斷地清除你一切作爲中的自我意識，讓你得以連結上你內在無垠的世界。爲了涵蓋你所有的基礎，薩達那包括了運動、冥想與祈禱。

在你每天起床面對這個世界之前，在你走去廚房做早餐之前，在你騎腳踏車上學、慢跑去上班、或是開著車與高速公路奮戰之前，幫你自己一個忙：先調整好你的神經系統，同時讓自己適應內在的最高自我。

與他人一起進行薩達那，可以增強你自己的薩達那力量。從個體意識進階到宇宙意識，我們得先經歷團體意識，而團體的薩達那即可發展出團體意識。你會發現，跟那些一起進行薩達那的人溝通、往來，會比跟其他人要來得容易許多；因爲，你們已經創造出一條和諧的內在溝通管道。

**你今天擁抱了你的靈魂嗎？**

## 芬芳時刻（Ambrosial Hours）——對的時間/對的地方

一天中有某些時刻最適合冥想。理想的時段是早晨四點到七點之間，然後是傍晚的四點到七點之間，以達到從白天過渡到夜晚的正面轉換。

在所謂的「芬芳時刻」（日出前的兩個半小時），太陽與地球成六十度角，你修習薩達那的能量會得到最大的效果。此時，你的世界比平常更爲寂靜，在展開嘈雜繁忙的一天之前，你更容易在這個時候進行冥想並集中精神。這是我們必須意識到的時間，爲的是接收當天最早的太陽能量。「任何傻瓜都會睡覺，但在太陽升起前起床的人，才是聰明人。」②

## 你是不是正想著「我沒辦法那麼早起床！」？

如果你絕對沒辦法早起做薩達那，那麼就在其他時間做吧！不管在白天或夜晚的任何時間做薩達那，都會對你有好處。不過，最佳時間是在芬芳時刻，這是個事實。當尤吉巴贊大師說，「如果你無法擁有最好的，就盡可能地利用你所擁有的事物。」如果你無法做兩個半小時的薩達那，那麼就做一個小時；如果無法做一個小時，那麼就做三十一分鐘或十一分鐘。如果你不想做本書中所描述的薩達那，那麼就做某些其他的薩達那吧，但是看在老天的份上（也爲了你自己好），做點什麼吧！

②尤吉巴贊大師。

## 一位聖人特別的薩達那

從前，有一位非常聖潔的人住在喜馬拉雅高山上的一座洞穴，苦修苦練多年。每天早晨在太陽升起前，他就會出現在洞口，站在那裡等待黎明的第一道曙光出現在地平線上，照亮一幅壯麗的全景——鬱鬱蔥蔥的綠色森林，綿延了數千數百里之遙。他往下俯視，可以看見他自己所在的白雪皚皚山頭之倒影，映照在下方幾里處波光粼粼的清澈河水中閃閃發光。驚異於神的造物之美，他對這幅精美已極的景致永遠看不厭。敬畏於每個黎明映入他眼簾那神所創造的奇蹟，他看著太陽升起，滿心歡喜地拍著手，聲嘶力竭地大喊：「做得好！神啊，做得好！」這就是他向造物主致謝的方式，這就是他的薩達那。

# 建議：如何進行早晨的薩達那

## 準備

早晨的薩達那其實在前一晚就展開了，始於你如何上床睡覺，所以你能以瑜伽修行者的方式在第二天清晨早起。進行早晨的薩達那，最重要的準備步驟，就是洗冷水澡。沒錯，冷水。人們要花大把的錢做水療，然而你一天只要花幾毛錢洗冷水澡，就可以達到相同的效果。洗冷水澡的珍貴價值，我再怎麼說也數不盡、道不完；藉著洗個大約五分鐘的冷水澡，可以打開你的微細血管，提升你的循環，活躍並強化你整個的神經系統。你所需要做的，只是早上先在冷水下花點力氣按摩你的身體，直到你不再感覺水很冷。在這樣的「熱身活動」之後，你已調整好準備做早晨的薩達那了。我將會詳細描述的薩達那，是由尤吉巴贊大師所指示、並由全世界成千上萬的3HO學生所修習的方式。請加入我們吧！

## 地點

最好可以每天在同一個地方做你的薩達那。理想情況下，你可以找到一個3HO瑜伽中心或靜修所，在那裡參加團體的薩達那；每個人都可以受益於這種結合的能量。當然，你也可以在家裡做你的薩達那，只要挑選一個乾淨、安靜、不受打擾的所在；你可能會想要設置一個類似聖壇的地方，放置鮮花、雕像或任何可以爲你帶來崇敬心境的事物。這個聖壇會成爲你冥想能量的焦點。

在你藉著唱誦**嗡　南無　古魯　戴芙　南無** ONG NAMO GURU DEV NAMO（至少三次）調整好頻率之後，就可以進行一系列的昆達里尼瑜伽

練習（切記要把休息也包括在內）；接下來，你就準備好開始唱誦了。

## 早晨的梵咒

以簡易坐的方式在羊毛或棉布之類的襯墊上坐下來，有些人使用羊皮，有些人喜歡用折疊起來的毯子；你的基礎必須穩固堅實，你才能夠坐著不動。你也可以坐在椅子上唱誦，或甚至躺在床上——如果你的身體狀況需要躺著的話。務必讓你的脊椎盡可能地保持打直。

全部七個早晨的薩達那梵咒，內容都在本章的最後。唱誦的順序始於七分鐘長的「艾克嗡卡」（Long Ek Ong Kar），這個梵咒會打開所有的脈輪（參見第二部〈該做的事〉中有唱誦的具體指示）；而其他所有在早晨唱誦的梵咒，都可以用你所選擇的旋律來唱誦，有無音樂伴奏皆可。有幾卷錄音帶[3]可以利用，它們有著所有「寶瓶薩達那」（Aquarian Sadhana）梵咒的不同音樂版本。你可以都試試看，直到你找到適合自己的；或者，你也可以創造出自己的旋律。如果你只是用單音調誦讀它們，沒有加入任何音樂，切記要保持相同的音節相對長度，並維持念誦時的相同節奏。注意節奏可以保存「音流」（Naad），亦即音節的內在聲音與力量，這一點非常重要，因爲，並非每卷錄音帶的製作在這方面都是完美無缺的；但誠如聖典中所述，「精通梵咒者，亦深得神之三昧。」（Mantram Siddyam, Siddhyam Parameshwaram）。我們無法期望可以輕鬆地達到完美的境界，你得自己做出最好的判斷，知道哪一個早晨的梵咒最適合你。而以團體方式進行薩達那的眾多好處之一是，有別人可以引導運動與唱誦的過程，你只需要跟著做就好（或者，你也可以引導它，以「你的方式」來進行！）。

## 痛不欲生以及欣喜若狂

我很想說，唱誦早晨的梵咒會帶給你充滿喜悅的極樂經驗；但老實說，我無法承諾你這一點。事實是，有時候你會痛苦到不行。因爲這是一個淨化的過程，累積多世的垃圾又被攪動起來、浮上表面。你可能會發現自己在冥想或唱誦時，竟生出某些非常令人不快的醜惡想法；所謂垃圾，就是由憤怒、怨恨、恐懼、沮喪、自憐、抑鬱、缺乏信心之類的態度與感覺所組成。重要的是，繼續唱誦！因爲梵咒正在發揮其作用，正在爲你清理、除去那些覆蓋住內在神聖之光的負面、消極、否定的態度與情緒。

負面的振動創造出負面態度與情緒等等的阻礙物，這些阻礙物堆疊起來，就形成一道負面態度與情緒的高牆，將我們阻隔於內在神性的體驗之外；就是這種分離感，讓我們不快樂。繼續唱誦，你便能以正面振動取代負面振動，讓高牆轟然坍塌！

③參見「資料來源與查詢資源」中的建議。

如果沒有定期清理我們的潛意識，負面的態度與情緒會繼續累積；當它累積達到一個飽和點時，便會溢出、湧入無意識的心智之中，然後，就眞的很難清除了。

爲了眞正解放並控制我們的心智與生命，我們不能被來自潛意識的非理性衝動拖著走。你是否曾經做過某些你眞的很不想去做的事？或是某些你希望自己從沒做過的事？是的，那些渴望與衝動的行事，甚至缺乏行動，大多由來自潛意識的恐懼所造成。如果我們不擺脫那些埋藏在那裡的東西，麻煩就大了！

## 祈禱是你在對神說話，冥想則是讓神對你說話。

當你結束了一小時的唱誦時——甚至是在那一小時的時間裡——要記得感謝你的創造者，這是祈禱的最佳時機。

你已經用昆達里尼瑜伽的練習來修習你的身體，也藉由唱誦梵咒來修習你的心智、清理你的潛意識。現在，藉由奉獻你自己以及你這一天的作爲給唯一造物主——祂使你有機會體驗祂的非凡創作，是時候重振你的心靈、整合你存在的所有部分，也是時候崇敬這位造物主了——不管你選擇用什麼樣的方式進行。

你可以在你自己的聖壇、你的聖堂或神殿、教堂或猶太會堂進行。我們錫克徒是在謁師所（Gurdwara）（從字面上來解釋即爲「古魯之門，gate of the Guru」）進行禮拜，那是我們的廟

宇。「錫克徒」這個詞，只是意味著學生。任何錫克徒的禮拜之所都歡迎任何人前來，無論其信仰、社會階級、膚色、性別與年齡爲何。我們第一次進入謁師所時會欠身鞠躬，這不僅有益循環，還可以讓我們表達奉獻生命以服務神、並承認我們屬於古魯的心意；我們提醒自己向古魯「低頭」，把自己的問題與煩惱都交給古魯。然後我們會唱歌，獻上傳統的祈禱，聆聽一段摘錄自古魯．格蘭特．沙嘿伯的話語，那是一卷彙編自經歷了瑜伽最高境界的錫克古魯們，以及印度教、穆斯林、蘇菲教派的開悟聖徒們的神聖著作。這些話語，實際上就是神的話語；藉由複誦、聆聽之，就能提升我們的意識。這些話語相當於錫克徒的活古魯。接下來，我們會分享「上師禮」（從字面上來解釋即爲古魯的一項「禮物」），一種傳統的甜點，用全麥麵粉、蜂蜜和淨化奶油製成。品嘗這項混和調製而成的甜點可以提醒我們所接受到的一切都是甜美的，因爲一切皆來自於神的賜予。身爲錫克徒，我們理當「正當地工作並賺取所得」，才能與他人分享這樣的豐盛與富足。

「當我工作時，神會敬重我；但當我歌唱時，祂會愛我。」

——蘇菲派（Sufi）格言

古魯．那納克是第一位錫克的古魯，他教導我們，神呼吸並活在每個人之中（聽起來是不是很熟悉呢？），人們不該爭論如何去禮拜唯一眞神才是對的；因此，錫克徒不會試圖讓別人都改信錫克，反而會承諾尊重、甚至捍衛他人崇敬自己所選擇的神與信仰之權利。

## 擁有美好的一天

做完薩達那之後，你已經澄淨了自己的心，有意識地準備好勇往直前、成功地應付這一天可能會帶來的任何挑戰，你的每個呼吸都會有意識地努力堅守著「薩特　南」的記憶與覺知。不論你去到哪裡、不論你做些什麼，記住「薩特　南」就呼吸並活在你之中！（記得在第四章〈生命的呼吸〉一章中，我們說過「察覺你自己的呼吸！」）

### 薩達那

昆達里尼瑜伽、冥想與祈禱，
「早晨的薩達那」是你的靈魂想去的地方。
在芬芳時刻善待你的靈魂，
擺脫障礙並體驗你的力量，

你本已神聖，一個光之靈性存在（Spirit Being of Light），
清除掉斷瓦殘垣，你就可以大放光彩！

我的心可以是一個美好的朋友，我著實深愛著它，
但當我真的需要想清楚時，它並不總是可以幫我解決問題，
它會整天用各種所聞所見來疲勞轟炸我，
甚至晚上還會用亂糟糟的幻想與夢境填滿我的腦袋。

潛意識不斷在潛移默化，
累積的事物讓我們的罪惡負荷過重：
「垃圾進、垃圾出」，電腦程式設計師都知道，
潛意識的垃圾是造成我們的不幸之主因。

要清理、消除那些檔案，
只要花點時間，
每天早晨做薩達那，就能擁有嶄新的開始，
提升你的意識、打開你的心。

一系列的梵咒，一小時的唱誦，
重新錄製在心靈的唱盤上；
敏銳你的智慧，磨練你的技巧，
這些還只是你會發現的一些好處而已，
科學組合的神聖振動，
會刺激下視丘，改變腦細胞的排列。

在破曉之前唱誦神之名，
悲傷和緊張將會消融無影。

但我必須承認，清理的過程
會讓負面態度與情緒浮出表面，而這還只是其中的一部分；
然而，除非這些事物被移除、暴露出來，
否則它們只會潰爛與增生——這是不對的！

若沒有清理過多的潛意識垃圾，它就會滿溢而出，
湧向你無意識之中，一個陰鬱、幽暗的無底洞。
每天清理你的心靈之屋，

真的是一件必要之務，
即使會搞得塵土飛揚都不能不做。

任何傻瓜都會睡覺，錯過太陽升起的第一道曙光，
但祝福那些正好醒來的靈魂！
在日出前的兩個半小時，
是智慧之人修習薩達那的最佳時機。

## 靈性銀行帳戶

早晨的薩達那是你在這世上的最佳投資，就像把錢放在你的靈性銀行帳戶之中，會一直幫你賺進至少百分之十的利息。每天早上做一個小時的薩達那，你就會得到十個小時的指導與清明的思緒！因此，理想的薩德那應持續兩個半小時的時間。

可以確定的是，當你在芬芳時刻做薩達那，你就是在對的地方、對的時間做對的事情。以如此的自尊與自信心來展開每一天，是多麼棒的一種感覺！如果你眞的想要「擁有美好的一天」，薩達那就是展開它的好方法。

# 17 女人（W-O-Man）啊，你的名字是「男人的兩倍」（Double-You-O-Man）

本章主要是為女人而寫的，
但我想男人也會發現內容值得一讀。
或許深感震驚，但值得一讀！

本書的前提是，每個人都有健康、快樂及神聖的權利。身爲女人，我們可以做很多事情去實現這一點；有些事情顯然必須改變，而任何改變皆始於態度、不同想法或觀念的轉變。因此，我請求你敞開心胸，以不同方式審視我們身爲女人的生命、身份與目的；你會發現，你即將讀到的若干內容可能令人不快，但是二十七年來諮詢、觀察、並生活於這些想法所衍生的結果當中，讓我對這些內容的實用性與可行性深信不疑！

尤吉巴贊大師對此直言不諱，他毫不留情地揭穿幻想，教導現實——此舉並不總是很受歡迎。他提供了關於每個性別眞實本質與特性那完整且深具啓發的知識，並在數百場講座和課堂上都鉅細靡遺地解釋，爲何男人與女人不同；男人可能來自「火星」，女人可能是來自「金星」，但是我們現在全都在地球，我們得學習如何享受共處的時光。

目前男女「平等」的信仰體系，顯然並沒有為我們帶來幸福與滿足，常見的反而是不滿、抑鬱和沮喪；離婚率持續攀升，社會的結構被來自兩性的痛苦和怨恨所撕裂。同工同酬雖然重要，卻並未解決我們身為女人的獨特優勢與目的，以及我們對社會的影響等根本問題。

**「我相信，只要那些由女人生出來的人不懂得如何尊重女人，地球就永無寧日。」**

**——尤吉巴贊大師**

「你必須贏取身為人類的自由與權利。不能因為自己剛好生為女人，就得接受低於男人的酬勞，或是被剝奪某些機會。我不是要求你要變成男人婆，我是在告訴你，女人的美德需要被善待；女人是較好的那一半，如果有人為她開門，這並不是什麼慘劇，而是男性出於自身風度的禮貌與好意……。我也不是要求你成為女性主義者，而是要求你成為一位非常優雅、絕對的女人。」①

## 每個女人都是一個莎克蒂（Shakti）：神力之體現

關於尤吉巴贊大師對女性的態度，或許最引人注目的一件事，也是他極為令人尊重與稱道

① 尤吉巴贊大師，一九八九年卡爾薩女性訓練營。

的一點，就是他認爲我們都有神所賦予的權利，以及他堅持女性皆具備高貴與堅不可摧的特性——當女性宣稱自己身爲「莎克蒂」時，理當擁有應得的力量及尊嚴。

「莎克蒂」這個字意味著神的女性面，「祂」藉以創造出萬物的力量。「阿迪．莎克蒂」（Adi Shakti）即原力（Primal Power）之意。

阿迪．莎克蒂的象徵符號

## 女性的力量

男人可能不願意相信這一點，但是女人確實比男人強大了十六倍。或許不在肌肉的力量，但女人在情感影響、直覺意識、保護感知方面，都是男人的十六倍強。女人更是能忍受分娩、將自己的血液轉換成乳汁以餵養孩子的生物。

「神賜予你十六倍強於男人的勇氣與更周全的生物體力，可憐男人吧！他沒有你所有的生物化學作用，沒有月球反射的心理作用，沒有複雜的成熟度也沒有溫和的柔軟度，而且還沒有處理這些的神經系統，但他還是活著。」②

有人懷疑，女人對男人可以產生巨大的影響力嗎？古往今來的女性，有激發男性的偉大者，也有導引他們走向滅亡者。我們對男人所說的話，不是提升、啓發、鼓勵他，就是使他頹喪、引起他的反感，有時候甚至還會摧毀他。但是，對女性的剝削又怎麼說呢？沒錯，這是眞的，女人一直被貶低、苛待、濫用、殘酷地虐待；然而，這種情況不必繼續下去。當我們認可並接受了身為女人的力量時，我們可以要求社會給予我們應有的尊嚴、優雅、尊重之地位。

歷史證明，任何不尊重女人的社會或文明，最終都會走向毀滅。

## 從幼雛到老鷹：戰無不勝的女人

認知到有必要教育女人認識自己，尤吉巴贊大師於一九七六年為女人開設了一個特別的夏季密集訓練課程，也就是第一個卡爾薩女性訓練營（Khalsa Women's Training Camp, KWTC）（卡爾薩的意思是「純淨的唯一」），於新墨西哥的艾斯潘諾拉（Espanola）所舉辦。訓練營為期八週，參加的女性也不得閒！這裡什麼都教，從武術到行軍，從音樂到冥想；尤吉巴贊大師每天都會親自帶課並教授昆達里尼瑜伽，他下定決心要提升並改造這個國家的女性，強調女性的高貴品質，將她們從幼雛變成老鷹！

尤吉巴贊大師教導女性特別的冥想，並與她們分享關於健康和飲食的古老秘密。他的講座幾乎涵蓋了女性生活的每個面向，包括愛、浪漫（相對於現實）、婚姻、育兒，總是致力於建立女性的自尊心，並提醒女性與生俱

② 尤吉巴贊大師，一九九四年六月二十四日卡爾薩女性訓練營。

來的神性。他告訴我們，「你們是神的恩典（Grace of God）」。

至今，每個夏季，仍會在艾斯潘諾拉舉辦數週的卡爾薩女性訓練營，歡迎女性前來，甚至也可以只參加一個週末，讓自己重新恢復活力、接受激勵與教育。

## 一個男人能多了解女人？

有時候，訓練營的新人會納悶，一個男人怎麼可以這麼了解女人。

舉個例子來說，尤吉巴贊大師童年在印度時——當時他還是年輕的哈巴贊・辛格・普里，即有就讀一間全女子天主學校的獨特經驗，因爲這間學校是他家庭所在地區的唯一一間學校。因此，尤吉巴贊大師在他的生命中，很早就開始學習如何跟眾多女人打交道；他會述說自己不斷用那些令人著惱又一針見血問題轟炸那些修女、讓她們痛苦不堪的故事！

尤吉巴贊大師的母親是一位非常有影響力且正直的女人，她的訓練也帶給尤吉巴贊大師永難忘懷的影響；直到現在，他還是非常珍惜關於她的回憶，並且從不曾忘記母親所教導的價值觀念。尤吉巴贊大師對女性的了解，可說遠遠超越了任何男性的角度與觀點。

身爲一位大師及瑜伽修行者，尤吉巴贊大師始終是以一種宇宙的觀點來看待女人（以及男人）；他從來不曾忘記，我們本爲靈魂，只是以兩種不同的形體出現來償還我們的業力並學習我們的課題。

## 太陽和月亮

以宇宙法則的觀點來說，男人帶來太陽的能量與光輝，女人則代表月亮的能量。所以女人會有盈虧盛衰的時候，而男人則否。即便有雲出現，太陽仍是靜止不動、燦爛和煦的；月亮則是明亮美麗、輝映萬物的；以這兩個元素爲例，你就能理解男人與女人的特性：女人用她最明亮的光芒映照著太陽的光輝。如果你能夠輝映你的男人，你就能得到他；如果他熱情地照耀你，而且穩定不變，他就能贏得你的心。這是否意味著女人沒有自己的身份或特性呢？並非如此，這只是意味著男女的不同。少了月亮的滋養與支持，依靠太陽能量生長的事物都無法持續下去。男女理應要彼此互補，男人是播種者，女人是滋養者與維持者，女人本就包容了男性，就像英文的 female（女性）包含了 male（男性），英文的 woman（女人）包含了 man（男人）！而 W-O-Man（女人）就是拼成「Double-You-O-Man」（男人的兩倍）！

期望男人跟我們女人一樣地反應、感覺與思考，只會讓我們自己失望；當男人無法符合我們不切實際的期望時，我們會感到受傷。我們因爲男人之所以爲男人而感到生氣，因爲男人做或不做的一千件事而感到生氣——只因爲他們是男人。當我們有情緒化的反應時，切記，我們有十六倍的影響力，所以當我們對男人發脾氣或者潸然落淚時，他們眞的不想也無法去應付這種場面；這對他們來說很是挫折，因此他們會生氣，接下來，我們就有一場眞正的爭吵得處理了。

但是你可能會想，「等一下，這是否意味著調整與適應總是女人的責任呢？男人都不用盡其責任嗎？」說得好！不過，用這個方式去想想：就像一台電腦，只能夠依照設計好的內部程式輸出資訊，男人與女人也是如此，已經是設計成以不同的方式面對生命。我們全都來自那全能的製造者（Manufacturer），每個人的套裝軟體都經過獨特的設計，所以，這不是誰的錯！如果你想抱怨的話，就跟神說吧，祂才是如此設計我們的電腦大師。

女人是神之創造力的體現，莎克蒂這個字即意味著「神力之體現」。女人體現了神的女性面，「祂」藉此創造出萬物；這樣的原力稱為「阿迪．莎克蒂」，在東方，數百年來一直以女神的型態被人們崇拜著。每個女人身上都有這股神聖的女神力量，等待著我們自己的認可。昆達里尼的力量就是莎克蒂的力量。

每個女人都是一位女神。
這句話值得再三複誦，
每個女人都是一位女神！

薩拉絲瓦蒂（Saraswati），智慧女神，口才之母。莎克蒂．帕瓦．考爾．卡爾薩的馬賽克畫作，一九六七年。

尤吉巴贊大師對女性的尊敬及其教誨，正反映了古魯．那納克的話語③：

「我們被孕育並出生自女人的身體，
男人與女人訂婚並結婚，
有了女人，男人得以享受友好的感情，
藉由女人，得以創建生命的道路。
有了女人，男人得以訂婚並結婚，
當女人離開人世時，男人必得尋求另一個女人，
對女人來說，男人是一種束縛。
你怎麼能稱呼那生出國王的女人們是壞東西？
女人可以生出另一個女人，沒有女人，就什麼也沒有了。
那納克，只有那唯一眞主（True Lord）才能沒有女人……」

③出自一份在古魯．格蘭特．沙哈卜經典（Siri Guru Granth Sahib）中稱之為「阿薩迪瓦爾」（Asa Di Var）的神聖著述（第四七三頁）（曼莫漢（Manmohan）翻譯，第一五六二之三頁）。

# 女性的行動計畫

（下列素材直接引述自尤吉巴贊大師的授課內容）

## 要沉著、滿足而從容

永遠別讓你的男人或孩子分擔你的軟弱。往內進入到你的丹田，專注在這一點上，頃刻之間你就會找到答案。焦慮是唯一能讓你的人生成爲輸家的事，而焦慮來自你的成就感與時間感之間的衝突。學習沉著地聆聽他人、平靜地傾聽自己的心聲，當你無法傾聽自己的心聲時，自然會感到焦慮。如果你無法發展自己的人格、進而讓自己的存在起作用，那麼你的話語也無法起任何作用。你的存在應該要能讓某人信服，讓他感覺自己正在跟一位女神說話。

## 任意拋棄的關係

生命會對女人留下非常深刻的烙印。許多男人把女人當成像牙膏一樣，想要時，就對女人予取予求；厭倦時，就用另一個女人來取代這個女人。因此，女人在享受與男人的關係之前，應該要先了解自己是否有所保障或防備措施；因爲，所有短暫的關係，都會爲女人留下非常深刻的烙印。但是男人沒有這種能力，他們不會因此而受到影響。

## 輕浮不定的心

有句俗諺這麼說：「自負傲慢之心尚有價值，輕浮不定之心毫無價值。」（There is a value for an arrogant mind but none for a flirtatious mind）自負傲慢之心冥頑不靈、一意索求自己想知道的事，而輕浮不定之心則是邁向自我毀滅之途。一個會摧毀自我的心，也會摧毀與之有關的一切事物；輕浮不定之心是可能發生在女人身上最糟糕的一件事，遺憾的是，由於女人有額外的心理能力，有時很容易就會變得輕浮不定，而且不知該如何自我監控。女人一旦養成輕率放蕩、賣弄風騷的行爲與氣質，就很難重新獲得尊重。

**「在美國，女人只有兩種選擇：一是成為女神，一是成為蕩婦。」**

**——尤吉巴贊大師**

## 神的恩典冥想（Grace of God Meditation, GGM）

一九七〇年九月二十二日在舊金山，一群昆達里尼瑜伽的女性學員詢問尤吉巴贊大師，要如何控制並導引她們常常難以抑制的強大情感；她們認知到，女人的確有許多問題必須處理與面對！於是在這一天，「神的恩典冥想」誕生了，尤吉巴贊大師第一次教授了這項設計來喚醒阿迪．莎克蒂——存在每個女人之中的那位女神——之力量的特別冥想，因此他稱這項冥想爲

「神的恩典冥想」，簡稱爲「GGM」。你可以在本書最後〈照顧好身爲女人的你〉的篇章中找到它。

女人並非被創造來與男人競爭，也並不打算與男人爭鬥，而是爲了要與男人彼此互補。什麼？所以兩性之間不再有任何爭戰了嗎？是的，兩性大戰可以結束了，而且是以一種雙贏的局面來結束——只要身爲女人的我們認識並察覺自己身爲女人的力量，同時正面而積極地去運用這股力量。

## 男性的課程，當然要有啦！

尤吉巴贊大師已教授了好幾年專爲男性開設的課程，甚至還將若干這些男性專屬的課程錄製成錄影帶。這些課程只有一天，反觀女性的訓練營，則在每個夏季持續數週之久；尤吉巴贊大師對此的解釋是，女人遠比男人來得複雜，以長遠的觀點來說，他花較多時間教導女人如何成爲成功的妻子與母親，這其實是對男人有好處的一件事。

## 尤吉巴贊大師給男人的忠告

當一個女人無法跟你說話、抬高她的音量或是大聲爭辯時，她其實是在掩飾自己的內疚；這與你無關，這是她的潛意識人格正在提醒她以前的弱點，讓她別再重蹈覆轍，你只是一個代罪羔羊。以她所具備的能力來說，她不該以那樣的方式來行事；所以，她不是在跟你說話，她是在跟她的潛意識人格說話，她正沉浸在過去之中。這時候只要給她一杯水，改變話題就好。

## 女人是自己的心理醫師

女性的心理能力是多樣的，而男性則可以是「單一」的；然而「單一」這對女人來說根本不可能。從天性上來說，爲了要保護第二個生命，也就是她的孩子，因此大自然賦予了她一種潛意識、直覺式的人格特質，使得女人既擁有外在的個性，也擁有這種額外的人格特質；但遺憾的是，這種第二人格，也就是附加的人格，造成了女性人格特質上的一種分裂現象。

某些事物原本是賦予她擔負起母親角色的天賦，卻變成了精神或心理上的問題……，整個西方世界的心理學家與精神病學家都對此毫無頭緒，他們讓女人做心理諮商，卻不知道女人基本上毫無被諮商的需要；女人所需要的是被喚醒，她們不需要任何建議或諮商。因爲女人可以自我監督，這一點是男人做不到的。

## 如何惹毛一個女人

你必須了解，女人遠比男人敏銳，女人不需要任何諮商，因爲她們的天性就是抗拒任何建議。如果你想惹毛一個女人，就對她諮商、給她建議，她會比男人更容易生氣；試想，一種可以將自己的血液轉換成乳汁以餵養幼兒的生物，有什麼是她做不到的。一個男人只要面對孩子十分鐘就足以抓狂，而一個女人卻可以安之若素地與孩子相處上二十個小時之久。女人的能力可以擴展至心理與精神領域，她天生就有處理一切的能力，可以活在自身存在的中心；反觀男人，從天性上來說，男人不是活在睪丸中就是在腦袋中，他們沒有活在自身存在中心的傾向，但是女人始終活在這個中心，並以此爲據點上上下下、來來去去。《愛經》（*Kama Shastra*）中這麼說：「一個女人可以在床上與男人進行完美的性交，完全與男人合而爲一；但即便在那一刻，她還是可以想到她的茶可能煮到滾溢出來了。」

「永遠別低估女人的力量。」

——《婦女家庭雜誌》（*Ladies Home Journal*）口號

## 婚姻

### 「婚姻是邁向無限的一輛四輪馬車」④

美國的離婚率是個天文數字，但若是女人了解婚姻的眞正目的（而非對婚姻所抱持的幻想），她就有能力創造出一段快樂而成功的關係以及一個舒適而溫馨的家，讓男人愛到永遠離不開（這並不是說離婚一定是女人的錯，但就像人們說的，「永遠別低估女人的力量」）。

根據最高靈性之理解，婚姻是兩個靈魂的合併，從其中又形成另一個新的合成物。當兩個身體有著一個靈魂時，這就叫做婚姻。哇！來談談承諾吧！

有關兩性關係與婚姻的書籍多如牛毛，但尤吉巴贊大師在這個題目上給了我們截然不同的驚人教導，對先入爲主的想法重新進行評估，這項努力是值得的。將這些概念付諸實踐的女性都深受其益，生命也因此而產生了巨大的轉變。

你們全都必須了解婚姻是什麼。婚姻不是一條簡單的道路，而是一種生命；婚姻也不是一項儀式，婚姻就等於神。

西方世界一點也不了解婚姻，東方世界即便了解，也已遺忘了它。所以此時，婚姻制度可說完全陷入了僵局，人們也不知道該拿它怎麼辦才好。因此，我們透過媒體發現到，結婚然後離婚、離婚接著又結婚，成了一個連續不斷的過程。但事實上，如果我們都了解婚姻是什麼，那麼或許可以做得更好：

「婚姻是由兩個光的存在體所組成的夥伴關係，因他們的直覺、理解，以及對福祉的真正共同利益而存在。

④尤吉巴贊大師。

你們會互相幫助，因為這項關係的目的就是為了接替幫助，Rela-tion-ship（關係）這個字的拼法即為『relay the ship』（轉運這條船）。傳送、運送、轉運、傳遞。說起來剛好就是這樣……。」

——尤吉巴贊大師
於一九八八年六月二十九日的卡爾薩女性訓練營

「婚姻是一種自願的制度，兩個本體在這個制度中希望合併在一起；而這兩個自我的合併，帶出了一個中立的新人格。

「其優缺點各是什麼呢？當這樣的合併發生時，靈魂中的神聖力量會開始運作；若非如此，人們就只是單獨的個體，只會對對方大吼大叫，善行與美德永遠不會進到這個家中。這是一個理所當然的事實。

「婚姻會帶來幸福，那是兩個靈魂的合併；當這兩個靈魂合併時，就再也不是兩個單獨的個體了，更無所謂是「他」或「她」。

「要製造出一種合金，你得取出兩種元素，再將之放在一起。合金是無法被分離的，你可以將它煮沸、把它變成液體，也可以完全燃燒它；然而一旦變成一種合金，它將完全保持自己的質量、重量、分子、電子、質子、中子，以及本身的化合組成。就像黃銅是由什麼製成的並不重要，黃銅有其功能、特質、重量以及屬性。當男人與女人結合在一起時，愛就會如此，婚姻就會如此，生命就會如此，好運就會如此。這就是爲什麼我們要在神的面前結婚。」

正如尤吉巴贊大師所言，「每個人都有缺點。你跟一個有二十六個缺點的男人離婚，然後再跟一個有著另外二十七個缺點的男人結婚，意義何在？不過就是破碎的心與破碎的家庭。神只會住在舒適的家庭之中，而非瘋狂的家庭。」是女人創造了家庭，也是女人成爲母親——我們後代子孫的第一位老師。

## 別看得太嚴重？

現在，許多人不把婚姻當一回事，「哦，如果行不通的話，我們就離婚。」即使有了孩子，也是把婚姻當成是一件漫不經心、馬虎隨便的事。就像尤吉巴贊大師的形容：「你花在準備種植玫瑰花叢上的心力，都比你準備懷孕的心力來得多。」我們必須要了解，父母親——尤其是母親，在塑造每個後代子孫的終身性格特質、價值觀及態度上，扮演了一個極爲重要的角色。更多相關內容可以參見第十八章〈四位導師〉該章內容。

## 母親的一百二十天

我們有個美好的慣例：在一位準媽媽懷孕的第一百二十天，舉辦一場慶祝會向她致敬。因爲在這一天，靈魂才會眞正地進入母親的子宮。根據古老的智慧所言，在一百二十天之前，子宮內並沒有眞正的「生命」，只有一小塊肉；一直要到靈魂進入，子宮內才開始有生命的存在。

而從這第一百二十天之後，寶寶會透過母親接收並吸收所有進入感官的事物。母親聽到什麼，寶寶就聽到什麼；母親感覺到什麼，寶寶就感覺到什麼。母親說了什麼、做了什麼，都會爲寶寶留下鮮明而深刻的烙印。

## 童星

有史以來最知名的電影童星秀蘭・鄧波兒（Shirley Temple Black），在她的自傳《童星》（*Child Star*）這本書中寫道，她的母親在懷她時，會特意去博物館聆聽悠揚的音樂，閱讀詩歌，甚至跳舞唱歌；因此，她註定會生下一個才華洋溢、深具音樂天賦的孩子。《摩訶婆羅多》（*Mahabharata*）⑤中說到未來的戰士阿朱那（Arjuna）在還是個小男孩時，就能夠策畫出成功的戰鬥策略，是因爲他記得自己在母親子宮裡時，曾經聽到父親與母親的對話！

在3HO，我們會舉辦一場盛大的派對——但不是新生兒派對——以慶祝準媽媽進入她懷孕的第一百二十天。人們也會帶禮物來，但不是給寶寶，而是給這位即將爲世界帶來新生命的母親。我們會特別在這一天向她致敬，因爲她是運載的媒介，這世界即將經由她而得到一位成爲「聖人、英雄或施予者」的孩子；給予孩子精神的價值觀是母親的任務，如此一來，他才可能成爲聖人、英雄或施予者。而且母親必須始終謹記，這孩子並不屬於她，而是屬於神。孩子並不是任何人的財產。

## 付房租

爲人父母不僅是一項工作，還是一項深具挑戰性的工作。父母親是照顧者、老師與訓練者，也是「付房租」的人！哈里利．紀伯倫（Kahlil Gibran）常常引述詩歌提醒我們，我們的孩子並不屬於我們自己。父母親對孩子的情感及其所衍生的負面影響，是我們最難以理解與接受的概念；因爲我們總是把這種依附的情感誤認爲是愛，但那並不是愛。學習「母愛」（mother love）與「窒息的愛」（smother love）之間的區別，是身爲女人的我們最困難的課題之一。

## 一天一次體現女神的存在

每天早晨，在你與你的創造者產生連結的地方放上一個提示牌，上面寫著：「我今天會表

⑤吠陀著作，最後章節包括有著名的《薄伽梵歌》（神之歌）。

現得優雅得體嗎？」這一天你必須表現得優雅得體，因爲你問了這個問題，而答案是：「你會！」你會在說話、用餐、打電話、行爲舉止、洗澡、穿著、開車等等方式上展現你的優雅得體；你在這一天的每個動作，都必須表示出你的優雅得體。關於這點，最美好的一件事是，如果你可以這麼做上四十天，你就會逐漸臻至完美無缺的境界。

**「每個女人都應該知道一件事：**
**不要顯露出你的不安全感，這是表現莊嚴高貴的關鍵。」**

**——尤吉巴贊大師**

## 女人的力量

### 女性的引導冥想

「……看見你身為女人的力量。碰觸天堂，把它緊緊抱向自己；讓所有的海洋化成一小滴水，從這滴水中，你必須擠壓出所有的星辰、恆星與月亮；除此之外，還有一個空間是你必須超越的。眾神理當傾聽女人的召喚。

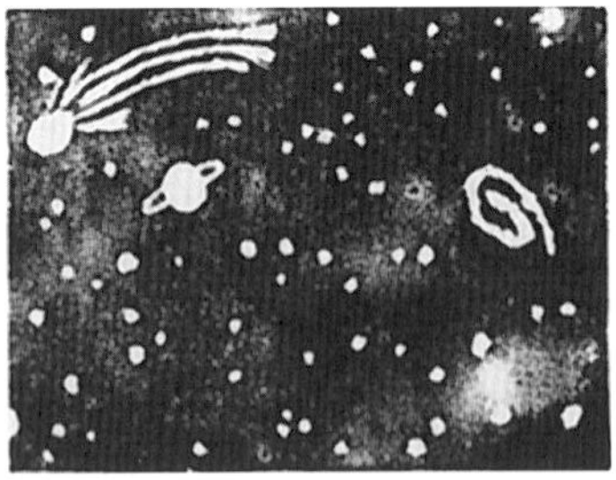

「天堂的鳴響，樹葉的低語，微風的樂音，海浪的呢喃，天上的雲朵，地上的塵埃，全都禮敬回應女人的召喚。天使、神職人員、聖賢先哲都應女人的祈禱而存在。女人的呼喚可以穿透天堂、超越所有空間，來到神的無垠之境。這是唯一純淨到足以體現地球之神（God on Earth）的力量……。」

「……這就是眞理，你必須去體驗它。女人是唯一的力量，充滿生氣、活力、振動與共鳴，她的言語感是唯一有創造力的感知，亦即意識……。」

「……我親愛的神之子，我們有工作要做。穿上你的盔甲、警惕你自己，出發吧！天堂應當向你躬身禮敬，天使應當前來迎接你，半人神應該順服於你，全能的神（Almighty God）也應當傾聽你的話語。因爲，你是唯一的道路……。」⑥

⑥「女人的力量」（Power of a Woman）以及其他摘錄，來自一九八五年七月八日巴贊瑜伽大師在卡爾薩女性訓練營的講座內容。

# 18 四位導師

## 你的母親從未告訴你的事

遺憾的是，大部分的父母親得依靠他們的本能以及他們從自己的父母那兒學習來的模式，包括你的父母與我的父母皆是如此。他們大部分都不是瑜伽修行者，只能在自己的知識與經驗的有限範圍內引導我們。即使用意良好，他們自己的神經官能症與偏見還是會影響他們教導我們對待自己與這世界的方式。

在人生這所學校中，你的第一位導師是你的母親，第二位是你的父親，第三位是周遭的環境（親戚、朋友、學校老師），最後第四位，是你的靈性導師（Spiritual Teacher），他的工作就是要糾正你從前面三位那裡學到的錯誤觀念。

不僅父母的言語，包括他們的作爲以及職業，都會深深地影響我們，形成我們對自己與他人的基本態度。輪到我們當父母時，我們又會有意識或無意識地將這項無形的遺產留傳給我們的孩子。

## 母親

你的母親是你的第一位導師。從受孕後的第一百二十天開始（靈魂眞正進入子宮是在第一百二十天）一直到三歲前，母親的影響力佔據了主導的地位。她是最主要、最強大、最強制性的塑造者，形塑你一生中始終陪伴著你的態度、習慣、偏見、關係以及自我形象；不論好壞，母親的影響幾乎是不可磨滅的，臍帶的連結在子宮外依然牢牢緊繫著。你會帶著失敗的恐懼還是成功的恐懼長大，種子就是在這生命的前三年種下的。

## 父親

你的父親是你的第二位導師。從你三歲到八歲這段期間，父親的影響力佔據了主導的地位。父親是提供兒子一個榜樣、一個模範角色的男性人物（或者是缺席的人物）——對兒子來說，爹地是他模仿、去愛或恨的原型。然而對女兒來說，父親顯然是「男人」的化身，爹地或爸爸是一個標準，她會拿來跟日後她所遇到的每個男人做比較——不管是比他好還是比他糟。

## 親朋好友

第三位導師是在我們大約八歲時，以兄弟姊妹、親戚、鄰居、老師、朋友的形式進入我們的意識，他們在我們的生命中發揮了主要的影響作用。同儕壓力舉起了它醜陋的頭、不斷茁壯，一直到十幾歲的青少年時期，變成一隻巨大無比的怪獸；誠然在理想的情況下，同儕壓力可以很有幫助、發揮支持作用，並能鼓勵積極的正面成長，但是在大部分情況下，它只起了相反的效果。

## 靈性導師

第四位導師是你的靈性導師。生於西方世界的大多數人，並不了解何謂「靈性導師」。我們顯然蒙受著一種集體文化缺陷之苦，也就是說，我們欠缺了某些方面的教育，包括靈性導師的本質與功能，以及這樣的關係在我們生命中的必要性與重要性。

他以爲他是誰？問題不在「以爲」，而是一位眞正的靈性導師「知道」他自己是誰，他有確認自己眞實無誤之本體的確實經驗，他的人生使命就是要幫助他人達成這相同的經驗。當你的靈魂離開你的肉體時，他會在那裡幫助你完成轉換與過渡。比起在物質層級，他更致力於在非物質層級中發揮作用。

靈性無法言傳，只能會意，你得從擁有它的人那裡才能找到。這也是為什麼跟一位靈性導師的內在連結是如此地重要。

當你去爬山時，你會雇用一位嚮導，也就是一個知道方向、了解技術的人，能幫助你爬到山頂而不致於跌倒、摔斷脖子；他會告訴你哪裡可以踩踏、可以下腳，你可以選擇遵循他的指示與否。而在你的靈性道路上，你可以有相同的選擇；你的靈性導師就是一端有著鉤子的繩索，讓你可以安全地攀爬上去，因爲繩索已在山頂繫牢了。你的靈性導師把自己當成那根繩索般奉獻給你，你得從心裡投擲出一條紐帶去連結它，然後抓緊它！你的靈性導師會一肩挑起你以及你的業力之重擔，還有他誓言要幫助達到同一目的的所有其他人，他永遠不會去打破你們之間那條連結的紐帶，但是身爲學生的你，隨時都可以選擇放手；有許多人也的確這麼做了。藉由這條我們與靈性導師所建立起來的心靈紐帶，他們才得以幫助我們從我們的過去與痛苦，從我們的恐懼、嫉妒、貪婪和憤怒的行爲模式之中解脫；就是這些東西帶給我們這麼多的苦難，使我們深陷於低層級的意識中而無法自拔。尤吉巴贊大師就是我的靈性導師。

尤吉巴贊大師所描述的師生關係是這樣的：

**就像一把鐵槌、一根鑿子跟一塊石頭，**
**當它們碰在一起時，就會冒出火花。**

學生與他的靈性導師之關係，必須以比喻的方式來加以描述，因爲這在本質

上，截然不同於你所擁有的其他任何關係。它並非存在於人格與人格之間的一種關係，雖然對學生來說，看起來像是如此！

靈性導師就像是一台升降鏟車，它得下降到地面，再把你舉起來、抬升到跟他的意識層級一樣的高度。當他遇到你時，你如何看待他則取決於你的意識程度；爲了幫助你進化，他可以扮演任何你所需要的角色。

## 時間也是一位導師

生命也是一所學校，我們可以選擇由時間來教導我們應學習的課題，或是透由一位導師。靈性導師會扮演觸媒的角色，加速我們的學習過程，幫助省下學習的時間（甚至省下幾輩子的時間）。他不一定會使我們的人生過得更輕鬆，因爲他的重點在於使我們的靈性得以成長。他是要挑戰我們去發揮、實現自己最大的潛能，而不是要幫我們解決問題——因爲那是「我們自己」的工作；但他會提供工具，教導我們如何利用這些工具去處理必須面對的一切。他可以提出建議，但是他不能幫我們做決定。

在這個寶瓶世紀，光「知道」是不夠的，我們必須去「體驗」。靈性導師並非傳道者。有許多人可以講授很棒的課程並且引述大量的經文，但靈性導師會給你的，是一種體驗。

# 19 我的靈性導師

## 尤吉巴贊大師

遇見尤吉巴贊大師之前，我以爲自己已「無所不知」，也並未特意尋找自己的靈性導師。

當時我已將近四十歲，去過印度，已經跟許多其他老師學習過；我學過的東西有些很棒，有些則否。不過，這一切都有其價值，因爲這些終究引領我去到那個時間與地點，讓我得以成爲尤吉巴贊大師的學生。每個人遲早都有機會遇見他們的靈性導師，但並非每個人都能夠認可並接受他，像我，差一點兒就錯過了我的機會。

我遇見尤吉巴贊大師那天，我還私下告訴那位介紹我們認識的女性友人說，我不信任這個人。但我所不知道的是，一位眞正的精神導師就像一面鏡子，映

西里・辛克・沙嘿伯・巴伊・沙嘿伯（Siri Singh Sahib Bhai Sahib）哈爾巴贊・辛克・卡爾薩尊者（Harbhajan Singh Khalsa Yogiji）也被稱為尤吉巴贊大師

照的是我們自己的意識；你帶著自己高漲的自我去見他，就會被反射回你身上的自我映象所打敗——直截了當、毫不含糊！過去，我曾經被某個我誤把他當成是心靈導師的人嚴重地背叛，從此，我就對此充滿了懷疑（並且相當的自以爲是！）幸運的是，我對這位舉止溫文儒雅、說話輕聲細語的瑜伽修行者眼中深深的愛與光芒，留下了深刻的印象。

一位眞正的靈性導師已然經歷過「瑜伽」的境界，或說是結合自身無限的一種神聖境界。他能夠辨認出其他每個人的內在之中，都擁有這種相同而神聖的身份，因此，他可以眞正去愛並接受每一個人。這些眞實可信的靈性導師們，不管是「大師」、「聖人」或瑜伽修行者，都是來喚醒我們回到現實；他們通常會在這過程中激勵我們、挑戰我們、教導我們，並且爲我們祈禱。他們的使命是要讓我們也能體驗到在自己的人類形體中神聖存在的眞實身份，而他們往往會因爲這樣的企圖而受到迫害、詆毀或嚴厲的批評。

**你不是一個有著靈性經驗的人類，而是一個有著人類經驗的靈性存有。**

那是一九六八年十二月二十二日，一場在東西文化中心舉辦的演講中，我第一次見到尤吉巴贊大師。在活動之後，我們有一小群人一起去吃晚餐，其中就包括了「這位瑜伽修行者」。當他突然從桌子的另一端傾過身來，對我說：「你兒子有麻煩了，是嗎？我可以幫你。」我著實大吃了一驚。我不知道這個外表如此引人注目的奇怪高個兒是什麼東西做成的。因爲我的兒子的確有了很大的麻煩，我不想放棄任何可以幫助他的機會。所以，就在幾天之後的聖誕節當天，我打電話給尤吉巴贊大師並且過去見他，他不只告訴我他一生的故事，還把我一生的故事也告訴了我！

這項能力是靈性導師最主要的特質，也就是能夠看進一個人內心最深處的存在，知道這個靈魂曾經經歷過什麼，看見其身份。尤吉巴贊大師的洞察力，並不只侷限於外在的形貌。

以下就是他告訴我的故事：他受聘前往加拿大的多倫多大學教授昆達里尼瑜伽，但是就在他的飛機從新德里降落的前一天，那位聘請他的系主任在一場車禍中不幸喪生，於是這份工作就沒了；更雪上加霜的是，他在旅途中遺失了他的行李。當然，印度的學者專家跟占星家們都警告他，除非他延後出發，否則他在西方將會遭遇一段極其艱難的時期。但正如我們這些年來已學到的，遇到困難就退縮不前，並非尤吉巴贊大師的天性，他只會面對挑戰、勇往直前。他會傾聽每個人給予的建議，但他始終根據自己內心的指引行事。

在加拿大，他是在異國土地上如假包換的異鄉人，面對著截然不同、差異極大的文化。加拿大的寒冬才剛發威，他就得用報紙綁在鞋子四周來保暖；他也不知道自己的下一餐在哪，有時候還真的沒著落。後來，他在一間書店找到了送貨員的工作。當他某次受邀到洛杉磯度過一個週末時，他欣然同意了；那就是我遇見他的時候。我們在十二月二十五日會面談話之後，我提議在第二天載他去赴另一個約會；而就在那一天，他給了我改變我人生的一段梵咒。

他跟我解釋，世上沒有其他事物能比母親爲兒子的祈禱來得更強大有力。他在一小張紙上寫下**艾克　嗡　卡　薩特　南　西里　瓦　古魯**（**EK ONG KAR SAT NAM SIRI WHA GURU**），並告訴我，如果我可以從丹田有力地、一口氣地唱誦完這段梵咒，每天在日出前唱誦一個小時，並且爲我兒子祈禱，那麼他就會平安無事（當時，我連我兒子在哪都不知道，只知道他試圖自殺，並且從美國陸軍的崗位上擅離職守（A.W.O.L.））。

當時，我已經有一項每日例行的靈性功課，其中也包括了幾項別的祈禱文。所以當尤吉巴贊大師給我這一段梵咒時，我問他：「那我正在做的其他功課怎麼辦呢？」（有蘇菲派的唱誦、霍皮族印第安人的咒語以及吠陀冥想。）他回答：「你可以繼續照做，但是也試試這個。」

這對我來說似乎很合理，所以我就這麼做了。第二天唱誦這段梵咒時，我的體驗是如此地深刻，以致於我迫不及待地想要打電話跟他說：「我不必做其他的功課了，這就是我所需要的。」直到二十七年之後的今天，雖然尤吉巴贊大師教我們唱誦許多其他的梵咒，那些音節仍然是屬於「我的源泉」。

（我要很高興地說，我兒子在十天之內傳來了消息，他在柏克萊被「營救」起來，這又是

一個說來話長的故事，本書沒有空間來述說！我們跟軍方達成了和解。我也要很高興地說，我保留了那一小張珍貴的紙頭——尤吉巴贊大師在上面寫了那八個神奇的字。它被小心地保存在我那本3HO早期的剪貼簿中。）

尤吉巴贊大師在我第一次跟他會面時就告訴我，「你當學生夠久了，你應該當老師了。」他說他是爲了訓練老師而來，而不是爲了招收更多的弟子。當時我心想，「最好是啦，怎麼可能。」他說，雖然我懂得很多，但是他可以「幫我融會貫通」。我心裡還想著，「他以爲他是誰啊？」

而我終於知道了他是誰！他是永恆創造力的一個驚人的、活生生的奇蹟。當他講課時，自然會流露出一股神聖的靈感以啓發學生；不管置身於何種情境，他總是能夠調適自己以契合那特定的一群人、那特定的時間及地點所需。尤吉巴贊大師就像一根導管，一位傳遞神聖訊息給我們的「郵差」，讓我們知道，我們每個人都是一個靈魂，我們的身份就是眞實（**薩特 南**），我們在這裡便是爲了體驗這項眞理。他告訴我們，崇拜一個信差是愚蠢的錯誤，但是我觀察到，忽略信差所傳送的訊息，也是同樣地愚蠢！

尤吉巴贊大師關心的是，你應該拋開你對於靈性導師先入爲主的想法。他的部分工作就是巧妙地混淆你的智識，讓你不得不來到超越心智之外的範疇；因爲，只要我們的感知受限於智

識的範疇之內，就無法體驗神的存在。

尤吉巴贊大師是一位導師，所以他會不斷地測試我們。他常常利用「刺戳、翻攪、面質、提升」的技巧，驅策我們擺脫渺小而受限的小我之約束。這並不總是讓他大受歡迎，事實上，我們（這裡說的是我們的小我）絕對憎恨他所說的話；有關我們自己的眞話，往往令人難以下嚥，更別說領會消化了。

我從來沒遇過任何人像尤吉巴贊大師一樣，那麼擅長於「戳探我的底限」。但是，哎呀，我知道只要我還有底線可以被戳探，我就是仍然活在我的自我當中，並被我的自我所影響，這無疑會阻礙我自己的靈性成長。

有時候，這種測試只是要我們去認清他所說的話，或者我們身處於什麼樣的情況下，這也是一種測試！測試什麼呢？測試那些我們必須學習的特質，包括不執著、耐心、信心、善良、順從、臣服於神的意旨、謙卑；唯有如此，我們才能從這所地球上的生命學校畢業。

我們每個人都是獨一無二的，都有獨特的課題得去學習。因此，在靈性導師直接的導引之下，他會爲每個人安排一項專門的個別指導；除此之外，他還得提供適用於所有人的普遍準則與原則。尤吉巴贊大師的教導，便是基於這樣的宇宙眞理。

對許多六〇年代與七〇年代的人來說，瑜伽尊者是宛如父親般的角色，慈愛、耐心、幽默；他循循善誘、鼓勵、幫助並啓發了一整個世代，以嘗試昆達里尼瑜伽來代替嗑藥。他從來不會說「不行」或是「不要」做這個或那個，他會給你選擇。他開三門課，一週六天都有課，星期天還有一門冥想的課，如此超過一年之久。

同時，他還研究我們的文化與態度，以及我們被虐待、忽視、背叛和遺棄的個人歷史；基於他的慈悲，他開始爲我們創造更多的機會，讓我們得以自我療癒並且變得堅強。他發起好些3HO的活動，像是冬至與夏至薩達那、卡爾薩女性訓練營；一九七〇年當他成爲太譚崔（the Mahan Tantric）❶時，他更甚以往地親上火線，爲了讓任何人以及每個人都可以參加他所教授的白譚崔瑜伽團體冥想課程，他承受了極大的壓力（參見〈譚崔瑜伽〉該章內容）。

這些年來，他給了我們許多關於他個人生活哲學的深刻見解。以下就是其中珍寶：

## 尤吉巴贊大師力量的五個基石

1. 絕不說出會傷害任何人的話。
2. 絕不讓會傷害自己的事物進入。
3. 絕不辜負朋友或敵人。
4. 照亮沒人有勇氣聞問的角落。

❶白譚崔瑜伽唯一的大師。

5. 保持精進與和諧。

或許你從來沒見過尤吉巴贊大師，但是我可以跟你保證，如果你練習昆達里尼瑜伽，更肯定的是如果你教授昆達里尼瑜伽的話，他的精湛之能必定會支持你的靈性成長；當你唱誦**嗡　南無　古魯　戴芙　南無**時，他和所有在他之前的靈性導師都會應你的召喚前來——不是他們親身前來，而是他們的靈性意識、精微的形體會在你左右，就像被那些音節召喚而來的守護天使。

## 黃金鏈結

從古至今，靈性覺知、意識與力量的轉移始終是由大師傳給弟子，這條一脈相傳、連綿不斷的鏈結，是由學生的尊重、順服、奉獻與謙卑以及導師無限的愛與犧牲共同打造出來的，因此有時也稱之爲「黃金鏈結」。

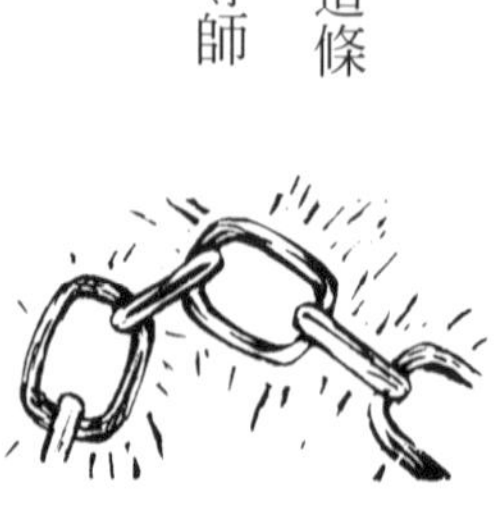

## 太譚崔

在所有的靈性導師之中，尤吉巴贊大師更是獨一無二，因爲他同時也是這個時代的「太譚崔」，意思是，他是唯一在世的白譚崔瑜伽大師；而不管在任何時期，這世上只能有一位「太譚崔」。他是一位世界導師，是神所指定極爲特別的「工具」，也是經神的油膏塗抹之人，前來喚醒地球上數以百萬計的沉睡靈魂。

他是導師中的導師，他的話語擁有巨大的力量，他的存在與宇宙意識和諧共振，他在一切發生之前就可以先感受到。他不願危及自己身為導師的誠信之責，因此，他不能說出他所知道的一切；他的力量不是出於己身，他知道這一點。他說，他的力量是來自於他內在平靜、安詳、和平的祈禱（雖然從外表看起來，大部分學生都舉證歷歷，說他的能量來得就像一道龍捲風！）。

## 爬上一棵樹？

尤吉巴贊大師說過一個很棒的故事，是關於他在印度的昆達里尼瑜伽老師，聖哈扎拉．辛克（Sant Hazara Singh）（也是在尤吉巴贊大師之前那些年以來的太譚崔）測試他的一個方法。當他還是年輕的哈爾巴贊．辛克時，他穿著漿洗得筆挺的最好衣服以及擦拭得閃閃發亮的皮鞋，跟他的老師一起踏上旅途，前去會見某位顯貴要人。在路上，聖哈扎拉．辛克叫司機

把車子開到一旁停下來，指示年輕的哈爾巴贊．辛克下車；然後，又指著路旁的一棵樹，叫他爬上去，並待在那裡等自己回來。哈爾巴贊．辛克是個好學生，沒有問任何原因就毫不遲疑地照做了。於是他下了車、爬上樹，然後等待著。老師的車開走了。過了三天三夜，他還待在那棵樹上！當他的老

師終於返回、告訴他可以下來時，並沒有詢問他是怎麼渡過這三天三夜的，也沒有因爲他的忠實順從與足智多謀而誇讚他。他們沒有再談論過這件事。當然，那是在印度，他們了解服侍一位靈性導師的意義與收穫爲何；尤吉巴贊大師了解師生關係的規則：永遠不問爲什麼，永遠不能拒絕，只能說「是的，先生。」然後去做。而我們任何人在那種類似的情況下會做出什麼事情，只有神知道了。

學生沒能拿出最好的表現時，靈性導師絕對不會滿足。他的職責不是在我們表現良好時誇讚我們，而是要馬上帶出下一個課題，讓我們能夠繼續成長。所以，他永遠不會因此而滿足。

尤吉巴贊大師告訴我們許多關於他當學生時的經驗，其中有一個是在他還是一位年輕軍官時的故事。當時，他已經是一位頗有造詣的瑜伽修行者，但他想向一位未曾謀面的老師學習一個特別的奎亞；於是，他每天前去拜會這位老師，希望獲得他的謁見。但是幾個月過去了，這位老師始終對他視而不見；後來老師終於傳話給他，要他每天親自準備一個胡蘿蔔布丁，作爲一項禮物帶來，而且，他一定要親自步行約八公里的路前往。這又花了幾個月的時間，而當時，這位老師根本都還沒跟他說過任何話呢！但是這位穿著漿洗完美、熨得筆挺制服的年輕軍官，必須把他的座車與司機留在後頭，光著腳艱苦跋涉，還帶著那塊胡蘿蔔布丁。他做到了，你呢？

在西方，我們並未被教導要尊重那支配師生關係的宇宙法則；事實上，大部分人甚至不知道那是什麼。因此，無知的我們無法充分利用一位導師可以提供的益處和祝福。沒錯，的確有些自稱已「開悟」的人們利用並濫用靈性導師的角色；因此在你與任何導師建立關係之前，你應該爲自己先做些相關的研究與調查，再得出你自己的結論。我經由閱讀與反覆試驗去了解靈性導師，在我遇見尤吉巴贊大師之前，我已經花了十五年的時間在不同的靈性道路上不斷地摸索；我可以確定的一件事是，小心任何要你崇拜他的導師。如果你認爲某人是你的靈性導師，他理應得到你最高程度的尊重與崇敬；如果他或她是一位眞正的導師，你想勝過他們，先付出你的服從與尊敬，因爲那些註定要領導的人，必須先學會跟隨。但永遠要記住，導師只是嚮導，而非終點。

## 導師中的導師

尤吉巴贊大師信守自己的承諾，訓練出數百名教授昆達里尼瑜伽的教師。尤吉巴贊大師於一九六九年創辦的3HO基金會（健康、快樂、神聖組織）就是一個教師訓練組織，現在已有遍布世界各地的各個中心。他告訴我們：

「如果你想學習一些事，閱讀它；如果你想理解一些事，寫下它；如果你想掌握一些事，就去教授它。」他希望我們都能成爲大師。他告訴我們要比他「好上十倍」，而且他是當眞的。

他也警告我們所有要成爲教師的人，「你會在三個方面受到測試：金錢、性或權力，或許三個方面全都會被測試到。」教授昆達里尼瑜伽是一項偉大的責任與殊榮，據說，一位教師倘若背叛了賦予他的神聖信任，他來世將會轉生爲一隻蟑螂！

「別侍奉血統系譜，侍奉精神遺產。」——尤吉巴贊大師

## 尤吉巴贊大師的詩歌與藝術

西里・辛克・沙嘿伯，亦即尤吉巴贊大師，寫了非常、非常多的詩歌，其中的精選作品已集結於一本名爲《弗曼・卡爾薩》（*Furmaan Khalsa*）的書中出版了。他的許多詩作也被譜了曲並收錄於錄音帶中。他還畫畫、設計珠寶，並將一系列精美的雕塑、繪畫以及其他藝術品收集在一起，全都捐贈給錫克正法檔案館（Sikh Dharma archives），而一座博物館正打算要收藏這些珍寶。

## 一位瑜伽修行者的傳記

一九二九年八月二十六日，哈爾巴贊・辛克・普里出生於卡特哈卡倫（Kot Harkaran）（現爲巴基斯坦）的村落，是一位醫生的兒子，他有一位非常虔誠並有權勢的母親。他十六歲時就已精通了昆達里尼瑜伽。當印度被割據時，他還是個青少年，就負責帶領村中的一千人來

到新德里附近的安全之處。在他的青年時期，他曾經跟隨許多老師學習，包括了他崇敬的祖父巴伊．法特．辛克（Bhai Fateh Singh），以及「太譚崔」聖哈扎拉．辛克。他進入旁遮普大學（Punjab University）就讀，主修經濟學，不但是一名全能的運動員，更是一名冠軍辯論家。我的檔案夾中還有他得獎的證明。他是足球隊隊長、田徑明星，他運用昆達里尼瑜伽的修習，讓自己可以處於良好的狀態去進行體育賽事。他顯然是個贏家！

他跟英德吉特．考爾（Inderjit Kaur）結婚，他們有三個孩子（現在有五個孫子出生在美國）。他曾擔任印度軍方的指揮官，從最初的汽車運輸部門開始到他來美國之前，他已在印度政府服務了十八年之久。

哈爾巴贊．辛克．卡爾薩尊者在一九七六年成爲美國公民，一九八〇年獲得心理學博士學位，博士論文的題目是「溝通、解脫或譴責」（Communication, Liberation or Condemnation）。

他堅守的關鍵原則是：

**了解神在萬物之中的事實，不論是巨大或渺小。**

他的座右銘是：

**如果你無法在萬物之中看見神，**
**你就根本看不見神。**

# 20 溝通

經過多年的行政諮商工作，我得到的結論是，人與人之間大部分的問題都出在溝通。沒錯，誠然我們每個人都有自己的神經官能症，信任也是個大問題，但是當兩個人眞正相互溝通時，許多問題都可以迎刃而解。即使是戰爭，最後也得走上談判桌才能敲定和平。爲何不從那裡開始？

「溝通為全人類誤解至極。

當你生氣時，

當你情緒化時，

當你受傷時，

當你沒有安全感時，

或者當你走上自我之旅時

——那就是你覺得自己必須說話的時候，也是為什麼你會搞砸的原因！因為當你說話時，應該是為未來而說，而非為過去或現在。溝通是建立未來天堂的藝術。」①

有效溝通是一門大學問，因爲要讓你的話可按照你的原意被接受並被理解，並不簡單。尤吉巴贊大師的博士論文題目即爲「溝通、解脫或譴責」，探討的正是這個主題。他的論文詳細介紹了運用不同脈輪（能量中心）在溝通上的專門技巧。

## 尤吉巴贊大師說到談話與脈輪的關係：

「……我該說什麼呢？你的上顎（下視丘的基底）與舌尖，是你身體中最重要的兩個部位。你所說出的每一個字，都是由上顎、舌尖結合控制整個大腦神經元的下視丘一起構成的。舌頭有一個中樞神經系統可控制你的心靈。你可以用話語來改變全世界，這世界會隨話語而移轉。W—O—R—D話語與W—O—R—L—D世界。中樞神經系統亦即中脈，就位在舌尖，你整個神經元就分布在這上面，在下視丘下方，也是八十四個經絡點產生刺激的部位。這雖由排列組合

---

①尤吉巴贊大師。

所決定，但也牽涉到了脈輪。問我任何問題，我會告訴你哪個脈輪負責回答什麼樣的問題。

問：從第五中心與第六中心溝通，有什麼不同？

答：任何溝通都涉及一個脈輪中心，所以你得決定你的目的是什麼。如果你的目的是搞亂某人的心思，就用第一個脈輪；如果你想引誘某人，用第二個脈輪；如果你想補償某人，用第三個脈輪；如果你想使某人振奮，用第四個脈輪；如果你想直言不諱，用第五個脈輪；如果你想指揮某人、承擔責任，並看到它已然被完成並交付，用第六個脈輪。如果你想擺脫某人，用第七個脈輪；你知道第七個脈輪是什麼嗎？「我看見你內在的光比我更明亮，神保佑你，你太棒了！」這個傢伙在兩分鐘之內就會閉嘴了。

## 說到談話：

你是否分析過自己所說的話語之中，有多少是鼓舞人心、令人振奮、積極正面的？又有多少是相反的？我們每天尋常的對話多為消極負面並且自我否定，我們鮮少會去注意到自己使用的言詞中那種沒有建設性、甚至有害的調性，因為在我們的社會中，「貶抑」的用語是如此普遍而常見。

開始傾聽你自己所說的話。如果你眞的想要來一趟冒險，錄下你自己一整天所說的話，然後聆聽你自己說過些什麼，你會大吃一驚，特別是當你回想起你每個時候所說的話，都是自己

「創造」出來的。「開口前請三思」的古老訓誡仍然是個好建議，而當你的神經受到控制時，比較容易做到這一點。你的神經必須非常堅強，才能夠讓你不致於在事情發生的那一刻自動做出反應，就像一個被按下按鈕、自動做出反應的機器人。（我希望你讀了〈壓力、耐力以及鋼鐵般堅強的神經〉該章內容）

對自我覺知的另一個極好的實驗，就是保持幾天的沉默不語。這是一個深具啓發性的實驗，我做過之後感到非常地震撼；如果你也眞的這麼做了，可能會跟我一樣，發現有許多對話根本是沒有必要的、或是一點用也沒有（包括你自己的對話）！

在第二部〈該做的事〉中，你會找到兩個尤吉巴贊大師所教的冥想，特別有助於改善我們的溝通。

### 慎選你說出的話

話語是色彩，
位於說話者的上顎，
聽在受話者的耳中，
喚起情感。

有些單調晦暗，有些鮮豔明亮；
有些是錯的，有些是對的；
有些使人高尚，有些使人低下。
一個字便可創造出這項作品，
……所以這麼說吧。

要小心，
要勇敢，
要確定，
在你說話之前——
想想你的話會殺傷對方、還是會治癒對方？

話語可以撫慰，
話語可以激怒，
話語可以解放，
或者話語可以囚禁

某些人：

話語是武器，

話語是繃帶，

話語是盤尼西林，

話語是毒藥；

話語可以熱情，

話語也可以冷淡，

話語道出了真相——

話語也可以說出謊言。

榮耀你的話語，

帶著敬意使用你的話語，

因為話語可以療癒，

也可以殺人；

針對別人說話時要格外地小心，
雷射光可以射穿無所不在的目標，
建立多年的關係，
一句虛假的話語就可以使之含淚瓦解。

話語可以揭露，
話語也可以隱藏
真實的身份、
內在的神聖。

話語中的信心
可以驅散一切的恐懼，
溫柔地說出你的話語，
珍愛地說出你的話語，
要誠實，要和善，
清楚表達你自己。

輕視貶抑很常見，
鼓舞振奮很少見，
珍視你的話語，
小心使用它們。

話語的力量來自生命的呼吸，
外科醫生的手術刀或是肉販的屠刀，
帶著正確的敬意對你的靈魂說話，
你就會帶著相同的善意對他人說話。

# 毒害每個人的那條毒蛇②

它
顛覆
政府，
破壞
婚姻，
毀掉
事業，
損害
聲譽，
造成
心痛、
噩夢、
消化不良，
引發猜忌，
產生

悲傷，
把
無辜的
人們
送到他們的枕頭上
哭泣。
連它的名字
都會發出嘶嘶聲。
它就叫做
流言蜚語。
辦公室的流言蜚語、
店鋪裡的流言蜚語、
派對中的流言蜚語。

②版權：哈巴贊・辛克・卡爾薩尊者，一九八〇年。（在「毒害每個人的那條毒蛇」該頁上真實重現之文字，版權許可由聯合技術公司（United Technologies Corporation）於一九八六年授予。）

它帶來
頭條新聞
以及頭痛不已。
在你
覆述一個故事
之前，
先問問你自己：
它是眞的嗎？
它公平嗎？
它必要嗎？
如果不是，
就閉上你的嘴吧。

我們作爲單獨個體的表現，
會決定我們作爲一個國家的表現。

# 21 幸福

每個人都想要幸福，至少是有意識地幸福，但問題在於潛意識。潛意識裡，我們有些人可能還沒準備好要放棄苦難，因爲我們太習慣於悲慘的感覺，以致於如果停止爲自己感到難過，我們不知道自己會變成誰！

如果我們停止抱怨的話，還有什麼可說的？唐納德．柯帝斯博士（Dr. Donald Curtis）（心靈科學牧師）過去習慣稱其爲 **P.L.O.M. 症候群（Poor Little Old Me**，意指渺小又老掉牙的我），這是我們社會中相當常見的一個自我形象，對幸福並沒有幫助。有些人的自我形象與痛苦、犧牲或是「毫無價值」的感覺結合得如此緊密，以致於他們甚至無法想像幸福會是什麼感覺。然而，幸福是每個人與生俱來的權利，靈魂的眞正本質，就是喜悅！

幸福遠遠超越了歡愉或享受，那是一種內在的狀態；當我們接觸到自身內在那永恆的、屬於神且永臻至福的部分時，幸福就會出現。吠陀哲學即描述神的本質爲「眞實、知識與至福」（Sat, Chit, Anard）。

幸福「不需」依賴任何外在的人、事、物。

我們每個人都必須爲自己的幸福負責，因爲這是我們個人選擇與某個人事物產生關連的方式，也是我們個人選擇抱持什麼樣的想法、感覺或情感，從而決定了我的幸福與否。我不能因爲對自己的生活有什麼感覺而去責備任何人。如果我可以從我內在神聖意識的望遠鏡去觀察所發生的事，而非從我個人情感的望遠鏡去觀看，那麼我必定會產生截然不同的經驗。幸福是一種存在的狀態，幸福與不幸福只是我「現在」的狀態如何而已。

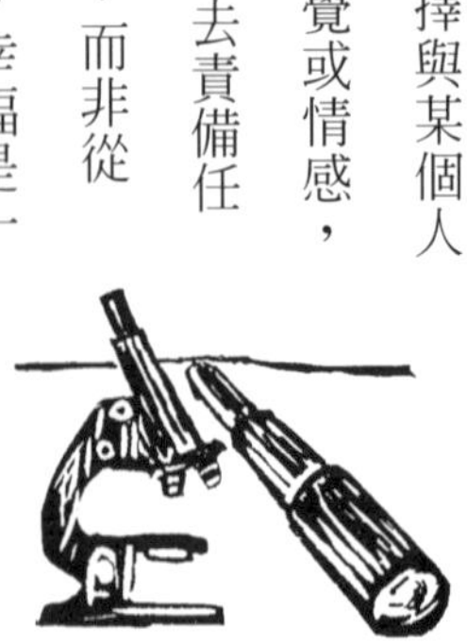

「幸福以圓周運動的方式運行，
生命就像在海上的一艘小船，
不管怎樣，每個人都是每件事的一部分。
你可以擁有這一切，只要你讓自己成為……」

——多諾萬（Donovan）

幸福來自於付出以及感恩的態度，與神般的靈性有關；這並非要求過多，因爲我們每個人的核心身份就是靈性（Spirit）。這也是爲什麼通往幸福的這七個步驟是可以被運用的：

## 通往幸福的七個步驟：

通往幸福的七個步驟是：承諾、品格、尊嚴、神性、恩典、犧牲的力量以及幸福的經驗。想要幸福，除此之外別無他法。以下是尤吉巴贊大師在一九八九年的卡爾薩女性訓練營中對這七個步驟的闡述：

1. **承諾**：善行與慈悲，會帶給你品格。
2. **品格**：這是你可以站在自己的意識前清楚回答的一種行為模式，品格會引領你走向尊嚴。
3. **尊嚴**：當你可以為了他人而表現得像神一樣的時候，你就贏得了神性。
4. **神性**：當你可以為另一個人類或動物甘冒自己的生命危險時，神性會引領你走向恩典。
5. **恩典**：當你發展出一種有效的存在時，就擁有了犧牲的力量。
6. **犧牲的力量**：當神坐在你心中、掌管你的頭時，你可以因此而犧牲——犧牲的力量會導引你走向幸福。
7. **幸福**：當你滿懷感激自己有這個機會可以成為這七件事的時候，就是一種幸福。

得益於若干吠陀哲學與其他教義之助，這世界之於我的意義，宛如：

# 22 人生是一場電影

一九四三年，當時我十三歲，我的母親和我搬到世界的娛樂之都——加州的好萊塢！那是電影的黃金時代，大家都常去看電影；我現在還是會去看電影，我喜歡被娛樂，難道你不是嗎？這是爲什麼我們會去看電影、看電視、閱讀書籍與戲劇的原因，這些我們聽見或看到的故事，讓我們爲之神魂顛倒、著迷不已、深受鼓舞或驚嚇，或者樂不可支；我們可說間接地經歷了各式各樣的冒險。最好的教師與公開演講者都是很會講故事的人，很會娛樂我們。以下就是一個爲你講述的好故事：

「很久很久以前，在時間開始之前……」據吠陀哲學所言，神創造了整個宇宙萬物，據說祂這麼做只是爲了消遣，所以這整個創作被稱爲是神的「里拉」（Leela），也就是祂的「戲劇」。我們周遭的一切都是祂故事的一部分，爲了祂的娛樂而展開！

我認爲，這就是爲什麼我們這些祂以「祂的形象」所創造的生物，會如此享受故事（在此代替了「電影」），因爲我們就「像祂一樣」！

根據我的了解，神只是啥也不幹地坐著，沒做太多事，宛如一座浩瀚遼闊、無邊無際的海洋般地存在，絕對地沉默而靜止，沒有漣漪、沒有運動、也沒有活動，就像一種廣袤無垠的「存在」——沒有時間性、沒有開始也沒有結束的海洋，沒有海面也沒有海底；換句話說，在任何情況下皆是隱而未顯、無窮無盡、無邊無際。然後，在某個不可測知的瞬間，神的內在振動了起來，創造出漣漪與波浪；也就是說，神「說話」了。以強有力的一聲巨吼，祂造出了宇宙萬物；祂讓自己在某些地方變冷，形成了冰山，也讓自己在某些地方變熱，形成了蒸氣。祂大笑著、玩耍著，觀看並體驗自己與自己以各式各樣的形狀、形態與色彩交流互動，這些全發生在祂的內在，由祂自己存在的海洋所組成。於是，祂的故事開始顯現成形。

將神描述或想像成一座海洋，當然只是人們試圖用來理解神的眾多比喻之一。至少對我來說，海洋的比喻還挺合適的，讓我更容易理解神如何（並永遠）成爲一切，而且無所不在。我再重複一遍：

**神是過去、現在與將來永遠的一切。**

「真理存在一開始（Aad Such），
真理穿越所有時代（Jugaad Such），
真理留存至今（Habhee Such），
那納克①說，真理必然永存（Nanak Hosee Bhee Such）……」

## 遊戲的規則

讓我們回到神就像一座存在的海洋之比喻，並且（從祂自己存在的「海水」中）創造出一個形狀與形態交互作用的遊戲，亦即生命的遊戲。神在這個遊戲中創造出整個進化的體系，就像一個小孩在玩耍時蓋起一座沙堡，然後又推倒重來，一遍又一遍地重蓋；神在祂所創造的宇宙萬物之中生成、組織、然後摧毀（或實現）一切。

祂創造出行星、恆星、地球、天空、海洋（潮濕有水的那個）、河流、湖泊、樹、鳥，還有你和我。祂也爲祂的遊戲訂下規則，稱之爲宇宙法則，其中亦包括了業果法則。業果是基於行動與反應而自動產生的原則，它運作的方式，有時被描述爲「種瓜得瓜，種豆得豆」。我們所送出的，最終都會回歸到我們自己身上，這是一個事實；然而，要收回我們所有行動的所有結果（或反應）、直到一切終於得到平衡，可能要花上生生世世的時間。

從沒有人能夠眞正的「逍遙法外」，即使當下看起來像是如此。業果必須要償還，如果不是現在，就是日後——或許是在下一世，「出乎爾，反乎爾」是遲早的事。然而，藉著神的賜福與古魯的恩典，業果可以因正法（Dharma）（正當之道／靈性道路）而減輕，你的靈性導師也可以幫你承擔你的靈魂同意在這一世償清的若干業果；他可以規勸並引導你去做決定，讓你能以最有效的方式實現你的命運，並教導你在地球上所欲學習的課題。如果你聰明到能夠仔細聆聽靈性導師的教誨，他能幫你省下許多時間與不必要的苦難。另一個比喻是：生命是一所學校。

## 場景：一所稱之爲地球的教室

每個人都有各自的挑戰和考驗，因爲地球是一所學校，我們來到這裡學習靈魂所需的課題，才能夠畢業。

（這是神所寫的部分腳本。）

**我們不是從時間之手中學習，就是從靈性導師那裡學習。**

①古魯．那納克是錫克徒的第一位古魯。

你的靈魂同意出生於某個特定的時間地點（是的，你選擇了自己的父母），還有布景、演員班底以及工作人員，也都是被選來支持你所領銜主演的個人故事。那些與你最親近的親人們，極可能是過去跟你有著某種強烈業果關係的人。

（我們回到電影的比喻：）

這場「電影」是神的生命遊戲，是神的表演。神扮演了所有的角色，實際上，祂就是所有的男演員與女演員！祂也是作者、編劇、導演、製作人，連布景跟觀眾都是祂。祂甚至還一手包辦了售票員、招待員、以及那位賣爆米花的小男孩！

## 無論如何，戲都要演下去

回到一九四〇年代科學家分裂原子時，那股釋放出來的能量曾是（也仍然還是）數千年以來，瑜伽修行者已然熟知並運用自如的相同能量，他們稱之爲「普拉納」，是進入身體的生命呼吸，也是神每次給予你另一個生命呼吸時，放入你體內的能量。每次你吸入普拉納，就是神透過呼吸將祂的本質精髓給予你，讓祂的表演能夠繼續下去。或許這就是那句俗諺「無論如何，戲都要演下去！」的由來。

「海洋、電影、遊戲」皆可，選擇你所喜歡的比喻；不管怎樣，生命自有其運行之道，我們都在祂的故事中演出（或是做出反應）所被賦予的角色；問題是，有天這場表演結束時，我們都得回「家」；回「家」意味著回歸於神——也是我們當初來的地方。贏了這場生命的遊戲，意味著有意識地回家，有意識地擴展你的自我覺知，直到你記住、認識、體驗到你就是那整座海洋。「你與神、神與你，是一體的。」經驗自身的身份，即爲練習瑜伽的終極目的，也是全人類存在的目的。

「萬物從神而來，亦皆歸於神。」②
（沒有其他地方可去！）

以下是一個頗長的句子：當我們死了，我們能做的就是脫掉我們在戲裡穿的戲服，將之留在那座叫做地球的戲院裡，而我們得以回歸到神那廣袤無垠的海洋中，那絕對的自由、喜悅與至福，感受不可思議的美妙與精彩；那些擁有這項經驗而試圖去描述它的人，只能說出「哇嘿古魯！」意思是「哇！神眞是偉大到難以言喻。」

同時，當我們用這些身體來扮演我們的角色時，神希望我們能夠好好享受。這也是祂一開

② 尤吉巴贊大師的歌「要記住的一件事」（One Thing to Remember Is）之一部分。

始創造我們的用意，記得嗎？「里拉」的意思就是戲劇！（所以學校也有遊樂場，對好學生來說，甚至教室都可以很有趣。）

如果我們無法享受生命，那是因爲我們忘了生命就是一場電影，我們太嚴肅地看待我們的角色了。如果我們不快樂，那是因爲我們陷在較低的脈輪（能量中心。參見第七章〈神秘的昆達里尼〉與第八章〈脈輪〉該章內容）中無法擺脫，並且沒能運用我們的較高意識。如果我們傾聽的是心智而非直覺，如果我們情緒化又激動不已，搭著情緒混亂的雲霄飛車、只會對情況作出反應而非爲其帶來生機，我們極可能會是不快樂的露營者呢！

這又引導我們回到昆達里尼瑜伽，這是一項讓我們得以控制情緒與心智的技巧（不是壓抑或否定它們，而是去掌控它們；是溫和而堅定地統治它們，而不是成爲其奴隸），讓我們能夠享受這場戲劇，這場喜劇；我們可以經歷任何生命中的悲劇，而不致於讓這些悲劇淹沒、征服我們，或是摧毀我們的幸福。

歸結到最後，幸福其實是存在於我們的內在，而非外在。我的現實、我的快樂或不快樂，是自己內在的存在所選擇的感受，不依靠任何來自外界的影響。靈魂與生俱來的本質就是快樂的，當我與我的靈魂產生連結、協調且同步時，我一定會感到快樂！啓動昆達里尼的能量，就能讓它在較高脈輪之中起作用，使我們能夠更容易地做到這一點。

當情況不盡如人意時，我會試著提醒自己，生命不過就是一場電影，我希望自己能去享受這場電影，不論它是一場喜劇或悲劇；我也希望自己別忘記，有天放映機會關閉、燈光終究會亮起，而我們全都要回「家」！

## 購買更高層的意識（另一個比喻）

你去到自己最喜歡的百貨公司想買些亞麻布，按了電梯的按鈕要上七樓，但是電梯來到三樓時停下來了，電梯門打開的瞬間，你瞥見好些很吸引人的商品，讓人委實無法抗拒，於是你決定踏出電梯「很快地看一下」；但是，你發現愈來愈多想看的東西，完全沉浸在瀏覽這些棒得不得了的商品上——還有很多在特賣呢！最後你看到忘了時間，也忘了自己一開始來百貨公司的目的是什麼；到商店要打烊的時候，你也被困住了。這種情況被稱爲「幻象」（maya）。同樣地，我們也很容易被困在「靈性幻象」（spiritual maya）之中，神秘力量與超自然現象就是靈性幻象的例子。

在我們的生命中，所有使我們分心的事物都是幻象。在梵語中，「幻象」的字面之意是「可被測量的事物」，是無限的相反與對立；在吠陀哲學中，則被理解爲「表觀的萬物」（apparent creation）。我們可以用

五感去看、聽、觸摸與品嘗的一切，以任何方式皆可被測量的任何事物，就是幻象。幻象可以很迷人、很誘人、很有趣，但卻不是永恆的，無法永遠持續下去。幻象並沒有什麼「錯」，它可以帶來許多愉悅與刺激，但是它沒辦法給我們幸福。幸福只能來自內在，別無他處可以尋求。當你觸及你內在實際存在的神時，那就是幸福。

就像皮諾丘被誘惑到市集上、把上學忘得一乾二淨，五光十色的幻象也會讓我們忘記自己本來的目的地！因此，在投入大量的時間與精力在任何事物、任何人或任何活動之前，先問問自己以下的問題是很合理的：「對我來說，這眞的是運用時間最好的方式嗎？我可以承擔得起多少繞道而行的代價？這樣做眞的可以帶我走往『家』的方向走，還是讓我離得更遠呢？」

## 泡沫與橋樑

「我是泡沫，讓我成海，
我是泡沫，讓我成海；
汝也是啊我的主，讓我成海，喔讓我成海；
汝與我永不分離，汝與我永不分離……」

在尤吉巴贊大師抵達美國之後，剛開始的那段時間，我常會唱這首自悟同修會（Self-Realization Fellowship）歌本上的歌；尤吉巴贊大師很喜歡這首歌，泡沫、海，正符合那個海洋的比喻。

比喻有時候很有用，但也有其侷限，因爲那是知識分子用以釐清智識無法完全領會的想法或概念之嘗試；比喻的確可以提供我們一座通往理解的橋樑，但是要眞正跨越那座橋樑去到對岸，我們不能光說不練，我們得起而行。描述水如何如何跟眞正去喝水或跳進海洋裡游泳，箇中差異可說是天壤地別！該做什麼並如何去做，用什麼方法與工具去獲得你自己對神或眞理的直接體驗，這就是瑜伽要談的重點。

## 前世今生

我們在哪一世相遇？
為了什麼原因而分離？
你——或我——是否曾讓某人心碎？

有什麼工作是該做的？
有什麼課題是該學的？
有什麼欠債是該還的？
有什麼信譽是該得的？

我們今日的衝突
是否源自舊日的傷口？
我們是朋友還是戀人？
（這是否有助於我們理解？）

前世的迷醉
把我們的焦點拉離了正軌，
我們需要向前看——
不再回首。

無論如何，都是當時
把我們帶到了現在，
生命之謎
總會以某種方式解決。

這一次，做對它吧；
只此一次，一勞永逸
爬上那高處之後，
別再墜落。

看向那光，

打開你的心房，
大師的輕觸點化
讓你有了好的開始。

超越時間的真理、
超越空間的愛，
廣袤無垠的靈魂
在此交會。

（本詩寫在我心醉神迷於白譚崔瑜伽之際，
於新墨西哥的艾斯潘諾拉，一九九一年十一月三十日）

# 23 其他的瑜伽之道

對不熟悉各種瑜伽之道的讀者來說，以下是若干簡要的說明：

**哈達瑜伽**是最知名的瑜伽，也是一種強化身體的完美紀律，重視意志的建立與發展。哈達瑜伽會運用到八十四種傳統的瑜伽姿勢（體位法），並利用不同的呼吸技巧（呼吸控制法），其練習需要耐心並強調靈活彈性，得花上多年的時間才能精通。

**奉愛瑜伽**是奉獻摯愛的瑜伽之道，學生或信徒專注其精力於某特定之神，並將其所有出於愛的行動奉獻予那位「摯愛」之神。以個人化的形式唱誦神之名、吟誦聖歌讚美神、誌念神、臣服於神、崇敬神，就是奉愛瑜伽的修習方式。

**業瑜伽**是起而行的實踐家之道（聖雄甘地就是業瑜伽的擁護者），要求一個人要把他行動的成果交給神。業瑜伽謹記神才是一切的實行者，因此，任何行爲的成果實際上都應該歸屬祂（他／她／它：神）；這種對行爲成果的不執著，可讓一個人免於造出更多的業果。「活在這世界，但不屬於這世界」（to live in the world but not of it）或是「像池塘裡的蓮花般」出淤泥而不染的比喻，常常用來描述不執著。

**智慧瑜伽（Gyan Yoga）**被認爲是智識的道路，從本質上來說，這是一種會引起分裂的工具，始終在進行區分、比較。智慧瑜伽的修行者可能終其一生皆視造物主與萬物爲分離的兩者，這或可解釋一般教科書中「非此亦非彼」（not this, not that）的描述。人們有時認爲佛陀否定神的存在，因爲祂從未說過神是什麼；但我認爲，佛陀並不想藉由對神的定義或描述而侷限了神。

智識是一項有限的工具，語言只能把我們帶到這麼遠。言語可以激勵、啓發、提升並創造，但我們必須超越言語與智識的理解，才能擁有與神合而爲一的直接且個人之體驗；這樣的結合，有時被稱爲「神聖結合」（Divine Union），也就是「瑜伽」。你不只去到紐約，你還成了紐約！附帶說明一下，我並不認爲到達紐約是生命的終極目標，這只是打個比方。神的確無處不在，當然包括了紐約。

## 三道（Tri-Marga）

《薄伽梵歌》（*Bhagavad Gita*）（參見「推薦閱讀清單」）稱業瑜伽、奉愛瑜伽與智慧瑜伽爲「三道」或「三重途徑」（Threefold Path）。

**帝王瑜伽**是皇家之道，其方法被保留於帕坦加利（Patanjali）寫下來的箴言警句之中。克里斯多福・伊薛伍德（Christopher Isherwood）與斯瓦米・帕拉伯瓦南達（Swami Prabhavananda）在《認識神》（*How to Know God*）一書（在我的推薦閱讀清單中受到高度的推崇）中，已精采而詳盡地翻譯並評論了這些箴言警句。在這條通往解脫或三摩地之道上的八個步驟，始於合乎道德的戒律，修習者則以「可做」與「不可做」之事——被稱爲「持戒」與「精進」——來作爲生命之引導。帝王瑜伽定義並描述瑜伽姿勢（體位法）、瑜伽修行者坐的地方以及坐的方式、呼吸技巧（呼吸控制法）、開始意識到並可控制心智中的思潮（攝心）。

攝心是積極思考之祖，運用了將心智中的負面振動代之以正面振動的技巧。專注（凝神）、冥想（入定）、以及與神合而爲一（解脫或稱三摩地），是最後的三個步驟。

帕坦加利同時也寫了關於心智與自我的本質、遵循帝王瑜伽之道所需的各種類型之淨化、以及隨著修習帝王瑜伽而來的力量等內容。

**梵咒瑜伽**恰如其名，修習的方法是唱誦並冥想神聖音節，並藉由複誦音流來提升一個人的振動。如果你想到滴水穿石的道理——一滴水要花上數百年的時間才能在岩石上產生一個凹痕，你就能理解爲何梵咒必須要一遍又一遍地複誦；在某些情況下，要改變我們的意識得花上大量的時間，並且不斷地重複！我們在第五章〈梵咒〉該章中已詳盡地說明了數種聲音。

**深定瑜伽**（Laya Yoga）或可被視爲是梵咒瑜伽的研究生課程，牽涉到更複雜的聲音使用，將梵咒帶往更進一步的境界。

# 24 譚崔瑜伽

「三種類型的譚崔瑜伽之間，有著宛如白天與黑夜般的天壤之別。它們完全不一樣，在質量、數量、方向、修習、方法、面向與運用上，更有著絕對不同的區別。」

——尤吉巴贊大師

譚崔瑜伽或許是這世上最爲人所誤解的一種瑜伽。其實譚崔瑜伽眞的頗爲簡單，包括了三種類型的瑜伽。

**譚崔瑜伽的三種類型：**

**白譚崔**（**White Tantric**）作用於淨化並提升生命。

**黑譚崔**（**Black Tantric**）作用於對他人進行心理控制。

**紅譚崔**（**Red Tantric**）作用於性的能量與感官。

## 白譚崔瑜伽

大部分我們所經歷的能量不是垂直的就是水平的，但譚崔的能量是對角線的。譚崔能量是爲了加速個人的心理轉變，白譚崔瑜伽是譚崔能量經過引導（由太譚崔）的運用，驅散根深柢固的潛意識神經官能症。它是瑜伽科學中一種極爲古老且獨特的形式，只能在太譚崔（白譚崔瑜伽的大師）的主持與指導下，在他所指定的時間與地點修習。

你可以尋遍整個世界，爬上西藏最高的山峰，或是尋覓印度最深的洞穴，仍找不到任何合適且夠格的人來教導你白譚崔瑜伽，因爲此時此刻在這個星球上，唯一一位被授權能夠教授白譚崔瑜伽的人，就是尤吉巴贊大師，他是我們這個時代被指定的太譚崔。

要清除潛意識心智中最深的迴廊，運用梵咒與瑜伽呼吸技巧的白譚崔瑜伽是一種非常強大的團體冥想經驗。你跟一位夥伴一起進行，太譚崔則連結起所有的學生，用他的精微體引導呈對角線的譚崔能量運行。你可以在下一章〈十個身體〉該章中了解更多關於精微體的內容。

白譚崔瑜伽不是你可以回家自行練習的功課，我們必須極爲強調這項禁令。

所有的參與者必須面對面排排坐，譚崔能量在行列中以Z字型上下遊走。學生可以靜靜地冥想，或在其他時候大聲唱誦，端視當時被給予什麼樣的指示：雙眼有時睜開，有時閉上；做出不同的手印（手勢）和姿勢。雖然你必須與一位夥伴一同修習，但白譚崔瑜伽並不是一種「性」瑜伽；相反地，它將性能量從較低脈輪（能量中心）轉化至較高脈輪。

只要進行幾分鐘的白譚崔冥想，你就可以達成以其他任何修習需要花上幾個月時間的結果。尤吉巴贊大師說，「白譚崔不是車子，但它把車子帶去清洗，打蠟、清潔、拋光，讓車子可以繼續開下去。」

每個人對白譚崔瑜伽的體驗不盡相同，但每個人都會得到他或她當時在這條路上的旅程中之所需。那是一種非常深刻的轉變與淨化過程，而且，之前沒有經過瑜伽訓練或修習的人也可以參與課程。

「我們從童年開始就有潛意識的阻礙，白譚崔瑜伽只是一種可以滲透這些阻礙的有意識穿透力……，它會帶給你新的開始與更美好的生命。它既非宗教亦非哲學，更不是一種運動，它什麼都不是。它只會在那裡起作用，而且只需要幾個小時的時間。」①

我們用電話與遠方的人連繫，不會覺得這有什麼不尋常的；我們與太譚崔的聯繫方式其實十分類似，我們是用他的精微體與他產生連繫，而他也用自己的精微體去引導呈對角線運行的

① 尤吉巴贊大師。

譚崔能量，藉此能量穿透並打破深深埋藏在我們潛意識中的憤怒、內疚、恐懼等阻礙。太譚崔不必親自到場才能執行他的工作，他可以製作自己教授白譚崔瑜伽課程的錄影帶，因爲他被賦予提供這些課程給少數人的特權，讓他們可以帶著他的錄影帶在特定日期旅行至特定的城市。我希望你有機會可以參與一次白譚崔瑜伽課程，你在任何地方都找不到像它這樣的體驗。

無論心靈或肉體，切記，
永生永世，從這個時空
到那個時空的數百年間，
我們曾經相伴的生生世世，
在神的戲劇中扮演各種角色，
在地球上、宇宙中，
這就是我們所謂的生命。
薩特 南。

——尤吉巴贊大師，一九九一年

# 25 十個身體①

我們都知道自己有一個身體，我們可以看到、觸摸到及感覺到它，而且其他人也可以（如果我們允許的話）。但是，絕大多數人並未意識到我們還有其他的身體——如果沒有比肉體更眞實的話，至少也是同樣地眞實。有趣的是，我們對肉體的認同感是如此地強烈，以致於我們主要是以肉體爲前提來看待自己，肉體似乎成了我們整個認同的重點。肉體誠然重要而寶貴，但並不代表我們是誰；因爲我們是誰——亦即根本的自我，是永遠都不會改變的。你現在的身體當然跟你出生時的身體不一樣，但你知道你還是同一個你。由於這一點幾乎可說是貫穿本書的一大重點，我會一遍又一遍地重複提醒：「你」不等於你的肉體或是你的心（智），你遠比它們來得更爲恆久。薩特　南不是一個出生時重二九七九公克、長大重五十四公斤的身體；薩特　南也不會得到麻疹、經歷更年期，或是擔心皮膚太乾燥。薩特　南是你永恆的眞實身份，

① 這一章包括了轉載自《一位卡爾薩兒童的著色書》（*A Khalsa Children's Coloring Book*）的內容，由哈里加特·考爾·卡爾薩彙編並製作插畫。

是你的過去、現在與未來，一直到永遠。眞實才是你的身份。

你可以想像你不同的身體宛如一層層的衣服。肉體是你得穿一輩子的大衣，在你一生中，不論是下雨還是出太陽，不論是夏天還是冬天，你都不會脫掉它，所以你看不見大衣底下還有漂亮的夾克或西裝，更看不見再裡層的洋裝或襯衫。除非你能夠發展出一種特別的「X光」視力，否則你絕對無從見到下面這些身著各式華服的身體：

## 1. 靈魂體（Soul Body）

第一個身體是靈魂體，它是你最好的朋友，也是存在你心中的神之光，而且它永遠不死，永遠伴隨著你。盡快熟識它並與它展開持續不斷的溝通，是個好主意，而早晨的薩達那則是進行溝通的最佳時刻（參見第十六章〈薩達那：你的靈性銀行帳戶〉該章內容，可以找到如何進行薩達那的詳細指引）。

## 三個心智體（Mental Body）

以下是對於心智的三個主要方面所作的簡要概述，這也是許多人會錯誤地與之產生認同的身體。你在第六章〈征服了心智，你就征服了世界〉的內容中，可以對你的心智有更多瞭解。

**2.負面心智**

會警告你任何情況下可能有什麼危險與損失，藉此來保護你。

**3.正面心智**

會告知你任何情況下有什麼可能的收穫或利益，藉此來激勵你。

**4.中性心智**

會聆聽負面心智與正面心智雙方明智的說法，然後引導你運用不偏不倚的直覺知識做出最佳的決定。每當你想努力爭取自身以外的事物，利用你的中性心智，它是一個最恩典、最美妙的成功祕訣。

**5.肉體**

肉體被賦予你，是為了讓你能夠充分參與這個星球上的生活；它是神得以居住其中的聖殿，讓神能夠透過你的眼看見、透過你的耳聽見，如此一來，神才能體驗並享受（！）祂自己的創作。肉體是天堂與地球之間的一個平衡點，因此，完善肉體的關鍵就是平衡：在飲食、運動、工作、娛樂及休息各方面取得平衡。避免太過與不及是有道理的，不要怠惰，也別過於狂熱。

## 6.光環體（Arc Body）

光環體是一條線狀的能量，從一耳的耳尖到另一耳的耳尖以弧形呈現，有時也被稱為你的「光環」。這種靈體的投射，可以不用說一句話就告訴別人你是誰，也可以保護你免於針對你而來的負面能量。你是否曾經感覺異樣，轉過身才發現有人正在盯著你看？這就是你的光環正在運作的一個經驗。

## 7.氣場體（Auric Body）

氣場體是環繞著身體的球狀電磁能量，可向四面八方延展至近一公尺之長；它可以保護你，同時賦予你提升自己與他人的能力。有些人看得見氣場體，宛如五彩光芒流動的一個氣場；你可能也經驗過這種氣場體，就是當你靠近某人、感覺到有一股能量的時候。置身於一個有靈性且慈愛之人的氣場中，會感覺平靜、祥和而療癒。當他們的氣場能量場與我們的產生交會時，我們就會自動地被提升（記得嗎？「靈性無法被教導，只能被傳染，像麻疹一樣。你得從某個已擁有靈性的人身上去得到它。」）。

## 8.普拉納體（Pranic Body）

普拉納體控制呼吸，並吸入普拉納這項宇宙的生命能量。它會給予你能量、勇氣以及療癒力量，並讓你得以控制你的心智。當你呼吸時，你就是在餵養你的普拉納體；當你練習呼吸控制法時，就是在體驗普拉納體力量之擴展。

## 9. 精微體（Subtle Body）

精微體給予你機會，讓你能夠去理解並掌控生命的精微之處；它可以幫助你理解周遭發生的事，以及事物運作的方式。能夠輕易融入環境，或是彷彿被施了魔法般輕易學會新技能的那些人，都是已發展出其精微體之人。

身爲太譚崔，尤吉巴贊大師說明他自己始終是以精微體在教導學生，而在他的白譚崔瑜伽錄影教學課程中，我們也都經歷過他強大存在的投射力；即便他的肉體並未出現，但他的精微體絕對在場，並積極與我們產生連結。

## 10. 光芒體（Radiant Body）

光芒體會賦予你靈性的莊嚴與光芒，它的力量會使你勇於面對任何困難或障礙；藉由一個已發展的強大光芒體，好事會被吸引到你身邊來。在實際層面上，擁有成熟光芒體的人據說會擁有「非凡的魅力」（charisma），他們只要出現，即便不發一言都足以震懾眾人，因爲他們眞的是「閃閃發光」。

## 尤吉巴贊大師的十個身體

「你是十個身體的完全結合，你有一個靈魂體，有三個心智體（正面、負面以及中性），你還有肉體、光環體（你稱其為「光環」）、單純的氣場體、精微體、普拉納體以及光芒體。這十個身體環環相扣，但其中有兩個可以自由離去。」

### 死亡是什麼？

「當靈魂想離開肉體時，光環體以及所有其他的身體會留在後頭，因為他們並未結合。此時，肉體與普拉納體的普拉納連結被完全地打破，靈魂會隨著精微體去；這意味著，你的身份已不復存在（你的肉體還在，但是「你」已經走了，即為我們所稱的死亡）。

「但是，你知道這代表著什麼？如果你在精微之處變得極為精煉而純淨，在活動力上變得非常細微、非常隱約，那麼你已經很接近自己的靈魂了。靈魂與精微體的關係密不可分，兩者永不分離，因此，你所做的任何事只要是精緻、細微而優美的，像是優美的藝術、文雅的行為舉止、精煉的演說，任何不是粗製濫造的事物，都會讓你更接近你的靈魂。想連結上你的神之意識，這是一個相當簡單的方法。」

# 喵星汪星人行為大解析！

家裡有貓貓狗狗的看過來，讓你更加了解家裡的毛孩子！

## 貓咪想要說什麼：
### 可愛爆表！喵星人肢體語言超圖解

作者／程麗蓮（Lili Chin）
譯者／賴許刈　定價／450元

「我看不懂我家的貓想怎樣！！！」
別再煩惱了！本書將讓你摸透家中主子的一切，破解貓咪最古怪的特質！

◆全書插圖，繪本形式——不只是工具書更可當作禮物書！
◆用貓咪間的對話，以及條列式的簡短文字，帶出貓咪的特性及行為模式。
◆分類單純，可直觀用貓咪的身體部位＆行為來找出解決辦法。

## 狗狗想要說什麼：
### 超可愛！汪星人肢體語言超圖解

作者／程麗蓮（Lili Chin）
譯者／黃薇菁（Vicki Huang）　定價／400元

全世界愛狗人士強推的超俏皮、超實用工具書！

本書使用簡單易懂的文字搭配生動活潑的狗狗插圖，是一本專屬愛狗人士的完美圖解指南。透過狗狗的眼睛、耳朵、尾巴搖晃、姿勢等解讀，讓你能清楚了解愛犬微妙的身體訊號，而狗狗就是以這些訊號在不同情況下表達自己的感受。

# 26 回家

## 尤吉巴贊大師談死亡與臨終①

死亡是什麼？死亡是一種過程，在這過程中，你的意識不存在你的自我控制範圍內。即便腦死了，你還是可以活著。事實上，你每天都與自己分享著死亡；當你睡著時的某個特定時刻，你不知道自己是男是女、是不是人類，也不知道自己是誰、處於什麼狀態，這時的你已經「走了」。這是一種處於絕對圖瑞亞狀態（深沉而無夢的睡眠——參見第十四章〈睡眠〉該章內容）的完全睡眠，提供你的身體第二天之所需。如果你被剝奪睡眠長達二十六天，你就會自動死亡，根本毋須注射任何致命的毒藥。

如果你還無法理解，看看那些晚上無法成眠的人們，看看他們的生活以及他們的故事，那

①我建議你取得尤吉巴贊大師在這個主題上的講座影音帶，對這個生命的最大奧秘有更深入的瞭解。「尤吉巴贊大師談死亡與臨終」（Yogi Bhajan speaks on Death and Dying），世界宗教議會（World Parliament of Religions），伊利諾州芝加哥，一九九三年九月四日，講座影音帶編號 #YB174。

是最痛苦、最悲慘的生命。

「我一生中曾經死過一次。我會告訴你們我個人關於死亡的經驗……」尤吉巴贊大師接著詳細描述他在印度的一趟旅行。他前往一座位於崇山峻嶺之巔的聖廟，他說，「那是一趟非常痛苦的旅程。」經過一段漫長又艱辛的跋涉，他又熱又累，然後就做了如他所形容的，「鑄下一生中最大的錯誤。」他喝了一杯極爲冰冷的水，冰冷的衝擊顯然超出了他所能負荷的程度，因爲他隨即倒地不起。他的朋友們把他搬到室內，並叫來一位醫生；但是當醫生抵達時，他已經被宣告死亡了！

「……當我醒來時，我的臉上蓋了張毯子。」然後他看到每個人又悲又喜地在他周圍奔走著，據他們說，他已經死了四十五分鐘，醫生也宣布了他的死訊。但是尤吉巴贊大師醒來了，並說，「喔，我死了嗎？」他們回答，「是的先生，你死了。」

「現在我沒死嗎？我還活著嗎？」

「是的先生，你還活著。」

我問道：「你是這裡的醫生嗎？」

醫生說：「是的，我是一個醫生。」

於是我問他：「我是怎麼死的？」

他說，「我們也不知道，你在外面的棚子裡時就沒了意識，所以你被帶到這裡；我幫你做了檢查，你已經沒有心跳，也沒有任何生命跡象了。然後你的朋友們開始奔來走去、設法聯絡你的總部，要跟他們報告你的死訊，搞清楚接下來該怎麼辦。」

因此，我要他們都進來；我看著他們說：「我沒事。」接下來，尤吉巴贊大師繼續描述更多他死亡時的經歷：

「……我暈倒之後，彷彿置身於一個圓柱之內，就是你們稱之爲『電梯』的東西。你們可能都很害怕死亡，然而死亡是一種最美好、最奇妙的經驗；成爲瑜伽修行者之後，我偶爾會有那樣的經驗（接著，他精準而科學地描述了可帶來狂喜的冥想階段）。然後，我進入了類似那樣的事物之中，那是一個很棒的經驗。我想著、想著、想著，然後往下沉，就像我們的生活有時會走下坡一樣，我不停地往下沉，而且停不下來。然後，我出了圓柱體，來到一個非常明亮的圓形廣場（就像一個城鎮的廣場），有左側與右側兩個方向。左側像是間酒吧或咖啡廳，非常溫暖、非常熱絡，人們交談著，你可以聽得到聲音，隨你相不相信，你還可以看到那些人全都是你的親戚；至於右側，你也可以看到你的親戚，但那像是個覆蓋著冰雪的地方，彷彿你正要前往一個山中的避暑之地（印度高山上的偏遠居民住所）。你就站在廣場的正中央，你關心的親戚都在兩旁呼喚著你。

「我決定往上。我搭了電梯，既不往右走、也不往左走；我回頭，搭了電梯往上升，於是

我醒來，睜開了雙眼。這就是我的死亡經驗。

「它會發生在你們所有人身上，當你必須死的時候，在你死亡時，你只有三十秒的時間。

**「死亡只不過是一場好眠。」**

「有三種類型的死亡。一種是疾病，你償還了你的業果，並在生命的盡頭掙扎奮鬥。人們說，這是一種悲慘的死亡；其實這是一種最好的死亡，因爲你的身體承擔了所有的痛苦。烈士承擔了他們身體的苦，人們也承擔了他們身體的苦，他們都償還了他們的業果。這是一種極爲痛苦的死亡，每天病得愈來愈嚴重，你知道你正在下沉，你知道你要走了，這是最後一次你可以有意識地連結上你的無垠。你要走了，但痛苦在那裡，你**如何**走？你**如何**處理那樣的痛苦？你**如何**戰勝那樣的痛苦？如果你可以戰勝那樣的痛苦，以你的語言來說——而非以我的語言——你已然找到了「天堂」；如果你屈服於那樣的痛苦之下，你已然找到了你的地獄。沒有別的選擇介於這兩者之間。所有的這些冥想、靈性，所有的這些早晨三點起床、洗冷水澡、兩個半小時的修習，捐贈出收入的十分之一，蓋起壯麗的寺廟，讓數以百萬計的人們追隨你等等，全都沒有意義——如果你錯失了那三十秒。就這樣，沒有了。所有的這些修習與作爲，都是對死亡的準備。

這不代表什麼，這絕對是個笑話——你所做的一切都是爲了活著，你所有的舒適與安逸，都是爲了活著；你從未準備要去面對死亡。我去到過世界各地，但令我深感驚訝的是，沒有人了解死亡是無可反抗的最終作爲。我們全都得死，不論你是錫克徒、印度教徒、或者基督徒，不論你是高是矮，死亡是無可避免的。每天，沉思你必須死亡這件事。

如果你希望到最後你可以不懼怕死亡，你只有一件事要去做：你必須自願地死亡，這就叫做圖瑞亞世界（**turiya jagat suupanat**）……就是所謂的圖瑞亞階段。『我可以死去，但我可以再活過來。』在有意識的狀態下進行。請找到某位可以教導你的好的瑜伽修行者或是好老師。如果你是猶太人，去找一位了解死亡的拉比；如果你是基督徒，去找一位牧師；如果你是錫克徒……

「死亡會來找每個人五次，有四次是可以避免、防止的，到第五次就會發生了。「死亡只不過是一場好眠。錫克徒看待死亡，就像是重回我們所深愛的造物主的懷抱。那是一個充滿喜悅的時刻，因爲我們的靈魂一直渴望著最終瑜伽（瑜伽意味著結合）這一刻的到來。這時的悲傷，不過是對離去者的個人損失之體驗；錫克徒視這樣的時刻爲一種機會，得以去愛、去接受神的意旨，並頌唱對祂的讚美。」

## 你是人，不是嗎？

多年前，一位我所深愛的、極爲優秀的年輕人死於一場車禍中時，我悲痛震驚到幾乎無法承受。巴伊・沙嘿伯・達爾・辛格（Bhai Sahib Dayal Singh）死的時候才剛滿二十歲而已。儘管我的知識、理智可以接受這個事實，知道他的死對他來說必然是一種解脫，但我還是悲不可抑。然而，我相信自己應該保持住「瑜伽修行者」堅忍的不執著，所以我不希望任何人，特別是我的靈性導師，看到我痛哭流涕的模樣。

尤吉巴贊大師在得知巴伊・沙嘿伯・達爾・辛格的死訊時，他才剛從一場巡迴演講返回。我們幾個人坐在客廳，尚未從這個消息帶來的震驚中平復過來；每隔幾分鐘，當我無法克制住情緒時，我就會走進盥洗室哭泣，然後潑些冷水在臉上，再回到客廳，試圖保持鎮靜。經過幾次這樣的進進出出之後，尤吉巴贊大師問我在幹嘛？我說：「我知道我不應該哭，但是……」他沒等我說完，就用一句話打斷了我：「你是人，不是嗎？」

是的，悲傷當然有合理的理由與需要，爲了緩解並撫慰我們的損失、我們對分離的感受、我們對那種相伴之樂的思念。我們經歷了如此悲傷的過程，是爲了我們自己好；禱告、信仰以及來自朋友和家人的關愛支持，都可以幫助我們渡過痛失親友的艱難時刻。

但是，死去的人所需要的，是我們放手讓他走，釋放他的靈魂，別用我們的悲傷把它束縛於這個塵世。如果我們真的深愛這些逝者，我們也會希望讓他們在回到神身邊的返家之旅上，一路順利好走。

每當有人去世時，我們可以唱誦這個梵咒，它所送出的振動有助於運送靈魂跨越所有的階段，讓它們直接回到家。這個梵咒就是「阿卡爾」（AKAAL），意味著「不朽」。每當有人死去，錫克的做法就是讓會眾一起唱誦「阿卡爾」三到五次；第二個音節「卡爾」（kaal）意味著死亡，會被拉得很長，因此每次重複唱誦之前，都必須先做一個深呼吸。這樣的唱誦會在傳統的「阿爾達斯」（Ardas）祈禱儀式中進行，而每個錫克的禮拜儀式與慶典中也都有這樣的祈禱。任何人都可以運用這個梵咒。

我曾經歷過最撫慰人心的一個經驗，就是在我母親去世時，得以幫助她過渡到彼岸。我的母親當時九十二歲，也已經病重了好長一段時間。即便如此，我發現要「放手」讓她走還是很困難；不管在任何年齡，要切斷臍帶的連結都遠比我所能理解的更爲困難。但是在她臨終前，我與四位朋友爲她唱誦了「阿卡爾」，我發現自己感到相當安慰，同時也滿懷感激，我知道自己所做的事可以幫助她一路好走。

死亡是生命的一個事實。我們愈常提醒自己這是一項最終的現實，一切來自於神的終將回歸於神——包括我們自己，我們就愈能輕易地面對這最終的返家之旅，不管是我們自己或是那些我們所深愛的人。

## 選擇

他們說有兩件事是不可避免的，
死亡與賦稅，你總是得付清。

各個國家的賦稅可能有所不同，
但死亡這個現實，你就是無從掩藏。

它只是一個靈魂留下來的肉體，
因此對瑜伽修行者來說，這是解脫的一刻！

從長久以來肉體所強加的
約束與限制中解放，
覺醒而覺知的瑜伽修行者，有意識地選擇了
靈魂最後前往的所在。

兩條道路在你眼前展開，
就在你離開下方的塵世之際；
一條溫暖、舒適，非常吸引人，
上面站滿了你熟識的朋友與家人，
他們都在呼喚、召喚你，邀請你加入，
但這是一個陷阱，是幻象在試圖迷惑你、
試圖阻止你超越其上，
抵達你的最終目的。
遠離那樣的誘惑，
**選擇那條覆蓋著冰雪的道路吧**。
積滿冰雪的寒冷道路將會帶你回到家，那裡才是你的歸屬。
所以，當往左轉或往右轉的那一刻來臨時，
一定要記住這首歌：
請無視誘惑，選擇那條覆蓋著冰雪的寒冷道路！

這是你必須做出的最終選擇，
唯有如此，你才能夠從容地見到你的真我和真神。

## SAT NAM

永恆的陽光照耀著你
所有的愛都包圍著你
你內在純潔的光芒
指引你走向前方。
薩特　南

在每一次3HO的活動以及每一堂昆達里尼瑜伽的課程結束時，我們都會唱這首「陽光之歌」（Sunshine Song），一種正面的肯定詞，帶給所有人祝福。

【第二部】

# 該做的事

## 修習昆達里尼瑜伽的一般性原則

- 運用常識。如果你有醫療上的問題，請諮詢醫生，並讓你的昆達里尼瑜伽老師了解你的情況。
- 開始每一堂練習之前，先唱誦**嗡　南無　古魯　戴芙　南無**（ONG NAMO GURU DEV NAMO）。
- 除非另有指示，否則都從你的鼻子呼吸。
- 進食之後至少過一個小時、最好是兩個小時，再進行練習。
- 脫掉你的襪子，最好打赤腳。
- 讓你的脊椎上保持有覆蓋物。
- 理想情況下，遵守指示中所載明的規定時間。不過如果需要的話，你可以減少進行一項練習的時間，但不能增加其所規定的時間。
- 一般來說，每次練習之後建議放鬆一下，靜靜坐下或躺下約三十秒到一分鐘。
- 除非有指示進行另一項梵咒，否則任何時候爲了達到最大效益，請在吸氣時想著「薩特」（SAT），呼氣時想著「南」（NAM）。
- 理想情況下，包覆住你的頭部。
- 女性請特別注意：在你的經期中經血量最多的那幾天，避免激烈費勁的瑜伽姿勢，尤其別做下列動作：

弓式（Bow Pose）

火呼吸

駱駝式（Camel Pose）

蝗蟲式（Locust Pose）

根鎖

薩奎亞 (Sat Kriya)

肩立式（Shoulder Stand）或任何倒立的姿勢

激烈的抬腿（Leg Lifts）

梵咒與冥想

## 發音的關鍵

A音同about中的「a」
AA音同want中的「a」
AY音同say中的「ay」
AI音同hand中的「a」
I音同bit中的「i」
U音同put中的「u」
OO音同food中的「oo」
O音同go中的「o」
E音同say中的「ay」
EE音同meet中的「e」
AAU音同now中的「ow」

我必須承認，本書各種梵咒中所出現的某些極常見的字眼，並未根據上述的發音規則拼成。舉例來說，「古魯」（Guru）這個字眼或許應該被拼成G’roo；但是我不喜歡後者所呈現的方式，因此我得相信，只要它出現，你都知道該如何正確地發出它的音！同理，薩特南的「SAT NAM」，按照發音應該被拼成「Sat Naam」（雖然我在本書幾乎一開始時即指出，

「SAT NAM」與「but Mom」的發音同韻——除非你來自加拿大，那裡「mom」的發音聽起來像是「mum」）。無論如何，我們設法涵蓋所有你可能需要知道如何發音的地方，並且幫你按照發音方法來拼出那些字的音。當然，如果你能找到錄音帶或是一位昆達里尼瑜伽老師是最好的方式，這樣你就可以親耳聽到它們眞正的發音。❶

除了上述那些簡單的母音（我希望對你來說很簡單），有些t's與d's、th's與dh's是反身詞，有些是氣音，比我們得在這裡說明的要更複雜一些。我的建議是，如果你對古魯穆基（Gurumukhi）（神聖梵咒最初即以此種文字被撰寫下來）如何發音的詳盡說明有興趣，你可以閱讀《靈魂中的靈魂》（*Psyche of the Soul*），該書中有極爲精彩的解釋與說明。你可以在本書「資料來源與查詢資源」裡的「推薦閱讀清單」中找到。

## 如何唱誦

### 梵咒的技巧

以下是一些重要的指導原則，可運用於任何梵咒的唱誦。

❶為了使你的發音更正確達到練習更大的效果。建議參考昆達里尼研究院的梵咒發音範例。http://kundaliniresearchinstitute.org/?page_id=432

1. 切記，唱誦不是唱歌也不是說話，而是一種「振動」，你要能「感受」到梵咒的振動。
2. 保持你的脊椎打直。
3. 從你的丹田唱誦以獲得最大力量。
4. 注意「聽」梵咒穿透你的聲音（畢竟，真正在唱誦的人不是你，而是在你之中呼吸的那個存在！）
5. 如果你與其他人一起唱誦，傾聽帶領的人以及／或者整個團體的振動，並去配合它、跟上它。
6. 當你大聲唱誦時，有意識地覺察你的舌頭在上顎各部位的經絡穴位如何活動。有些梵咒，像是哈嘞（Har）或哈里（Haree），應該僅以舌尖來唱誦，毋須移動雙唇；但其他的梵咒，像是哇嘿古魯（Wahe Guru），要求雙唇做出相當大的動作。詳讀所有的這些指示與說明，並加以遵循。盡力而爲，其他的就交給神吧！

## 爲什麼要冥想？

「冥想是一個過程，你可以透過此解決衝突與厄運，而不必在現實生活中經歷這些不幸的遭遇。因此，對每一個人類之子來說，學習冥想藝術都是一項必要之務。」①

- 賈普（Jap）是指用你的舌尖複誦。
- 迪昂（Dhiaan）是指你的冥想焦點在鼻尖或是有視神經的下巴。②
- 西姆楞（Simran）是指你在心中默念。

「人體中有兩個部位是必須要下功夫的……。口腔的上顎以及前額的額葉。如果這兩個區域沒有被開發，你這一生可說毫無希望，即便擁有地球上所有的教育與其他一切的事物，也都無關緊要了。

- 額葉控制了你的性格。
- 上顎、下視丘控制了你無意識的慣性系統。

---

① 尤吉巴贊大師，一九九四年七月二十日卡爾薩女性訓練營。

② 迪昂（Dhiaan）通常只翻譯為「冥想」，但尤吉巴贊大師以下列技術性的說明與比喻，詳細地闡述了這一概念：「『迪昂』是鎖印（banda）鎖住的動作，鎖住脈輪（能量中心）並鎖住所有的三角（tricute）。以門外漢的詞語來解釋，你可以理解的『凝神』（通常翻譯成『專注』）為『前戲』之意（克爾騰（kirtan）、西姆楞（simran）、賈帕（japa）、納達（naada）），『迪昂』為『性交』之意，而『三摩地』則為『受孕』之意。」意即聲音、呼吸與自我合而為一。

「你必須打破這裡的鉛（前額），用那樣的方式去冥想。這也是爲什麼昆達里尼瑜伽如此容易，一般人在家裡就可以做；因爲，它不需要任何條件，就是這麼簡單：閉上眼睛僅留一條縫，看著你的鼻尖，或是閉上眼睛，滾動你的眼球向下看往下巴的方向，然後以舌尖說出下列梵咒：

**哈嘞　哈勒　哈里　哇　嘿　古魯**

**（HAR HARAY HAREE WHA HE GURU）**

「開始練習發展你的直覺。把你的目光鎖定在鼻尖，然後唱誦『哇　嘿　古魯』的梵咒，你的直覺將會在九十天之內變得明確而清晰。」

坐下，脊椎打直，閉上眼睛僅留一條縫，注視著你的鼻尖，做深而長的呼吸；聆聽錄音帶賈伊拉姆（Jai Ram）、希瑞拉姆（Siri Ram）③。三分鐘之後，深深吸氣，張開雙眼，放鬆。

「每當你用這樣的方式冥想的時候④，額葉就會變硬；你冥想得愈久、愈頻繁，它就會變得像鉛一樣硬。有趣的是，有天它會自動變成不再像鉛一樣，它會破裂；而你將擁有那樣的直覺，可以看到看不見的、知道未知的、聽到聽不見的事物。你的生命將跟現在截然不同、完全改變。」⑤

## 喚起永恆力量之流

嗡　南無　古魯　戴芙　南無（ONG NAMO GURU DEV NAMO）

在你的生命中，要喚起永恆力量之流的第一步，就是唱誦**嗡　南無　古魯　戴芙　南無**（ONG NAMO GURU DEV NAMO）。這段梵咒會邀請存在每個人類之中的造物主，那位神聖導師（Divine Teacher）；它可以建立起一種強烈而清楚的連結，讓你得以接收到最高的指導、能量與靈感。展開任何昆達里尼瑜伽的修習之前，務必要先唱誦這個梵咒。

**嗡**是造物主。

**南無**意指恭敬地問候、致意。

**古魯**是這項技能的贈予者。（古＝黑暗，魯＝明亮）

**戴芙**意指透明的（非實體的）

---

③在金廟唱片（Golden Temple Recordings）可以找到。

④其他錄音帶也可以用於冥想，你可以大聲唱誦或是在心中默念一段梵咒。

⑤尤吉巴贊大師，1994 年 7 月卡爾薩女性訓練營。

「嗡　南無　古魯　戴芙　南無」是非常基本而重要的梵咒。

切記在你展開昆達里尼瑜伽的每堂練習之前，至少唱誦它三次。

（在第三章〈調頻〉該章內容中可找到如何唱誦的詳細說明）

## 種子音

**薩特　南**

**SAT NAM**

> 薩特：真實　南：身份
>
> 「真實是你的身份，神的名即為真理。」

**薩特　南**與「but Mom」的發音同韻，是爲種子梵咒，
可以加強每個人之中的神聖意識。
隨時隨地都可以用以作爲一種問候語。

當我們對彼此說「**薩特　南**」時，表示我們正在向對方的最高意識致意；那麼，我們至少在那短暫的片刻中是團結一致的，「在精神上合而為一」（在相互致意之後，我們可以在任何事情上同意或不同意對方！）

▶將你的呼吸與**薩特　南**連結起來，是不斷加強你的自我覺知最簡單的方法。
▶真實「正是」你的身份。
▶只要你可以，吸氣時想著「薩特」，呼氣時想著「南」。

**無論你去哪裡，無論你做什麼，記住，薩特　南存在並呼吸於你之中。**

## 提升昆達里尼

脈輪冥想（Chakra Meditation）

在脈輪冥想中，你將注意力依序集中於八個意識的投射中心，並收根鎖（參見第二部分〈能量提升！〉），配合**薩特　南**梵咒的複誦。

▼以簡易坐坐下，脊椎打直，深吸氣，唱誦**薩特　南**（當你收收根鎖、專注在位於**直腸**的**第一個脈輪**時，拉長「薩特」的音節，「南」的音節則是短的）。

▼放掉根鎖，再次深吸氣，唱誦**薩特　南**，收根鎖並專注在位於**性器官**的**第二個意識的投射中心**。

▼放掉根鎖，深吸氣，當你專注在**丹田**的**第三個意識的投射中心**時，收根鎖並唱誦**薩特　南**。

▼繼續進行這個相同的過程，來到第**四個脈輪**，也就是胸腔中央的**心輪**，唱誦**薩特　南**並收根鎖。

▼接著來到**喉嚨**，再來是**第三眼**（在兩眉中間往上約零點五公分處），然後是**頭頂**（**頂輪**）；第八次重複薩特　南的梵咒，想像唱誦的聲音變成一股圍繞著你的**氣場**。

你可以一遍又一遍地重複這個完整的順序。每一次都要有意識地將你的專注力依序帶往所有的脈輪，在每次重複之前，記得要做深呼吸。

## 以冥想來改變

薩——塔——那——瑪

### 三十一分鐘的冥想改變習慣模式的力量

想要釐清混亂如麻的千思萬緒，專注並集中你的注意力嗎？有個梵咒可以幫助你鞏固並「改變你的習慣」，宛如一種促成改變的催化劑。因此，如果你的靈性淨化過程進展得異常快速，別太驚訝！

準備好，你的現狀即將被轉換到高速檔。

下列是各音節所代表的意義：

**薩**（SA）整體（過去、現在、未來的一切）

**塔**（TA）創造力（創造宇宙的原則（The Principle of Creation））

**那**（NA）毀滅（受難）

**瑪**（MA）重生（復活）

坐下，脊椎打直，雙眼閉上。雙手放在膝蓋上，大拇指尖穩定有力地依序按壓其他手指的指尖（按壓順序爲食指、中指、無名指、小指），並一邊依序唱誦梵咒的每個音節。你唱誦每個音節時，確定自己有用足夠的力道按壓指尖，以致於當你鬆開按壓的指尖時，它會微微地泛白。如果你按壓的力道太輕，就會讓自己睡著！

在整個冥想過程中，持續地移動你的手指。

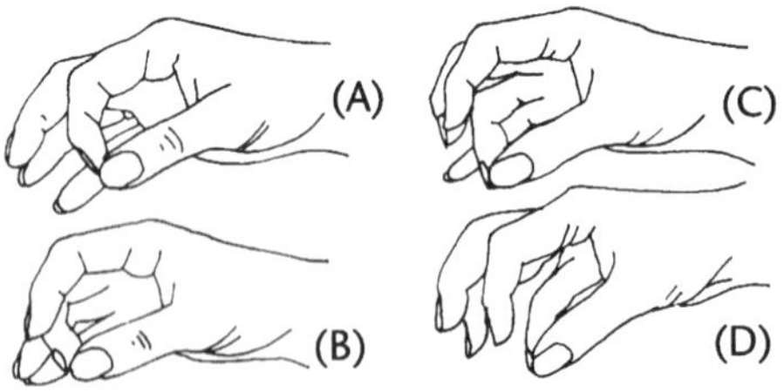


| | |
|---|---|
| **薩** | 大姆指與食指（A） |
| **塔** | 大姆指與中指（B） |
| **那** | 大姆指與無名指（C） |
| **瑪** | 大姆指與小指（D） |

▼剛開始的五分鐘「大聲」唱誦

▼接下來五分鐘以「大聲的氣音」（LOUD WHISPER）音量唱誦

▼再靜默地唱誦十一分鐘

▼以「大聲的氣音」音量唱誦五分鐘

▼「大聲」唱誦五分鐘

深吸氣，雙臂伸直高舉，用力甩動手指（大約一分鐘），放鬆。

「薩塔那瑪」有時又稱之爲「五原音」（panch shabd），第五個音節是

「A」，這是其他四個音節的共同音。

## 想像一下！視覺化的冥想

雖然你不需要知道這些音節的意義，但你在唱誦時可能會想要觀想著它們的概念。事實上，尤吉巴贊大師曾經給過我們一些視覺圖像，讓我們可以在唱誦這個梵咒時應用。對於喜歡「視覺化」畫面的人來說，以下就是他的教導：

▶你每次唱誦「薩」時，想像所有的銀河系、行星、太陽、月亮以及星辰。

▶你每次唱誦「塔」時，想像億萬個太陽散發出強度驚人、燦爛奪目的耀眼光芒。

▶你每次唱誦「那」時，想像一幅冬天的景象，荒蕪樹林裡，光禿的枝椏靜默地林立於雪地中，大自然的一切都蟄眠了。

▶你每次唱誦「瑪」時，想像成千上萬的春日花朵綻放出五顏六色的色彩，鮮豔花海宛如地毯般，興高采烈地舖滿一望無際的山坡！

## 習慣的改變

### 呼吸冥想（Breath Meditation）

改變是宇宙的法則，萬物不斷在改變。然而，即便我們的生命充滿了變化，有一件事似乎從未改變：對小我的依附與執著。你可以改變，但是你的自我不讓你看見自己的成熟或潛力，這會在你心中產生一種煩擾不斷的狀況：你的現實與感知之間的差異，透過小我會產生懷疑，而懷疑又會產生痛苦與不幸。懷疑會偷走你氣場近一公尺的光芒，同時，小我也不會輕易地讓你做出改變，它會阻擋溝通，所以你得幫助自己從黑暗中走出來。

歸根究柢來說，想要欣喜於一切的改變並擁有靈魂的完整光芒，你的小我必須臣服於你的高我；每天練習這項冥想，不但有助於自我評估的過程，更能探查小我而改變，並除去潛意識溝通的障礙。⑥

坐下，脊椎打直，挺胸，彎曲手指宛如握拳，指尖靠著掌心的肉。把兩隻手一起帶到胸部中央，雙手只在兩個地方輕觸：一是中指（土星）的指關節，一是大拇指的根部手掌肉凸起處。兩個拇指伸往心輪並壓在一起。

維持這個姿勢直到你感覺能量穿過拇指與指關節而來，開始深長而完全的呼吸，專注於呼吸的流動，持續進行三十一分鐘；接著，深吸氣並放鬆五分鐘。練習過這項奎亞並充分掌握它之後，你可以延伸練習的時間，亦即在五分鐘的休息之後，再進行另一次三十一分鐘的練習。

## 保護的梵咒

阿德　古瑞　那昧（Aad Guray Nameh）
朱嘎德　古瑞　那昧（Jugaad Guray Nameh）
薩特　古瑞　那昧（Sat Guray Nameh）
西里　古魯　的費　那昧（Siri Guru Dayvay Nameh）

## 意外

世上沒有什麼事情叫做「意外」，所謂意外，是時間與空間配合的結果所引發的事件。意外在某個特定時間發生於某個特定地點，或許它是發生在錯誤時間的正確地點，或是錯誤地點

⑥冥想與評論皆如尤吉巴贊大師於一九七一年十月二十二日所授內容。

的正確時間！

這裡是一個瑜伽修行者的「秘訣」，讓你可以保護自己免於意外與事故的傷害；它可以起緩衝作用，產生緩衝的時間，改變你未來的空間位置。

**意外不會就這麼發生，它們都是有原因的。**

這段保護的梵咒會給你一種超越時空的優勢，在你轉動鑰匙啟動之前，只要花幾秒鐘複誦幾次，這幾秒鐘即可在那關鍵時刻創造出一個大約三公尺的安全距離，否則，你可能就會碰上某個意外（同時，我亦不會低估你藉由這些特別音節所喚起的意識力量；請參見下列說明）。

## 保護的梵咒

保護與指引始終與我們同在，它們正是我們的核心精髓所在，只是我們有時對其視而不見。我們用這段梵咒讓自己可以撥雲見日，敞開心胸去接受原本就存在的保護與指引；我們召喚內在的智慧與教導之源：

**阿德　古瑞　那昧**

**朱嘎德　古瑞　那昧**

**薩特　古瑞　那昧**
**西里　古魯　的費　那昧**

- **那昧**（Nameh）是虔誠的祈願，可打開通往指引的大門。
- **古瑞**（Guray）意指知識或教導本身。
- **阿德**（Aad）是每個行動或每個思維開始時的指引。
- **朱嘎德**（Jugaad）是穿越時間的指引，永恆且及時！
- **薩特**（Sat）是藉由記得真實本質與目的，每次經驗的指引。
- **西里**（Siri）是超越我們所知的偉大指引，亦即更高自我，它會回答我們甚至還沒問出口的問題。
- **古魯**（Guru）是這項技能的給予者（驅散無知的人）。
- **的費**（Davay）意指「透明的」，換言之，非實體的。

當這些咒語合在一起時，即可給予你完全而徹底的保護。你可以用單音調念誦它，或是以某個旋律來唱誦它，不管怎樣，用它就對了！

## 正面溝通的冥想

「這項冥想將讓你得以擺脫所有的負面，擁有正面、積極的溝通力量。」⑦

簡易坐，脊椎打直，雙掌面對身體，右手手背貼著左手掌心。雙手手指皆伸直，左手大拇指疊在右手掌心上，右手大拇指則疊在左手大拇指上。雙手交叉，手指斜向下方，大拇指鎖定在正確的位置上（如果你是左撇子，雙手的位置就反過來）。手臂舉至肩膀高度與地板平行，肩膀向前伸展，雙手與胸部的距離應爲二十二公分至三十公分，閉上眼睛。梵咒如下：

**哈里　哈里　哈里　哈里　哈里　哈里　哈嘞**

**(HAREE HAREE HAREE HAREE HAREE HAREE HAR)**

從鼻子深吸氣，呼氣時用單音調唱誦五次梵咒；當你唱誦時，確定要用盡所有吸入的空氣。然後再吸氣，並重新開始。持續進行三、十一或三十一分鐘。

這這項冥想以及下一頁的冥想都是爲了加強溝通技巧，最早發表於尤吉巴贊大師的博士論文「溝通、解脫或譴責」之中。

## 發展有效溝通的冥想

簡易坐、腳交叉，脊椎打直或坐在椅子上，雙腳穩定踏在地板上，兩邊的重量均等且平衡。十指交叉握，右手食指在左手食指上，兩手大拇指貼在一起並向上伸直；雙手保持這樣的姿勢並置於胸前，在太陽神經叢與心臟之間。雙臂放鬆往下，手肘彎曲，前臂拉至胸前，直到雙手可以交會於太陽神經叢與心臟之間的高度。雙眼閉上，從鼻子深吸氣，呼氣時唱誦梵咒，並把空氣完全呼出。

拉、拉、拉、拉（Raa, Raa, Raa, Raa）

瑪、瑪、瑪、瑪（Maa, Maa, Maa, Maa）

薩、薩、薩、薩特（Saa, Saa, Saa, Sat）

哈里　哈嘞　哈里　哈嘞（Haree Har Haree Har）

⑦尤吉巴贊大師：〈溝通、解脫或譴責〉，第二十三頁，舊金山，一九八〇年授權轉載許可。

「**薩特**」與「but」的發音同韻。

當你唱誦到「哈里　哈嘞　哈里　哈嘞」這一行時，保持雙唇不動，用舌頭發音，彷彿「哈嘞」這個音節中沒有任何母音。

務必在每一次徹底呼氣時，唱誦完整個梵咒。

把心專注於呼吸與正在唱誦的梵咒上。

沒有任何的時間限制，但是要空腹進行這項練習。

這項冥想會讓你的言語起很大的效用，有效到你甚至可以透過你思想的純粹力量來進行溝通。

## 長的「艾克　嗡　卡爾」（Long Ek Ong Kar's）（我最喜愛的梵咒）

艾克　嗡　卡爾　薩特　南　西里　哇嘿　古魯

（EK ONG KAR SAT NAM SIRI WAHE GURU）

兩個半的呼吸循環

艾克（Ek）（一個）

嗡（Ong）（造物主）
卡爾（Kar）（萬物）
薩特（Sat）（真實）
南（Nam）（身份）
西里（Siri）（偉大的）
哇嘿（Wahe）（言語無法形容的「哇！」）
古魯（Guru）（驅散黑暗之人，內在的神聖導師）

這個梵咒會打開你的脈輪，其八個字是「密碼」字母，或說是「連接」你這個創造物與你的造物主的專線電話號碼；這幾乎可說是尤吉巴贊大師在他頭一年來美國時所傳授的第一個、也是唯一一個梵咒。我必須承認，這是我最喜愛的梵咒，當你強有力地唱誦時，很有振奮精神、提振活力的效果。

唱誦這個梵咒最理想且最有效的時間，是在早晨太陽升起之前的二個半小時之間，也就是我們所稱的「芬芳時刻」（自一九九二年起，3HO的學生與老師們都開始唱誦七分鐘的長的「艾克　嗡　卡爾」，作爲在早晨的薩達那中長達一小時唱誦的開頭，接著再唱誦其他的六個梵咒，一起組成整整一個小時的唱誦）。每年的八月二十六日，我們都會同步我們的時鐘，在全世界各地同時唱誦十一分鐘的「古魯 古魯 哇嘿 古魯 古魯 拉姆 達斯 古魯」（凌晨三點在洛杉磯，凌晨六點在紐約等等），在這之前或之後唱誦兩個半小時的長的「艾克 嗡 卡爾」，以慶祝尤吉巴贊大師的誕辰。

據說，如果正確唱誦這個梵咒四十天，每天在日出前唱誦兩個半小時，一個人就可以獲得解脫（「正確」意味著你得全神貫注於唱誦）。

除了兩個半小時，個人修習這個梵咒的其他建議時間長度是三十一分鐘或一個小時，兩項基本的要求是：

1. 坐下時脊椎要打直。
2. 運用頸鎖（Neck Lock）（筆直地收束下巴）。

Ek Ong Kaar
Sat Naaaaaaam
Siri Wah - he G'roo

- 深吸氣，唱誦**艾克　嗡　卡爾**。
- 再次深吸氣，唱誦**薩特　南**（SAT Naaam），直到你的呼氣即將用盡，然後唱誦短音**西里**（S'ree），接著……
- 吸入半口氣，唱誦**哇嘿　古魯**（WAH- (hay) G'roo），
- 再次深吸氣，重複這樣的循環；
- 持續進行十一分鐘或更久時間。

要記住的要點如下：

- 唱誦**艾克**時，要在丹田強而有力地振動（不是大聲叫嚷）。
- 從喉嚨的後方唱誦嗡，在上顎處振動，再從鼻子傳出來，直接滑入「卡」的音。「嗡」與「卡」的長度大致相同。
- **薩特**要從丹田強而有力地唱誦，而唱誦「南」的時候，要像是在心輪產生振動。
- 西里（SIRI）的發音宛如 **S'REE** 的拼音，但它是一個短音節，而「哇」（WAH）也是一個短音節，有點像氣音。
- 在古魯之前的**嘿**（HE）（發音爲 hay）發音非常短，而**古魯**（GURU）要發成「g'roo」的音。

## 清除過去、現在與未來的冥想

**「當你無法被保護時，這段梵咒將保護你；**
**當事情的進展停滯不動時，**
**這段梵咒可使它們朝你的方向前進。」⑧**

---

⑧尤吉巴贊大師，一九九三年爾薩女性訓練營。

這段梵咒必須大聲唱誦，但是你隨時隨地都可以唱誦它。坐著、站著、走路、游泳、煮飯、燙衣服，或甚至從飛機上跳下來的時候：你唱誦時的姿勢跟你在什麼時候唱誦，都沒有關係！

**每天大聲唱誦不多不少的三十一分鐘**

十分鐘清除你的過去，十分鐘爲了現在，十分鐘爲了未來，一分鐘爲了永恆。

**阿德　古瑞　那昧**

**朱嘎德　古瑞　那昧**

**薩特　古瑞　那昧**

**西里　古魯　的費　那昧**

**阿德　薩去　朱嘎德　薩去　黑比　薩去**

**（Aad Such Jugaad Such Haibhee Such）**

**那納克　荷西　比　薩去**

**（Nanak Hosee Bhee Such）**

**阿德　薩去　朱嘎德　薩去　黑唄　薩去**

**（Aad Such Jugaad Such Haibhay Such）**

## 那納克　荷西　唄　薩去
## （Nanak Hosee Bhay Such）

這項冥想結合了三段個別不同的梵咒，每一段都有其各自的力量與目的。當你以這個順序來唱誦時，它們就會變成一個公式，可以清除過去、現在與未來必須償還的業果！

- 這冥想三部曲的第一段梵咒是一種保護的梵咒（阿德　古瑞　那昧……，這已然被解釋爲保護的梵咒）。
- 第二段梵咒（……「比」薩去）來自古魯·那納克的祈禱文《靈魂之歌》（*Japji Sahib*）。（阿德　薩去　朱嘎德　薩去　黑**比**　薩去　那納克　荷西　**比**　薩去。其字面意思爲：眞理存在一開始，眞理穿越所有時代，眞理留存至今，那納克說，眞理必然永存。）
- 第三段梵咒的翻譯是一樣的，但「**唄**」（bhay）薩去的作用是清除障礙。它最初是寫給古魯·阿爾揚·戴芙（Guru Arjan Dev），讓他在撰寫《和平讚美詩》（*Sukhmani Sahib*）時清除他的寫作障礙。

## 注意！

●注意下面兩個字之間的重要發音區別：

黑比（Haibee）：這梵咒用「比」（bhee）產生發電機的作用。

黑**唄**（Haibhay）：這梵咒用「**唄**」（bhay）產生槓桿的作用。

●務必如實強調每個「薩去」（such）字尾的「去」（ch）音。

## 「願力量與你同在」

尤吉巴贊大師說，

「無論是誰複誦這段梵咒，都會成爲絕對地神聖，神會在他們身上行動。帕文那（Pavan）是『願力量與你同在』之意，這段梵咒可增加普拉納的能量，再沒有比這種能量更好的療癒了。」

**帕文那　帕文那　帕文那　帕文那（PAVAN PAVAN PAVAN PAVAN）**

**帕嘞　帕拉　帕文那　古魯（PAR PARAA PAVAN GURU）**

**帕文那　古魯　哇嘿　古魯（PAVAN GURU WAHE GURU）**

**哇嘿　古魯　帕文那　古魯（WAHE GURU PAVAN GURU）**

「帕文那」意味著「普拉納」的載體，亦即生命力。

子音「v」的發音非常輕柔，幾乎像是發「w」的音，稍微「捲動」「r」的音。

音樂錄音帶 #GSK007，古魯．莎伯德．辛克．卡爾薩（Guru Shabad Singh Khalsa），金廟錄音（Golden Temple Recordings）

## 洗澡時大喊！

**昂　桑　哇嘿　古魯**

記住神的一個萬無一失的時機，就在你早晨的第一件事：踏進冷水澡中的那一瞬間。當冷水打在你身上時（沒錯，冷水，切記我們在第十五章〈早晨如何起床〉該章中所說明的水療法！）與其尖叫著「喔！我的天啊！」（不過這至少表示了你是朝著正確的方向思考），你可以嘗試大喊昂　桑　哇嘿　古魯！（發音為「ung sung waa(hay) g'roo」）

任何時候都是使用這個梵咒的好時機。建議你每天至少複誦它二十六次。

**昂　桑　哇嘿　古魯**意思是「神存在我身體中的每個部分」，亦即所有的肢體、所有的關節之中，換句話說，

**神與我、我與神，是一體的**

這個敘述或許不是最好的語法，但它確實是眞理的陳述，而眞理會帶來力量。你愈是認爲自己是一個神聖的存在，這個事實就愈容易顯現出來。把這些話當成一種積極、正面的肯定詞，喚醒你的靈魂。

## 波斯輪（Persian Wheel, Gatga）

當你的笑容消失，換上皺眉，
表示你的想法顛倒混亂了。
最好檢查你的心，看看裡面有什麼——
然後運用梵咒，你就可以在一分鐘內修復它！
不論是什麼樣的擔憂在損耗著你，
你都可以用這樣的聲音來扭轉它：

艾克　嗡　卡爾　薩特　古魯　普薩德
（EK ONG KAR SAT GUR PRASAAD）

薩特　古魯　普薩德　艾克　嗡　卡爾
（SAT GUR PRASAAD EK ONG KAR）

它非常簡單，何妨一試，
嘗試看看，我想你會相信的！

重複它五次，就會改變你的心情，
從消極的負面轉變成積極的正面——
從心情惡劣——到感覺真好！

就像波斯輪上的小棍子，
有助於扭轉原來的旋轉，
這個梵咒可以控制你的心，
不論你的心情狀態如何。

改變你的方向，你就會看到，
脫離心的掌控，你將得到自由。

## 給寶瓶年代的薩達那梵咒

這些年來，尤吉巴贊大師定期地調整我們早晨薩達那的內容，下列唱誦梵咒的順序是他在一九九二年六月二十一日時提供給我們的，並指示以此順序繼續唱誦它們二十一年。因此，直到二〇一三年，我們已經準備好了最佳的薩達那工具，整個唱誦時間是六十二分鐘。

### 1. 艾克　嗡　卡爾　薩特　南　西里　哇嘿　古魯（七分鐘）

「唯一造物主創造出萬物，眞實是祂的名，莫可名狀之偉大是祂的無限智慧。」

早晨薩達那的基石就是長的「艾克　嗡　卡爾」。

八支梵咒（Ashtang Mantra）有時又被稱爲「起床號」。

其有兩項基本的要求：

- 坐下時脊椎要打直。
- 要運用頸鎖（Jallunder bandh）。

（關於如何確實唱誦這個梵咒的更多細節，你可以在本書第三二〇頁中找到）

長的「艾克　嗡　卡爾」的唱誦不需要音樂伴奏，但接下來的六個梵咒可以用不同的旋律來加以變化，有沒有音樂伴奏都可以。（音樂家請注意：樂器是用來作爲背景音樂的伴奏之用，同時，請務必保持音節的長度不變，以保留梵咒的原始節奏。）

## 2. 哇　揚堤，卡爾　楊堤（Waah Yantee, Kar Yantee）（七分鐘）

**哇　揚堤，卡爾　楊堤**
（Waah Yantee, Kaar Yantee）
**賈格　度特　帕堤，阿達克　伊度　哇哈**
（Jag Doot Patee, Aadak It Waahaa）
**博朗瑪戴　崔夏　古魯**
（Brahmaadeh Traysha Guru）
**伊度　哇嘿　古魯**
（It Waahe Guru）

「偉大的宏觀自我（Macroself），創造性的自我（Creative Self）。
所有這一切，都是透過時間而創造的。
所有這一切，都是偉大的一，神的三個面向：
梵天（Brahma）、毗濕奴（Vishnu），以及瑪赫西（Mahesh）（濕婆）。
也就是哇嘿　古魯。」

## 3.根咒（Mul Mantra）（七分鐘）

根咒會給予我們保持統治地位的能力。

(a)重要提示：在阿朱尼（ajoonee）與塞耶邦（saibhang）之間稍微停頓一下（但並非呼吸換氣），不要把這兩個音連在一起唱。

(b)強調每個「薩去」（such）字尾的「去」（ch）音。這會加強唱誦的力量。

| | |
|---|---|
| **艾克　嗡　卡爾**（Ek Ong Kar） | 唯一造物主，萬物 |
| **薩特　南**（Sat Nam） | 眞理的認定（眞理之名） |
| **卡爾塔　普魯克**（Kartaa Purkh） | 一切事物的實行者 |
| **尼嘞報**（Nirbhao） | 無畏 |
| **尼嘞費爾**（Nirvair） | 無復仇心（Revengeless） |
| **阿卡爾　穆嘞特**（Akaal Moorat） | 不朽（Undying） |
| **阿朱尼**（Ajoonee） | 尚未出現的（Unborn） |
| **塞耶邦**（Saibung） | 自我啓發、自我存在 |
| **古魯　普薩德**（Gur Prasaad） | 古魯的恩典（贈禮） |
| **賈普！**（Jap!） | 重複（唱誦） |

**阿德　薩去**（Aad Such）　眞理存在一開始
**朱嘎德　薩去**（Jugaad Such）　眞理穿越所有時代
**黑比　薩去**（Haibhee Such）　眞理留存至今
**那納克　荷西　比　薩去**（Nanak Hosee Bhee Such）　那納克說，眞理必然恆存

宇宙中有一百零八個元素，而這段梵咒中有一百零八個字母（在原始的古魯穆基（Gurmukhi）文稿中，把「希哈里」（siharee）與「比哈里」（biharee）也算在內）。

## 4. 薩特　西里，西里　阿卡嘞（Sat Siri, Siri Akal）（七分鐘）

「寶瓶世紀的梵咒。」

**薩特　西里**（Sat Siri）　偉大的眞理
**西里　阿卡嘞**（Siri Akaal）　偉大的不朽
**西里　阿卡嘞**（Siri Akaal）　偉大的無不死（Undeathless）
**瑪哈　阿卡嘞**（Maha Akaal）　偉大的不死（Deathless）
**薩特　南**（Sat Naam）　眞理是祂的名

**阿卡嘞　穆嘞特**（Akaal Moorat）　神的不死形象

**哇嘿　古魯**（Wahe Guru）　莫可名狀之偉大是祂的智慧

## 5. 拉可　拉肯納　哈嘞（Rakhe Rakhan Har）（七分鐘）

這是一種保護的音流，可以抵禦所有不利於你行走於（內在及外在）天命道路上的負面力量，它會像一把劍一樣，切穿所有對立的振動、思想、語言及行動。「拉可　拉肯納　哈嘞「是錫克徒晚禱（Rehiras）的一部分，由古魯・阿將・戴芙（第五位古魯）所作。

拉可　拉肯納哈嘞　阿普　烏巴利——安

（Rakhay rakhanahaar aap ubaaria-an）

古魯　奇　佩里　帕—壹耶　卡吉薩　莎瓦利——安

（Gur kee pairee paa-i kaaj savaari-an）

厚阿　阿普　的——阿嘞　瑪厚　納　維莎利——安

（Hoaa aap da-iaal manaho na visaari-an）

莎德　賈納　凱　桑格　巴芙加嘞　答里——安

（Saadh janaa kai sang bhavajal taari-an）

莎卡特　寧度克　度酷許　肯　瑪—欸　比達里——安

（Saakat nindak dusht khin maa-eh bidaari-an）

提斯　沙嘿卜　克　泰克　那納克　瑪尼　瑪—欸

（Tis saahib kee tayk Naanak mania maa-eh）

吉斯　辛姆拉特　素可　荷—欸　莎賈纍　度克賈——欸

（Jis simrat such ho-I sagalay dookh jaa-eh）

（下列的翻譯是由尤吉巴贊大師所提供，於一九八六年六月十五日、密蘇里州的聖路易斯）

汝爲拯救者，拯救我們大家並帶著我們跨越，

提升並賦予卓越，

祢帶給我們古魯蓮足的碰觸，

我們所有的工作都完成了。

祢始終是如此寬容、仁慈而慈悲，

所以我們的心並未忘記祢。

在神聖存在的陪伴下，祢帶我們遠離
不幸與災難、醜聞與不名譽，
無神、誹謗的敵人——祢永恆地終結了它們。
那偉大的主是我的支柱。
那納克，透過冥想並複誦祂之名，保持你內心的堅定不移。
所有的幸福都將到來，所有的悲傷與痛苦都將遠離。

## 6. 哇嘿 古魯 哇嘿 吉歐（Wahe Guru Wahe Jio）（二十二分鐘）

爲達最佳效果，唱誦時可採英雄坐（Vir Asan），坐姿如下：坐在你的左腳跟上，右膝緊靠著胸部，雙手擺成祈禱式，雙眼專注於鼻尖。

**哇嘿　古魯　哇嘿　古魯　哇嘿　古魯　哇嘿　吉歐**

（Wahe Guru Wahe Guru Wahe Guru Wahe Jeeo）

哇嘿 古魯是一種狂喜的梵咒，它沒有眞正的翻譯，雖然我們可以這麼說：「哇！神眞是太棒了！」或是「無法言喻的偉大是祂的無限、最終的智慧。」吉歐（Jeeo）是吉（Jee）這個字的一種深愛、但仍表示尊敬的振動，「吉」意味著靈魂。

### 7.古魯　拉姆　達斯（Guru Ram Das）唱誦（五分鐘）

**古魯　古魯　哇嘿　古魯　古魯　拉姆　達斯　古魯**

（Guru Guru Wahe Guru Guru Ram Das Guru）

這些音節是爲了讚美古魯・拉姆・達斯的意識，並喚起他的靈性之光與指引，以及保護之恩典。

# 奎亞與呼吸控制法（運動與呼吸）

## 能量往上！根鎖

根鎖是練習昆達里尼瑜伽時最常被用到的，它可以鎖住三個較低的脈輪，使昆達里尼能量往上升。試試下列方式：

簡易坐，深吸氣，盡可能的深，然後呼氣，仍然保持挺胸。呼氣屏息同時收縮（擠壓）直腸、性器官與丹田的肌肉，向內向上收丹田。吸氣，放鬆收縮，呼氣，再重複動作。練習七分鐘。根鎖可以應用於吸氣屏息或呼氣屏息時，端視特定運動中所指明的呼吸方式。

## 薩奎亞（Sat Kriya）

現在，你知道如何收根鎖了，你可用以體驗所有昆達里尼技術中最強大的奎亞。如果我只能跟你分享一個奎亞，薩奎亞就是我會選擇的那一項。

坐在腳跟上，雙手高舉過頭，上手臂緊靠著耳朵，兩手掌心相對、十指交叉握，食指往上指。手臂保持伸直，手肘不彎曲。

薩奎亞並未指示特定的呼吸方式，因爲呼吸會自行運作，不用特別照料。在唱誦時也不用特別屏息，只有在最後要結束時，依指示吸氣屏息或呼氣屏息。

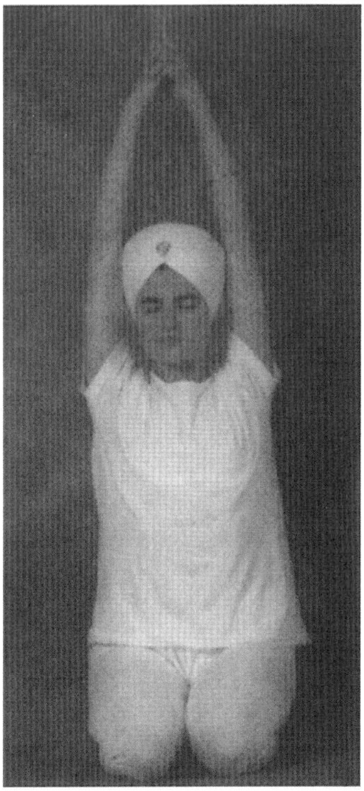

閉上雙眼，專注在第三眼（兩眉中間稍微往上約零點五至一公分處）。在整個練習期間，都將注意力保持在這裡。

輕輕吸氣，開始大聲而有力地唱誦**薩特**的音（「薩特　南」（SAT NAM）與「but Mom」的發音同韻），從你的丹田振動它，同時收根鎖；如果你向內向上收丹田的力道夠強，雙臂往上舉得夠高，你就會自然而然地收根鎖。唱誦的聲音應該要非常有力，但不一定要很大聲，也不用大聲喊叫。唱誦的力量就像振動一樣，是可以被感覺到的。接著，當你唱誦**南**的音時❶，放鬆根鎖。

❶南的尾音要閉上嘴巴。

南是短音，不用被拉長，音量可能是剛好能被聽見。繼續唱誦「薩特 南」，每次唱誦到「薩特」時，收縮直腸與性器官的肌肉，同時在向內向上收丹田；初學者只要做四十五秒到一分鐘就好。

深吸氣，屏息，收緊根鎖，同時從脊椎底部將能量往上擠壓至頭頂，維持五到十秒鐘；呼氣，然後再次吸氣，重複收緊根鎖與擠壓能量往上的動作。第三次，深吸氣，把氣完全呼出，收根鎖，把能量一直往上擠、往上擠、往上擠，擠出你的頭頂，維持最多八秒鐘。吸氣、呼氣，雙臂向下掃過身體兩側形成一個弧形。放鬆，靜止不動地坐著，眼睛閉上至少一分鐘。冥想第三眼。

**「堅持，你就能被支持。」——尤吉巴贊大師**

每天練習這個奎亞，你可以逐漸增加時間到三分鐘。薩奎亞可以進行到三十一分鐘之久，但是必須循序漸進地增加。

有人說，薩奎亞之後的放鬆，必須跟練習的時間一樣長。

薩奎亞會提升你的昆達里尼，那麼，就由你自己決定是否「堅持！」吧。

## 銳化你的心智

### 基本呼吸系列①

找一個安靜的地方，你不會被打擾也不會引人注目！如果你無法坐在地上，可以坐在椅子上，只要確定脊椎是打直的，不會從椅子上跌下去；同時，雙腳要平踩在地板上，重量平均分布於兩隻腳。這項呼吸法可使你的心智敏銳、清明，專注於眾多事務上（當你按照其呼吸順序進行練習時，可以將你的呼吸與梵咒連結起來，吸氣時心裡默想著**薩特**，呼氣時心裡默想著**南**）。

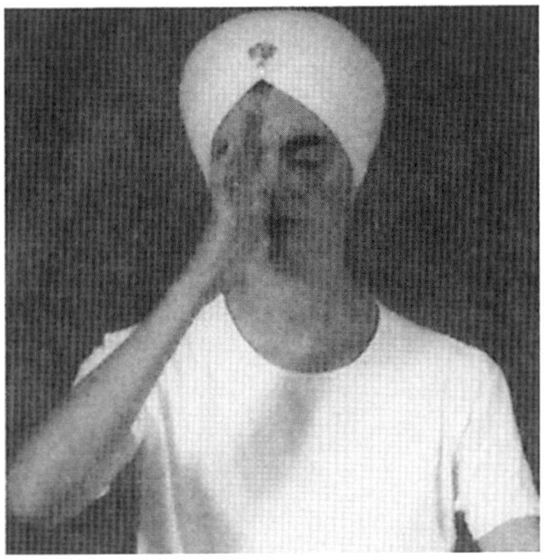

(1)簡易坐，右手大拇指按住右鼻孔，用左鼻孔深長呼吸三分鐘。

(2)換手，用左手大拇指按住左鼻孔，只用右鼻孔深長呼吸三分鐘。

(3)重複只用左鼻孔呼吸的動作，一分鐘。

①《昆達里尼瑜伽薩達那指南》（*Kundalini Yoga Sadhana Guidelines*），第八十一頁。

(4)重複只用右鼻孔呼吸的動作，一分鐘。

(5)用大拇指與小指交替按住左右鼻孔，從左鼻孔吸氣、從右鼻孔呼氣（一至三分鐘）。

(6)反轉順序，從右鼻孔吸氣、從左鼻孔呼氣（一至三分鐘）。

(7)用兩鼻孔吸氣，開始三分鐘的火呼吸（你可以把時間逐步建立到最理想的七分鐘長度）。

(8)放鬆或冥想五分鐘。

(9)唱誦長的「薩特　南」。

這個呼吸法是一項絕佳的練習，可爲其後進行昆達里尼瑜伽練習或任何劇烈的活動做好準備。

## 放鬆／調整提升的奎亞

「你會死，但如果你有一條柔軟的脊椎，你永遠不會變老。」——尤吉巴贊大師

你都聽過「放鬆！」或是「別緊繃！」的說法，這是好建議。我們需要一條柔軟的脊椎，讓我們有柔軟的態度，能夠放鬆同時又強壯；當脊椎僵硬，能量就無法自由地流動。你是否注

意到，老化與僵硬似乎脫離不了關係？如果我們想要在任何年紀時都可以感覺「年輕」（換言之，積極、熱情、充滿活力），就需要保持彈性。而從身體來說，得從脊椎開始做起。

身體中的七萬兩千條神經會從脊椎中的二十六根脊椎骨汲取能量，脊椎是控制的中心；如果脊椎緊繃或是有堵塞，你就無法對生命產生正確的看法。

以下是一套練習，有助於脊椎的彈性並強化脊椎中那些重要的神經中心，還有許許多多的好處。

## 提升的奎亞

正如尤吉巴贊大師，這位昆達里尼瑜伽的大師所教導的：

### 此奎亞有什麼作用？

- 此奎亞是很好的暖身與調整。
- 有系統地運動脊椎。
- 增加普拉納的循環以平衡脈輪。

切記在做每項運動時，都可以在吸氣時想著**薩特**，呼氣時想著**南**，不但可以幫助你增強力量，還可以在每個動作中提升意識。

## 提升的奎亞

❶此練習有時被稱為**假我剋星**（**Ego Buster**）。簡易坐，雙臂舉高六十度角，拇指向上伸直，其餘四指彎曲，指尖置於掌心的頂端，亦即手指的根部處。火呼吸一到三分鐘，保持手臂伸直，手肘不彎曲，從腋窩處往上伸展。

❷**騎駱駝式**（**Camel Ride**）。簡易坐，雙手握住小腿脛骨並彎曲脊椎。吸氣抬高胸口，下背部向內拉；呼氣向外放鬆脊椎，胸部下落，肩膀向前。這是一個連續性的流動動作，伴隨有力的呼吸，一到三分鐘。把你的脊椎想像成濕麵條或橡皮筋，每次吸氣時，用手臂把脊椎輕輕地往前拉。

❸**脊柱扭轉**（**Spinal Twist**）。簡易坐，雙手放在肩膀上，大拇指在後，其餘四指在前。吸氣時往左側扭轉，呼氣時往右側扭轉，頭跟著身體移動。扭轉一至三分鐘。

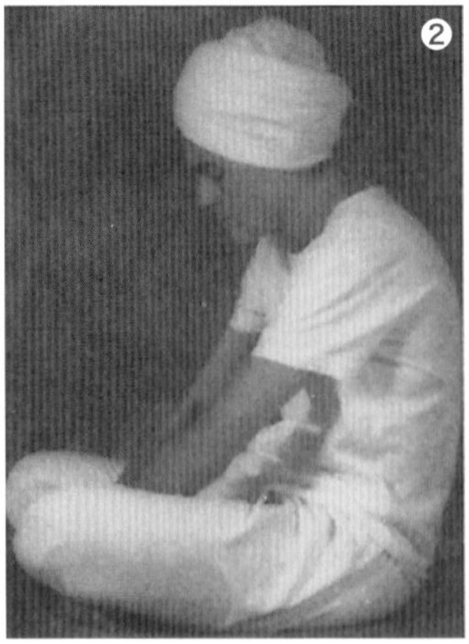


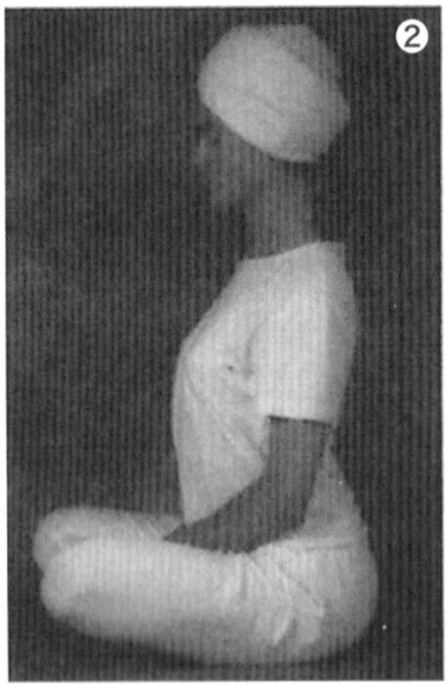

**❹生命神經伸展（Life nerve stretch）**。坐下，雙腿往前伸直，雙手分別抓住兩腳的大腳趾（襪子脫掉），用食指扣住大腳趾，大拇指壓住趾甲，並且對大腳趾的趾球施壓；膝蓋的後方保持平貼地面。吸氣向上延展脊椎將大腳趾向後拉；呼氣，前彎，將手肘拉向地面，頭拉向膝蓋。伴隨深而有力的呼吸一到三分鐘。盡你所能，即便你只能往每個方向彎曲一公分都好！

這個練習的目的是伸展分布在腿部後方、膝蓋後面的神經，並且逐步增加脊椎的彈性。隨著練習，它會慢慢放鬆。

❺坐在右腳跟上，同時左腿往前伸展。用左手抓住左腳的大腳趾，再用右手握住左腳的腳背。把頭彎向膝蓋（如果你做得到的話），火呼吸一到兩分鐘，吸氣，呼氣，向前向下伸展，屏息片刻。然後吸氣，換腿，重複一分鐘火呼吸；換腿，每一腿做三十秒鐘。這個練習有助於毒素的排出。強有力地呼吸。

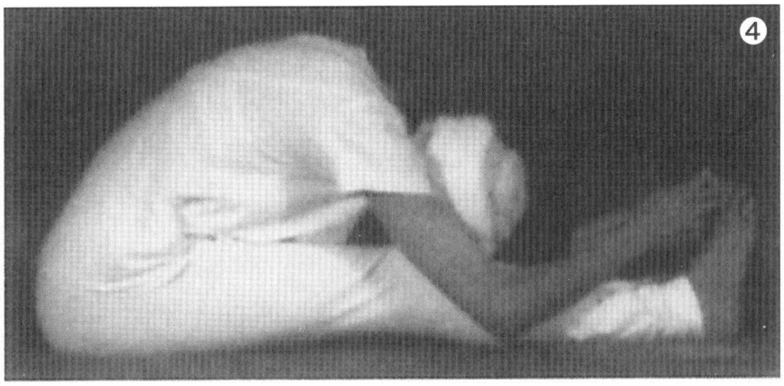


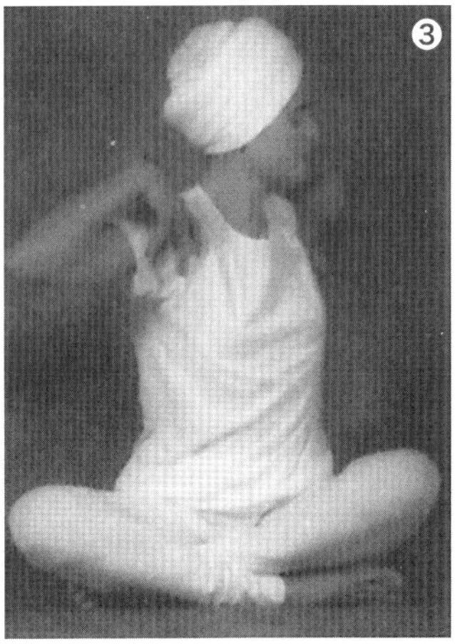


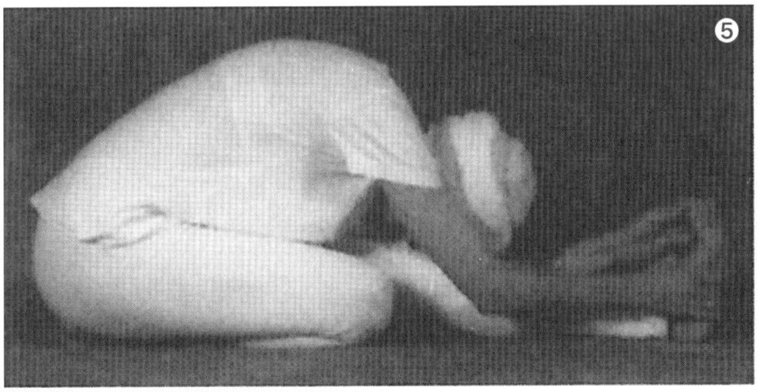

❻坐下，雙腿大大分開，抓住大腳趾，膝蓋的後方保持平貼在地板上。吸氣，盡你所能伸展脊椎並握住大腳趾。呼氣，從腰部前彎，把頭向下帶向右膝。吸氣，身體挺直回到中間，呼氣，再往下到左膝。如果你沒辦法全程都抓住大腳趾，你可以抓住小腿，或是任何在不彎曲膝蓋的前提下抓得到的地方。持續一到二分鐘強有力的呼吸。結束練習時，呼氣，往前伸展，屏息片刻。然後吸氣，放鬆。這個練習可以為磁場充電。

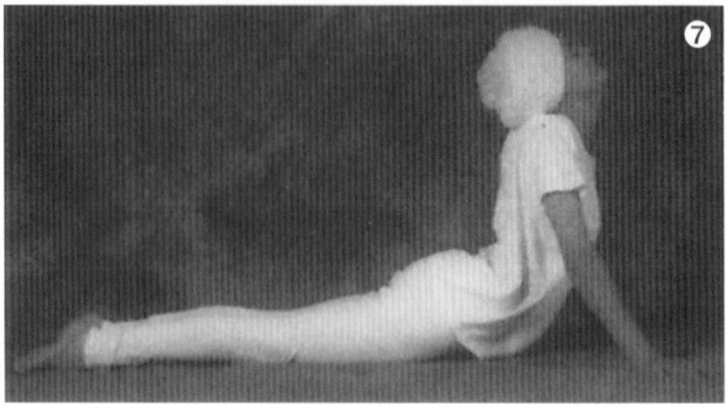


❼**眼鏡蛇式**（**Cobra Pose**）。俯臥，手掌平貼在地板上並置於肩膀下方，手指朝向前方，腳跟靠攏，腳底朝上。吸氣，來到眼鏡蛇式，脊椎從頸椎到脊椎底端一節一節地後彎直到手臂可以伸直，手肘鎖住。開始火呼吸一到三分鐘。然後吸氣，將脊椎後彎至最大限度。呼氣，屏息片刻，收根鎖。深吸氣，然後呼氣，慢慢放下手臂，從脊椎底端到頂端一節一節地放鬆。放鬆，俯臥，下巴靠在地板上，雙臂放在身體兩側。這個練習可以平衡性能量並引入普拉納以平衡阿帕納，同時在下列練習中，讓昆達里尼能量能夠往更高的中心循環。

❽簡易坐，雙手置於膝上。吸氣，聳起雙肩，盡可能高聳至耳朵。呼氣，放下肩膀。持續有節奏地配合有力的呼吸做一到二分鐘。吸氣、呼氣，然後放鬆。這個練習可以平衡上部的脈輪，並打開通往大腦更高中心的荷爾蒙大門。

❾簡易坐，開始順時鐘方向轉動頸部，將右耳帶往右肩，後腦勺帶往後頸，左耳帶往左肩，下巴帶往胸口。肩膀保持放鬆不動，當頭部繞圈時，頸部應該可以做到溫和的伸展。持續一或二分鐘，然後換方向再繼續一或二分鐘。最後，頭回正並放鬆。

❿**薩奎亞**。以薩奎亞的姿勢坐在腳跟上，雙臂舉過頭，上臂緊靠著耳朵。雙手交叉握，食指互壓並指向上方。開始以固定不變的節奏有力地唱誦「薩特　南」，大約十秒唱八次（別加快速度）。從丹田及太陽神經叢唱誦「薩特」音，丹田朝脊椎內收同時收根鎖。唱誦「南」

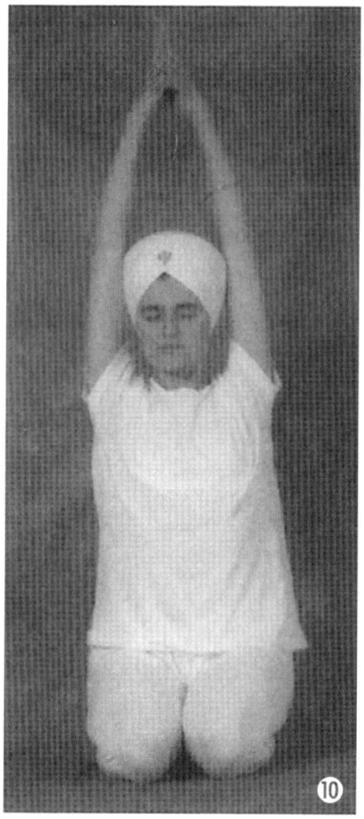

❷的音時，放鬆根鎖。持續三到七分鐘，然後吸氣，收縮從臀部一路往上至肩膀後方的肌肉。心中允許能量流經頭頂。呼氣，深吸氣，再完全呼氣，收根鎖並屏息；吸氣，然後放鬆。薩奎亞讓昆達里尼能量得以在各脈輪循環，有助於消化，並可加強神經系統。

⓫簡易坐放鬆，或是躺下、雙臂置於身體兩側，雙掌朝上。大休息讓你可以享受並有意識地整合身心的改變，而這樣的改變是在這個奎亞的修習中產生的，讓你能夠透過磁場與氣場感知到自我的延伸，同時讓身體深度放鬆。

※這套「提升的奎亞」被印在《昆達里尼瑜伽讓你的能量保持往上》（*Keeping Up with Kundalini Yoga*）瑜伽手冊中，它可以在二十分鐘內做完，也可以做到長達五十分鐘，端視你在每項運動中進行多久。時間選項亦被列出。未經許可不得轉載。

## 簡易套式

我稱以下練習爲「簡易套式」（Easy Set），因爲五項練習中就有四項是躺著做的！這套練習是尤吉巴贊大師最早在洛杉磯所教授的練習之一（一九六九年二月十三日）。說不定是一份情人節的禮物呢！

---

❷南的尾音要閉上嘴巴。

當你進行下列練習時若能強有力地呼吸，就可以

- 增加你的肺活量。
- 排除身體的毒素。
- 使你的「美麗腺體」（beauty gland）分泌。
- 增強你的視力。

## 簡易套式

**❶增加你的肺活量。**

仰躺，十指交叉握形成鬆鬆的金星鎖放在頸後，確定你的手指放在頭髮下面。

(a)雙腿分開約九十公分寬，火呼吸二到三分鐘。

(b)吸氣，保持雙腿分開並抬高到六十度角，屏息，保持抬腿二十秒。

呼氣，很慢、很慢地放下雙腿（仍保持分開的姿勢），至少花十秒鐘放下。

(c)重複(b)的動作。

(d)放鬆。

**❷排除毒素**。仰躺，膝蓋壓進肺部；用雙手抱住膝蓋，固定其位置。抬起頭，讓鼻子靠近膝蓋。火呼吸三十秒到一分鐘。這個動作是與「阿帕納風息」(apana vayu) 一起運作，這是一股排泄力量，可帶走人體不需要的一切。放鬆。

**❸使你的甲狀腺分泌**。甲狀腺跟你的皮膚、氣色、外觀與能量水平都有相關。坐直，往後傾斜六十度角，雙臂往後撐起身體。眼睛看著天花板，別眨眼，將你的目光集中在一個定點。火呼吸一到二分鐘。記住別眨眼，讓你的眼睛流出淚水。吸氣，屏息片刻，呼氣，放鬆。這項運動對改善頭痛與視力也有效果。

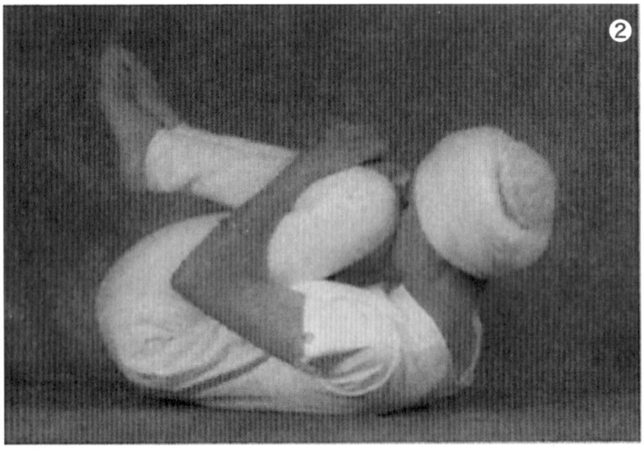


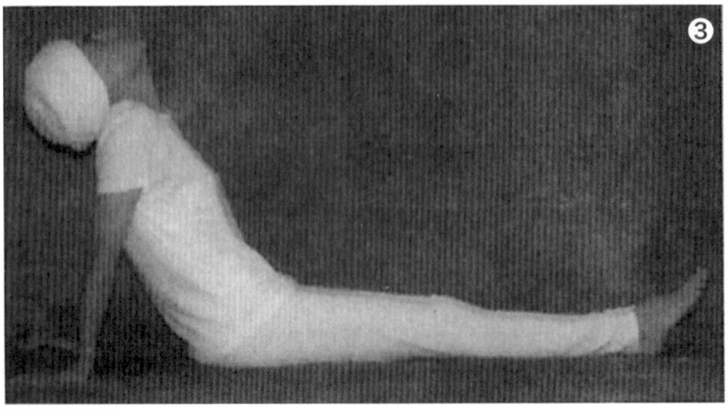


**❹**仰躺，深吸氣，雙手舉向天花板，從肩膀處開始向上伸展雙臂，手指也向上伸展，宛如要摘下一顆星星。接著屏息，緩慢而有力地彎曲手指成拳頭，彎曲手肘，將拳頭很慢、很慢地往下帶到

你的胸口，彷彿你正在抵抗那項動作的阻力；你的雙臂會因此而顫抖。當雙拳碰觸到胸口時，呼氣。吸氣，重複動作。

❺仰躺，雙臂置於身體兩側。火呼吸一分鐘。吸氣，雙腳保持貼地，抬起你的腰，使身體形成一個拱形。維持這樣的姿勢片刻，然後呼氣，放下腰部。

❻在攤屍式完全放鬆。

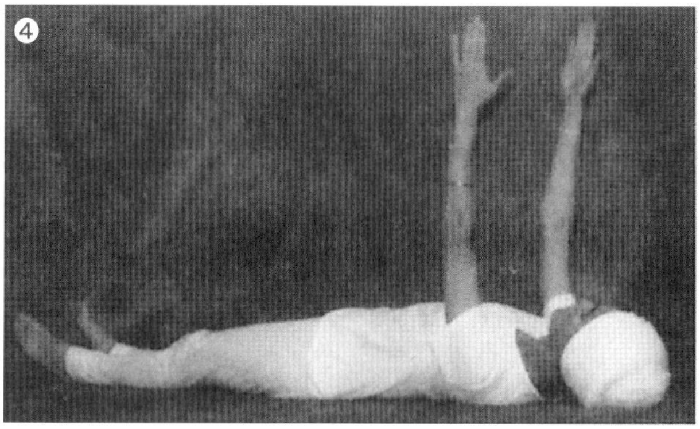


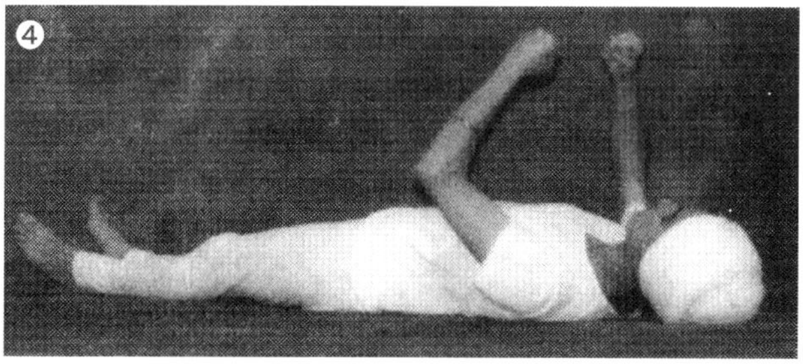


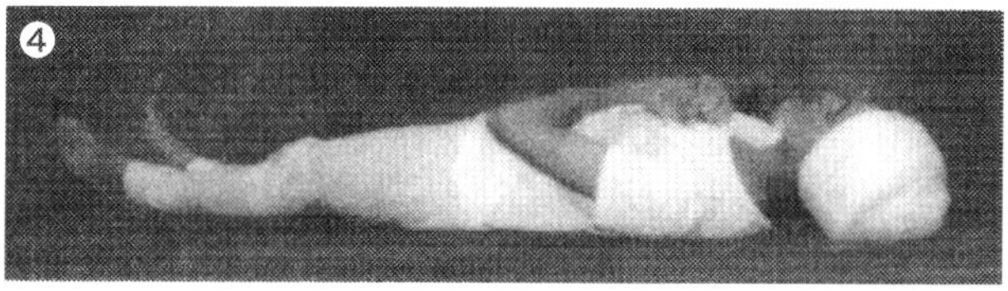


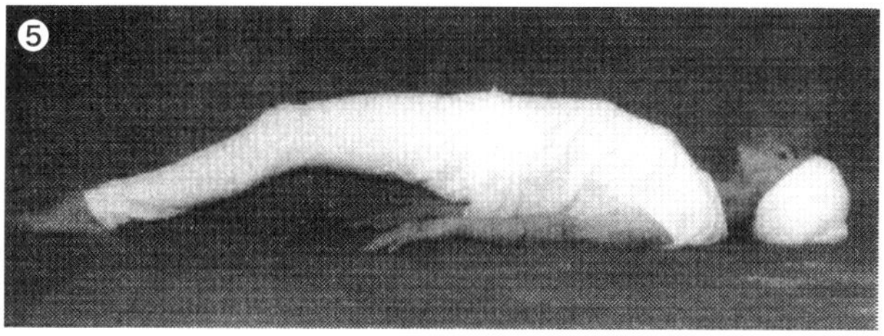

## 平衡你的腺體
## 你的角度是什麼？

### 腺體是你健康的守護者

昆達里尼瑜伽可以如此快速且有效地運作，主要原因在於其對角度的運用。這也是昆達里尼瑜伽成功的「秘訣」之一。

將雙腿往上抬到不同的高度時，會依抬腳所成的角度而對特定的腺體與器官施加壓力，使腺體開始分泌。當壓力被釋放時，身體保持靜止不動，受到刺激的腺體分泌物就可以趁此機會在全身自由流動，使整個腺體系統得到平衡。

除了神經系統，你的腺體平衡透過身體的化學作用，對你的情緒穩定有著絕對的影響。腺體是你健康的守護者，腺體的波動會使你感到憂鬱沮喪或興高采烈。正因腺體的變化會使得心情陰晴不定，所以做個身體檢查也是個好主意；然而，我們應該提到的是，在印度，當群醫對某個病患束手無策、醫藥罔效時，他們會把病患送到瑜伽修行者那裡去！

在東方，瑜伽治療師被公認並尊爲神經、腺體及自癒之自然方法（包括飲食）等方面的專家。

我們不是醫生，也不會聲稱有任何的醫療效果，但是我們都看到了修習昆達里尼瑜伽對於身體健康、頭腦清晰、情緒平衡與控制各方面的改善，有著顯著的效果。

## 腺體做些什麼事？

以下就若干腺體對我們身體的顯著作用，很快地做個說明：

### 胰腺

胰腺的工作是保持血管中的血糖值穩定，在消化過程中極爲重要，它必須分泌足夠的胰島素，否則將導致糖尿病的發生。胰腺的負荷過大（攝取過量的碳水化合物，就像我以前曾有一段時間，每天吃三條糖果棒）會引起低血糖的情況，使得胰腺無法適當運作，一個人可能會因此深受嚴重的情緒波動等症狀之苦。②

## 兩個神聖腺體

### 腦下垂體

松果體與腦下垂體，被瑜伽修行者稱爲「神聖腺體」，因爲它們與我們更高的意識狀態是

---

②參見〈讓我們來談談食物〉該章內容，以及帕夫．埃羅拉博士所著的《對抗低血糖，有更好的方法》。

如此地密不可分。腦下垂體是身體的腺體總管，控制其他的內分泌腺體，並且會影響成長、記憶功能與直覺。

### 松果體

雖然現代科學已終於發現松果體會影響我們活動的所有節律，但西方尚未記載有松果體的完整功能。

## 兩個美麗腺體：甲狀腺與副甲狀腺

甲狀腺與副甲狀腺是爲人所知的「美麗」腺體，甲狀腺會影響你的能量水平，甲狀腺分泌低下會讓你感覺憂鬱沮喪、昏昏欲睡，甲狀腺激素會提升身體的氧化（產生熱量）及糖份代謝的速率，還可以促進骨骼的成長、鈣化及牙齒的發育，並刺激神經系統、腎上腺和性腺。

副甲狀腺激素會調節骨骼的新陳代謝，維持神經與肌肉的正常功能，包括心臟。

## 學校不會教你的幾何學

以下是當你在做昆達里尼瑜伽、把腿抬到各種不同高度時，會發生的事情：

- 零至三十公分：會影響丹田以下的一切，掌管創意的腺體、性器官、卵巢、子宮、消化腺體、腸道、負責排泄的腺體。
- 零至十五公分：對卵巢與性腺的影響特別大。
- 十五至四十五公分：丹田、腎臟。
- 三十公分至六十公分：肝、脾、膽囊、胰腺。
- 四十五公分至七十五公分：肝、上胃部、膽囊。
- 六十公分至九十公分：心臟、肺、胃。
- 超過一二〇公分到九十度角：甲狀腺、副甲狀腺、松果體。
- 九十度角：記憶、控制中心（松果體與腦下垂體）。

## 角度

誠如尤吉巴贊大師在一九六九年時所教授：

比起某些初學者的套式來說，這一個套式稍微強勁些，也是尤吉巴贊大師在第一年來美國時所教授的運動；當時，我們全都還是初學者。此套式旨在加強身體的能量場及平衡腺體系統，你不妨嘗試看看自己能做到什麼程度。切記，昆達里尼瑜伽不是一種需要競爭的運動，你唯一需要挑戰的人就是你自己，看看自己能夠多快地建立起持久力與耐力。

在練習一套運動時，初學者與進階者的差別，真正說來是在於「堅持」至指定的時間長度之能力。如果一項練習要求你做到三分鐘，初學者或許只能做到一分鐘，但這並沒有關係！每一項練習所列出的時間都是理想的時間長度，也是最大的限度。即使你是一位已臻進階程度的學生，也「別」做超過每項練習所指定的時間限度。

## 你的角度是什麼？

## 這就是你該做的事

坐下，脊椎打直。記住只能從你的鼻子呼吸。用一隻手的大拇指與小指輪流按住左右邊的鼻孔，使之可以輪流吸氣與呼氣。

❶首先，按住你的右鼻孔，從左鼻孔深吸氣，再立刻按住左鼻孔，從右鼻孔呼氣。持續進行十個深長呼吸，從左鼻孔吸氣，從右鼻孔呼氣，讓每次的吸氣與呼氣都盡可能地深而長。這種呼吸方式會讓身體的電場起作用，也有助於平衡大腦的左右半球。

❷仰躺，雙腿從地板抬高十五公分，雙腿開始做剪刀運動（呈十字形交錯），在此同時，雙腿仍維持在平行地板十五公分

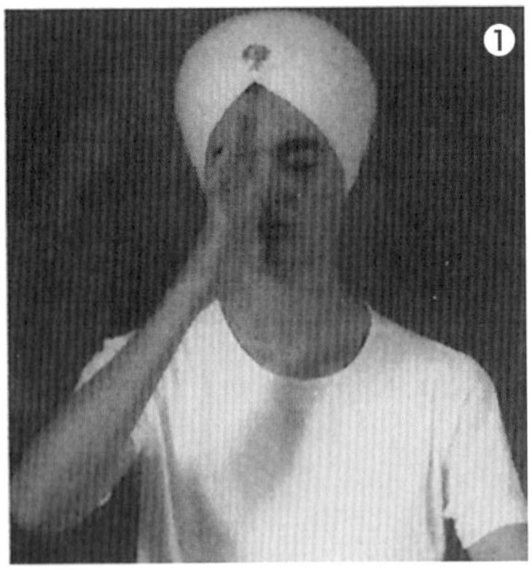

的高度上。這個動作會把能量傳送給腦細胞（瑜伽修行者聲稱，也會讓人長壽）。進行一到三分鐘，然後放鬆至少一分鐘。

❸吸氣時，把你的左腿舉高三十公分，呼氣，把腿放下；吸氣，把右腿舉高三十公分，呼氣，把腿放下。有意識地配合呼吸，持續把左右腿輪流舉至三十公分的高度。從左右鼻孔同時深呼吸。這項練習會影響掌管創意的腺體，以適中的速度繼續二到五分鐘。緊接著深吸氣，把兩腿同時往上抬至十五公分高，屏息，保持穩定數秒鐘。呼氣，慢慢把腿放下。重複抬雙腿的動作共三次，然後放鬆。

❹仍然仰躺，雙臂高舉過頭後方的地板上，雙臂靠著頭，吸氣，坐起並坐直，呼氣，往前彎並碰觸腳趾；吸氣，再度坐起並坐直，呼氣，躺回地板上。持續進行五次。

❺以攤屍式躺下，完全放鬆五到十分鐘（背部貼地平躺，雙臂置於身體兩側，掌心向上。身體保持一直線姿勢）。

**兩件必須避免的事：懶惰與狂熱。**

**別做過頭（這是狂熱），也別太快放棄（這是懶惰）。**

**運用你的常識。**

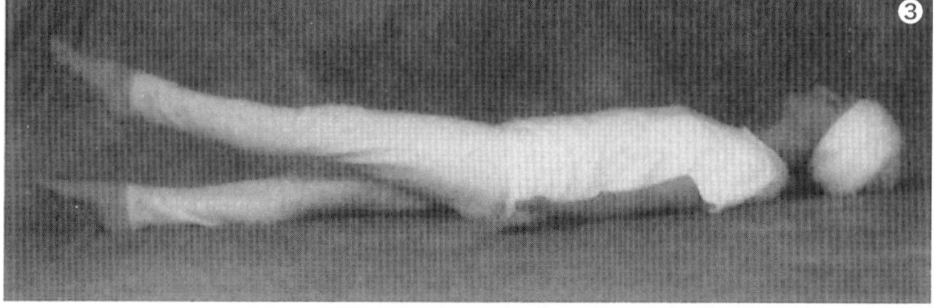

## 早晨的伸展運動

**如果你想擁有美好的一天，務必要在早晨充分伸展！**

以下是一套早晨就能先做的絕佳運動，可以放鬆你的脊椎，使你的昆達里尼作用於你較高的能量中心，讓你準備好去面對新的一天。你必須很有意識地進行這項運動，把你的心智跟呼吸，與梵咒（強烈推薦運用**薩特　南**）連結在一起，以達最大效益。

當然，一開始要唱誦**嗡　南無　古魯　戴芙　南無**（ONG NAMO GURU DEV NAMO）。

### 早晨的伸展運動

❶**假我剋星**。簡易坐，雙臂向外向上舉至六十度角；要確實地伸展，手肘不要彎曲。大拇指伸直指向天空，其餘四指彎曲，指尖置於掌丘處，亦即手指的根部。火呼吸一二分鐘，然後放鬆三十秒到一分鐘。

❷**騎駱駝式**。簡易坐，雙手抓住小腿脛骨，彎曲脊椎一二分鐘，務必連續而流暢地移動，不要在吸氣或呼氣時猛拉急推或暫停動作。想像你的脊椎像濕麵條

或橡皮筋一樣靈活而柔軟，吸氣時，拉直手臂、挺起胸膛，挺直下方的脊椎；呼氣時，肩膀放鬆往前，脊椎延伸向外。放鬆。

❸簡易坐，手握住膝蓋、彎曲脊椎。這次要練習的部位是較高的脊椎。有意識地將呼吸送進脊椎，同時將視線聚焦於第三眼。二分鐘，放鬆。

❹**脊椎彎曲**（**Spine Flex**）。簡易坐，雙手分別放在雙肩上，大拇指在後，其餘四指在前，感覺腋下的伸展。彎曲脊椎二分鐘。吸氣短暫屏息，同時引導你的心在脊椎上下游走。呼氣，然後放鬆。

❺**聳肩**（**Shoulder Shrugs**）。簡易坐，吸氣時想著薩特，同時聳起雙肩；呼氣時想著南，讓肩膀自然落下。聳肩時，試著讓肩膀碰到耳朵，但是你可別作弊，頭不能動喔！持續二分鐘，然後放鬆。

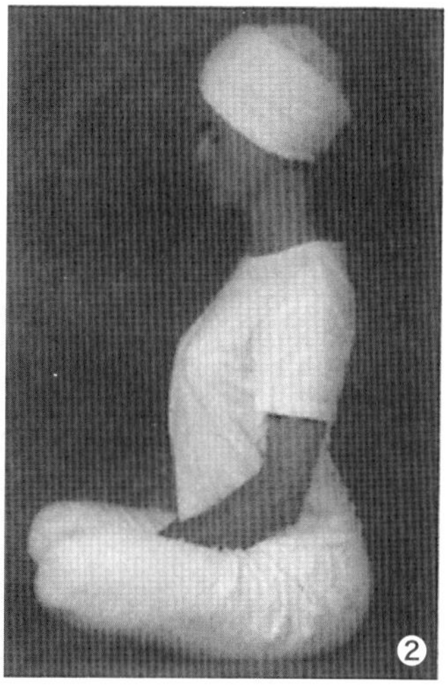


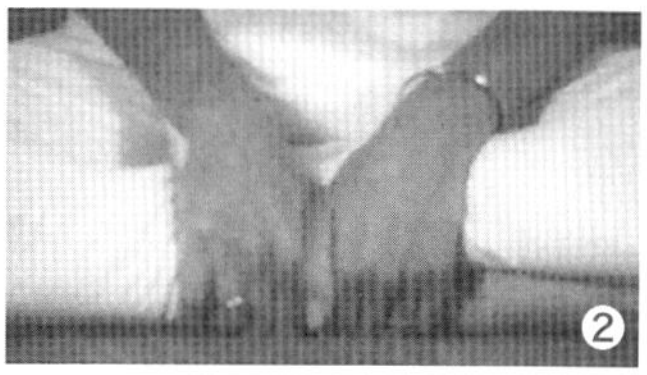

❻簡易坐，深呼吸，讓下巴垂至胸前，緩慢地朝一邊的肩膀轉動下巴，然後讓你的頭往後倒，繼續繞圈轉動。一個方向至少做五次，然後再朝另一個方向做五次。你的頭繞著脖子轉圈時，動作要完整且到位。深深吸氣，臉朝向前方。呼氣，然後放鬆。

❼坐下，把雙腿張到最開，雙手分別抓住兩腳的腳趾。吸氣，在中間位置坐正，呼氣，把鼻子往下帶往左膝（或是盡你所能可以碰到的地方，就算只有一公分也好！），然後吸氣回到中間，呼氣再往右邊，重複剛才的動作。持續輪流左右動作，這對脊椎的伸展有很好的效果，也可以伸展到分布於大腿內側的神經。持續三分鐘。

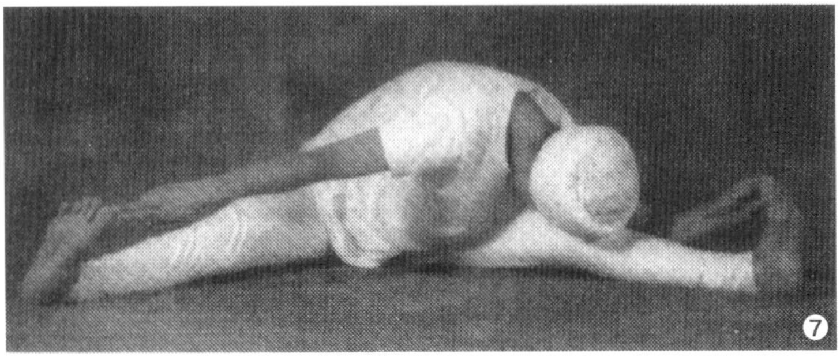

❽**「鳥」的運動**。簡易坐，雙臂往兩側伸展，掌心向下。吸氣，將雙臂往上帶，讓兩手手背在頭頂上方相碰，然後呼氣，將雙臂往下帶至與肩膀平行的位置。強有力地呼吸，吸氣時想著薩特，呼氣時想著南，持續兩分鐘，然後放鬆。此練習會作用在第八個脈輪，強化你的氣場。

❾**薩奎亞**（參見第三四七頁〈提升的奎亞〉中的第十個練習）。持續二分鐘。

❿簡易坐，雙眼閉上，冥想於眉心，身體放鬆，脊椎打直。唱誦七分鐘長的**薩特南**，然後靜靜坐著，並在心中聆聽梵咒的聲音。

以攤屍式躺下，完全放鬆五到十分鐘。背部貼地平躺，雙臂置於身體兩側，掌心向上（身體保持一直線，腳踝不交叉）。然後往左並往右伸展，擺動你的脊椎，慢慢起身，迎接美好的一天！

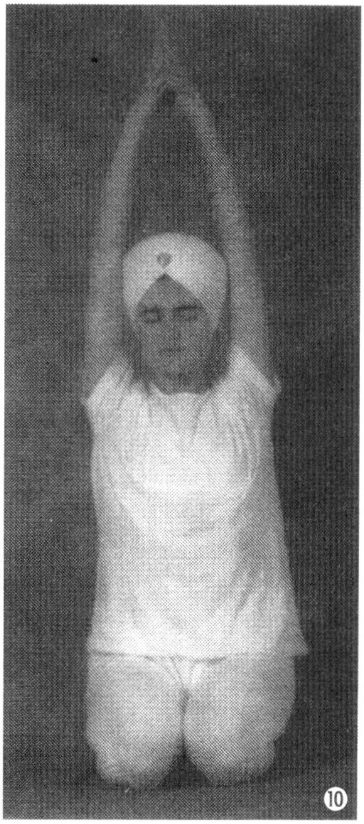
❿

❽

## 早晨的呼吸與運動

❶簡易坐，十指交叉握，放在頸後；如果頸後有任何鬆散的頭髮，將之撥到手指後面去，讓手指可以接觸頸部。閉上雙眼，深吸氣，屏息數秒，從鼻子用力呼氣，再屏息數秒。重複練習。

❷以相同姿勢立刻開始一到五分鐘的火呼吸。深吸氣，把注意力集中於身體任何你希望普拉納的療癒能量可以循環得到的部位。呼氣，放鬆片刻。閉目靜坐，正常呼吸，但可以清楚覺察到呼吸從鼻孔進出，一到二分鐘。

❸簡易坐，脊椎打直，身體其餘部分皆放鬆。十指交叉握呈金星鎖，置於背後。身體前彎，前額觸地。如果你無法以簡易坐進行，就坐在腳跟上再往前彎，讓前額可以碰觸到地面。保持手指交握，直直向上高舉手臂盡可能朝天。保持姿勢並持續唱誦「嗡」（ONG），每次重複之前先深吸氣。這個姿勢稱為「瑜伽身印」（Yoga Mudra），以這個姿勢唱誦有助於抓住你的心智。一到二分鐘之後，吸

❶

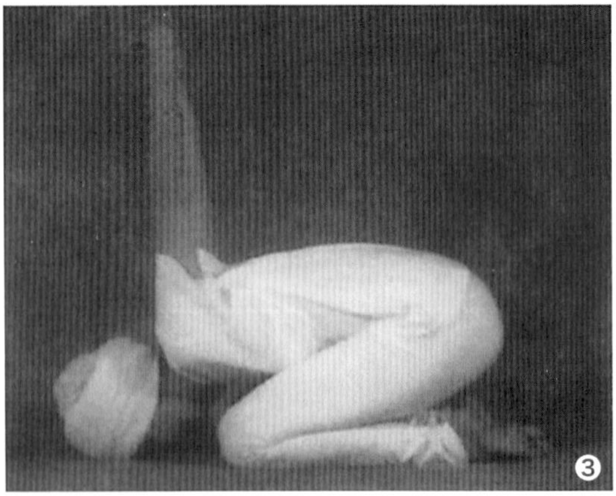
❸

氣，慢慢坐起。然後以攤屍式躺下，背部貼地，手臂置於身體兩側，掌心向上。放鬆一分鐘。

❹仰躺，雙腿抬起離地約三十六公分，輪流彎曲膝蓋到胸口；彎曲一腳膝蓋時，另一腳則伸直。持續以一種「推拉」的節奏，讓雙腳輪流進行一腳推、一腳拉的動作，保持雙腳腳跟離地約三十六公分並平行於地板。這項練習會使普拉納能量動起來。一至三分鐘。此練習必須在完成上述第三項練習後再做。

❺**貓牛式**。雙臂與雙腿穩定置於地板上，亦即四肢著地呈四足跪姿，手臂位於肩膀正下方，手指朝前；你的姿勢宛如一張桌子，四肢與身體皆成直角。腳跟並排，雙膝分開約三十公分，手臂從肩膀到手腕打直不動，雙腿則從膝蓋到臀部打直不動。吸氣，抬起頭成牛式；呼氣，低下頭成貓式。吸氣時心裡想著「薩特」，呼氣時心裡想著「南」。

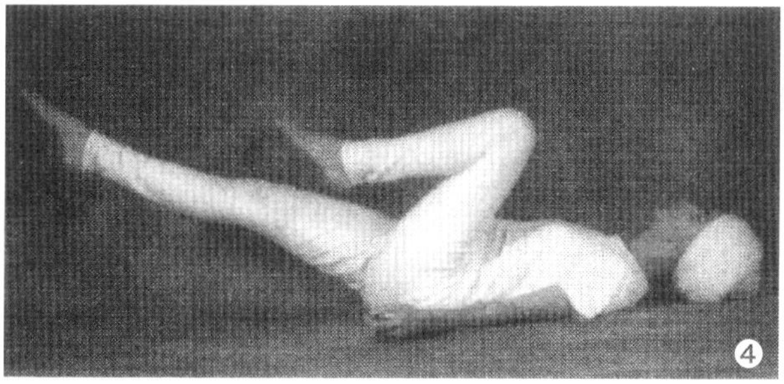

④

⑤

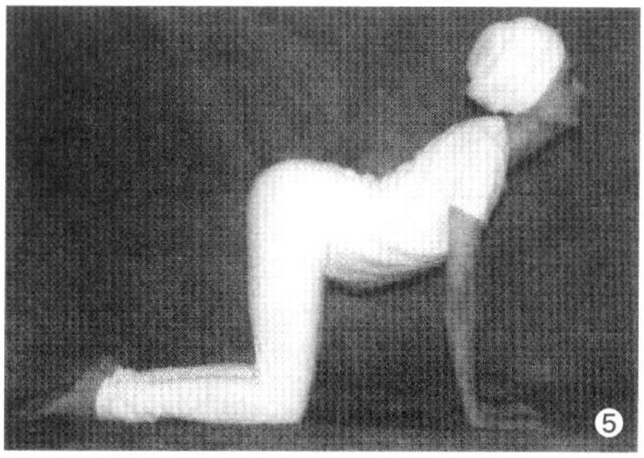

⑤

可以緩慢、逐漸地加快速度，直到你可以快速地交替進行牛式（抬頭、脊椎放下）與貓式（低頭、脊椎拱起，像隻生氣的貓）。雙眼保持張開，一到三分鐘。

貓牛式可以「讓你的雙眼閃爍一種特別的光芒」。據說（當然是出自尤吉巴贊大師之口）這項練習也可以如假包換地磨光、擦亮你的脊椎呢！

❻以攤屍式躺下，完全放鬆十到十五分鐘。

## 早晨的流汗與歡笑（或在任何時候都行！）

嗡　南無　古魯　戴芙　南無（ONG NAMO GURU DEV NAMO）

❶**暖身**——**讓你清醒過來**

(a)丹田：**伸展式**——火呼吸一分鐘。

(b)**排泄**：將膝蓋帶往胸口方向，鼻子帶往膝蓋方向，雙臂抱住雙腿，十指交握成金星鎖。火呼吸一分鐘。

(c)**環繞力量建立者**（**Circumvent Force Builder**）（**假我剋星**）：簡易坐，雙臂向外向上舉至六十度角，大拇指伸直向上，其餘四指彎曲，指尖置於掌丘處，手肘不彎曲；閉上雙眼，專注於第三眼。火呼吸一分鐘（逐步增加這些練習的時間到每項三分鐘）。

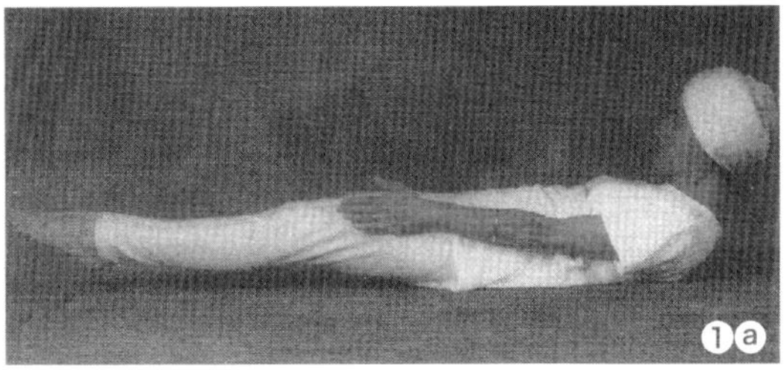


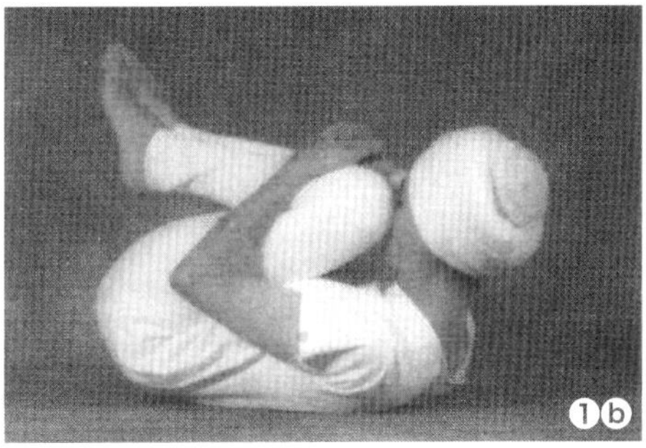

## ❷伸展並活動起來

ⓐ**風車式（Windmill）**。站立，雙腳分開約六十公分寬，雙臂往兩側伸直至肩膀高度。在中間位置吸氣，然後呼氣前彎，用右手去碰左腳；吸氣起身回到中間，再呼氣前彎，用左手去碰右腳。持續前彎、左右換邊動作，共做三十個前彎（每邊十五個）。試著

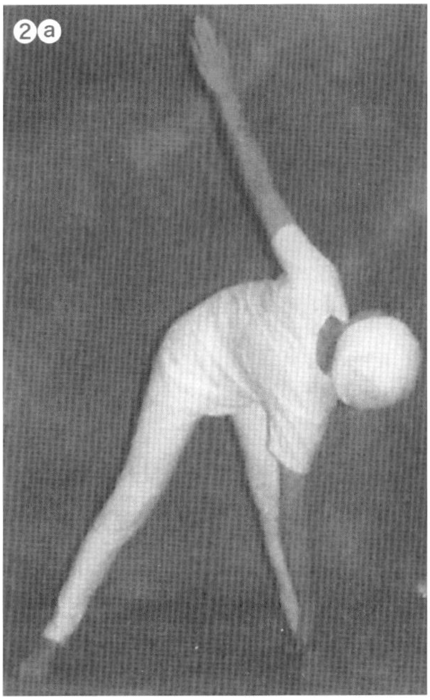

做到五十個，回中間位置站定，放鬆一分鐘。

(b)**前彎/後仰（Forward/Back Bends）**。站立，身體打直，雙腳分開約三十公分寬，呼氣時前彎，雙掌碰地；吸氣時雙臂伸直，從前方舉起至頭頂上方，從腰部彎曲身體並盡可能往後仰。上臂要一直保持在靠近耳朵兩旁的位置。重複二十次動作。然後站定，放鬆片刻。

(c)**側彎（Side Bends）**。站直，雙腿分開約三十公分寬，舉起右臂在頭頂上方朝左側彎成一個弧形，當你的身體彎向左側時，左臂保持在左側跟著往下延伸；彎向左側時呼氣，起身回到中間位置時吸氣。然後彎向右側，呼氣，舉起左臂在頭頂上方朝右側彎成一個弧形。這是一個像芭蕾舞姿勢般的優雅動作，記得在回到中間時吸氣，彎向兩側時吐氣。左右側彎共三十次。

❸立刻躺下，盡你所能地**大笑**整整一分鐘，愈大聲愈好。

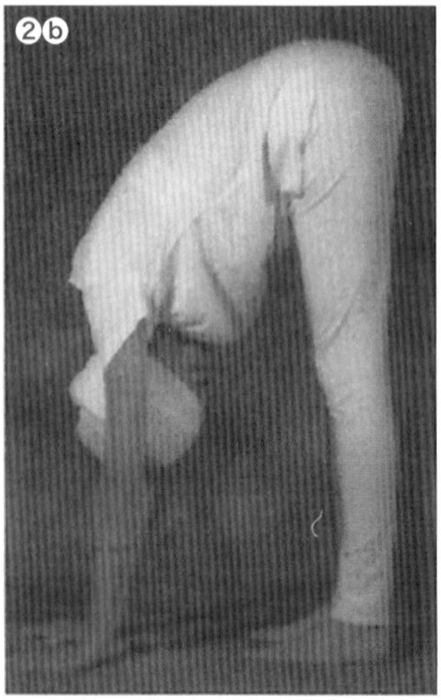
❷ⓑ

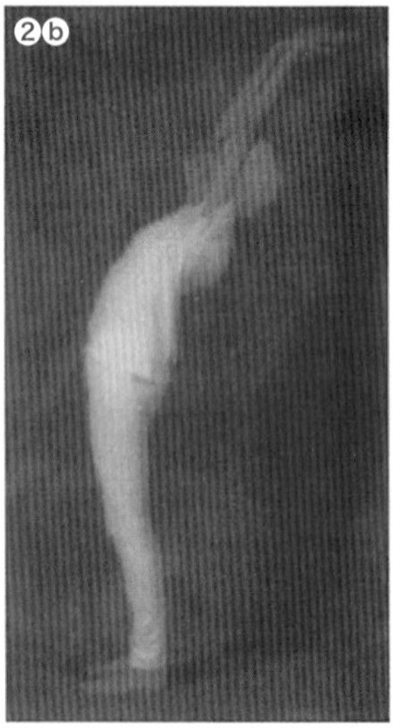
❷ⓑ

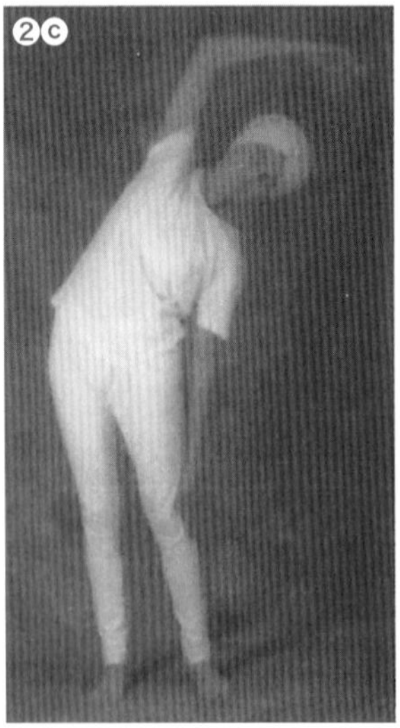
❷ⓒ

❹完全放鬆兩分鐘。

❺**眼鏡蛇式**。雙掌置於肩膀下方，手指朝前。先抬起你的下巴，讓上半身跟著抬起；理想的情況下，讓腳跟靠攏，臀部和腿部保持在地板上，上半身抬起並彎成弧形，同時頭往後仰，視線可以望向天空——如果你的眼睛是張開的。理想情況下，手肘應打直不彎曲；但如果你無法做到很完美，也不要擔心，只要盡力而為即可；隨著練習，彈性會逐步、緩慢地增加。在這項練習中，提醒自己要強有力地呼吸。

(a)吸氣，來到眼鏡蛇式，雙眼閉上，專注第三眼。

(b)呼氣，把身體推回坐姿，將下半身帶回坐在腳跟上，雙臂朝前伸直，雙掌保持貼地；將身體推回時，盡量伸展你的雙臂。重複動作共十次。肚子貼地平躺，把頭側向一邊，放鬆片刻。

(c)吸氣，來到眼鏡蛇式，睜大雙眼；吸氣時，試著把頭轉向左側看著腳跟，呼氣時，試著把頭轉向右側看著腳跟。充分而完整地深呼吸，每邊各做五次。

(d)在眼鏡蛇式，保持眼睛打開，看天花板最遠的一個定點，保持這個動作並保持眼睛張開。（試著不要眨眼，就讓它們流淚，沒關係的。）火呼吸一分鐘。

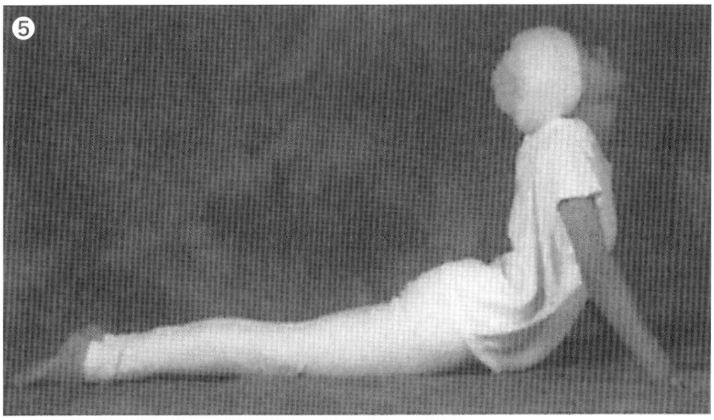

**❻脊椎彎曲**

(a)坐在腳跟上，雙手置放在大腿上，掌心朝下。吸氣，高高地挺起胸膛，呼氣，自然垂下腰部、橫膈膜與肩膀。彎曲脊椎共一〇八次（初學者做一分鐘）。吸氣時想著**薩特**，呼氣時想著**南**。

**❼攤屍式躺下**，進行深而長的放鬆。

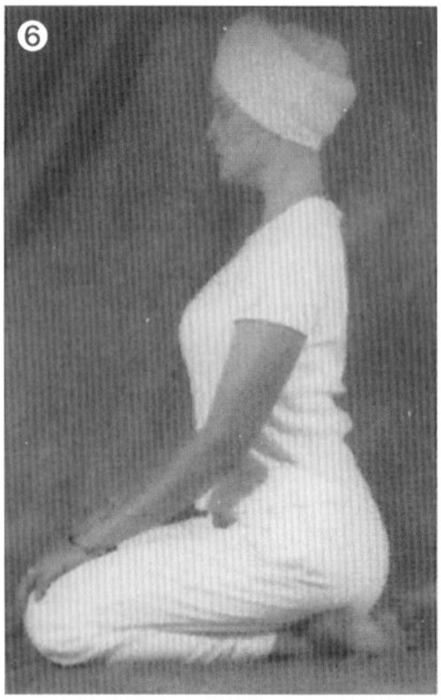


## 有助於消化與排泄的運動

在有關食物的章節中我們已說明，即使你吃了再棒的食物，除非你能適當地消化它，並且迅速地（在十八到二十四小時內）排出身體無法用來建造血液、骨頭與組織的物質，否則你的健康狀況將不如預期得好。以下是一套特別設計來幫助你控制消化系統的練習。

第一套奎亞應如實稱之為「如何讓你的系統聽從你的命令進行排泄」。

**❶瓦特斯卡爾道提奎亞**。尤吉巴贊大師告訴我們，這是一項由瑜伽修行者傳授、深具代表性的「秘密」練習，可以讓你學會掌控消化系統，而且「讓你非常快樂！」條件如下：

▶你必須規律地練習它，連一天都不能偷懶。

簡易坐，雙手放在膝蓋上。嘴巴像鳥喙一樣成圓形，以短促、連續的「啜飲」，亦即短促的吸氣，吸入盡可能多的空氣到你的胃裡。當你無法再吸入更多空氣時，就閉上嘴巴、屏息，讓你的胃分別往左邊與右邊滾動，愈久愈好，同時要搭配收頸鎖（筆直地收束下巴）；讓胃部翻騰攪動，左右、來回拉動丹田。當你無法再屏息，徐緩地（而非強有力地）從鼻子連續呼出這一口氣。然後再重複兩次這項練習（共做三次）。

▼這項奎亞必須在空腹時練習。

▼一天不能練習超過兩次。

❷坐在腳跟上，前彎讓前額觸地。雙手保持在身後並放在地板上。想像你有一條大尾巴，正在左右搖擺；有力地擺動你的臀部，想像那條尾巴有一百公斤那麼重，而你正設法要用尾巴來打破你後方的牆壁。讓臀部繼續擺動二到三分鐘，然後躺下，休息五分鐘。這項練習可以強化心臟。

❸躺下，腳趾向前壓，把腿抬高離地約九十公分，開始進行深長呼吸。當你撐不下去時，放下來，然後立刻再嘗試著舉高雙腿。堅持兩分鐘。「很痛苦，但是對你有莫大的好處。」這項練習不但對膽囊有幫助，還可使腰身變得苗條。

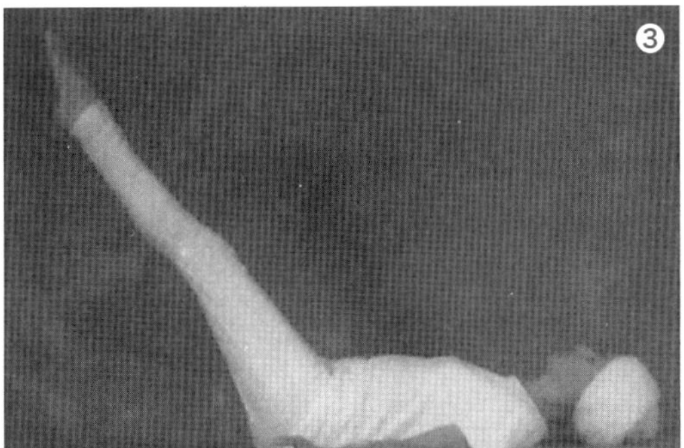


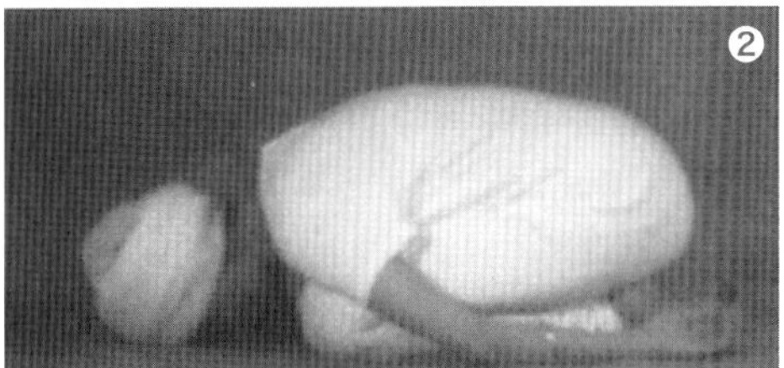

❹躺下，把腿舉高到頭部上方，抓住腳趾，從脊椎底端到頭部後方來回滾動。保持抓住你的腳趾，並滾動（三分鐘）。你正在運作你的神經系統與循環系統。

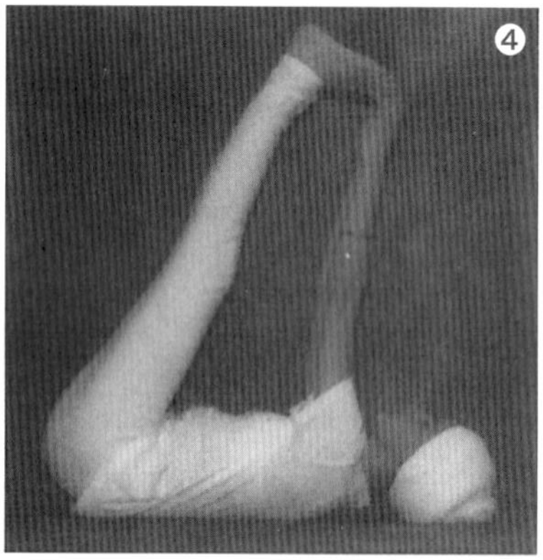


❺立刻坐起到簡易坐（腳輕鬆地交叉姿勢），盡可能平心靜氣，右手做出「U」字型手勢，用右手拇指按住右邊鼻孔、小指按住左邊鼻孔。左鼻孔吸氣、右鼻孔呼氣。持續呼吸，感覺吸入能量、呼出疾病。三分鐘。

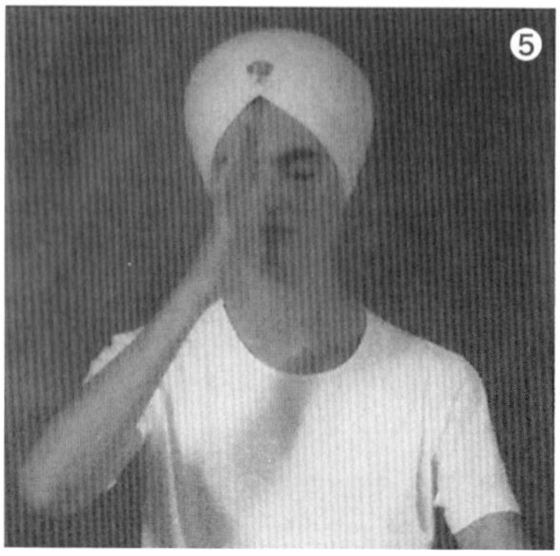


❻簡易坐，雙手互扣在胸前呈熊抓式（bear grip）。左右轉動你的頭，下巴保持與地板平行；下巴轉到左肩時吸氣，轉到右肩時呼氣。這項練習會對甲狀腺與副甲狀腺（健康與美麗的守護者）起作用。

❼讓自己煥然一新。簡易坐，雙臂向外伸直與地板平行，手臂向後畫大圓，宛如在游泳。然後吸氣，彎曲手肘，雙手握住

肩膀。這項練習可以使電流再次磁化。屏息時，能量開始循環。呼氣，讓能量流經身體各部位，你會感到自己煥然一新。

**老化並非始於年齡，而是始於匱乏。**

❽躺下，深度放鬆至少十分鐘。

## 如何進行足部按摩

足部按摩並非只有這個方法，但這是尤吉巴贊大師一開始教導我們的方法。而且，如果你還是新手，這個方法可以告訴你如何開始。

坐在床沿（或者你也可以坐在平常冥想的地方，盤腿席地而坐——如果這樣會讓你感覺比較舒服的話），把一隻腳抬起來放在另一隻腳的大腿上，讓你可以看到腳底板。然後按照以下的步驟進行：

你可能想用些按摩油或按摩霜。避免選用含有大量化學物質的產品，杏仁油是非常好的，有香氣的或者是純的油都可以；在你的腳下墊一塊毛巾，以免把油沾得到處都是。

心理上，你要把自己放進一種「療癒」的模式中，認識到那流經你以及你的手之生命力，是一項神聖的贈禮，被稱之爲「普拉納」（參見一一九頁「療癒之手」的冥想以加強你手中普拉納能量之傳遞）。在一手的掌心中放些油（不要過多），然後用雙手摩擦，準備將之搓揉到腳上。

按摩你的腳時，請參考次頁的「足部示意圖」；注意該頁中右側的圖示是左腳圖，而左側的圖示則是右腳圖！

找出圖示中在大腳趾上標示出腦下垂體位置的點（我們知道那個點指的是對應該腺體的神經末梢，而非該腺體本身）。看你想要先按摩哪一隻腳，就用你的大拇指對腳上的那個點用力施壓；你或許是用另一隻手抓住那隻腳，這樣也可以。你的大拇指可以用繞圈的方式，來回用力按摩那個代表腦下垂體位置的點數秒鐘。

用一隻手的大拇指與食指抓住大腳趾的趾根，並用扭轉的方式在大腳趾與它旁邊那根腳趾之間按摩。然後，再加上往上拉扯的動作，彷彿你正試著要把腳趾從其關節凹槽中拔出來——不會被拔出來啦，希望如此。接著，往上移動約三分之一的距離（來到這大腳趾的中間點）再扭轉並往上拉扯幾次。然後，往上移動到接近大腳趾的頂端，重複扭轉與往上拉扯的動作。想像每根腳趾都被分成三段，接著來到下一根腳趾，重複你對大腳趾所進行的按摩、扭轉、拉扯動作，直到你按摩完那隻腳的所有腳趾爲止。

# 足部示意圖

## 基本足部按摩指南

透過適當的足部按摩，可以讓我們整個神經系統得到放鬆，這是因為人體中所有的七萬二千條神經，其末梢神經都可以在足部找到。當人體中的任何部位發生問題時，足部相對應的區域（如圖所示）會形成鈣和酸性物質沉積物的結晶體；這些結晶體必須以足部按摩的方式來打碎、分解掉，用手指（特別是拇指）以繞圈方式施加七到十一公斤的壓力來回按摩即可。

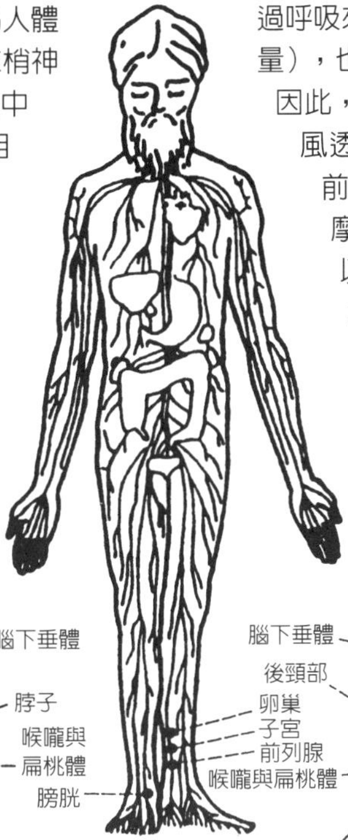

皮膚就像是我們的第三個肺，你不只透過呼吸來吸收普拉納能量（亦即生命能量），也透過皮膚的毛細孔來吸收它。因此，保持足部乾淨並盡可能穿著通風透氣的鞋子相當重要；晚上就寢前，用冷水洗腳並對足部進行按摩，可以鎮定並放鬆神經。也可以用浮石摩擦你的腳，使其保持平滑、不起繭或長硬皮。杏仁油用來按摩的效果特別好，不論你在皮膚上用什麼油或乳霜，切記這些也會被毛細孔吸收進身體的血液之中。

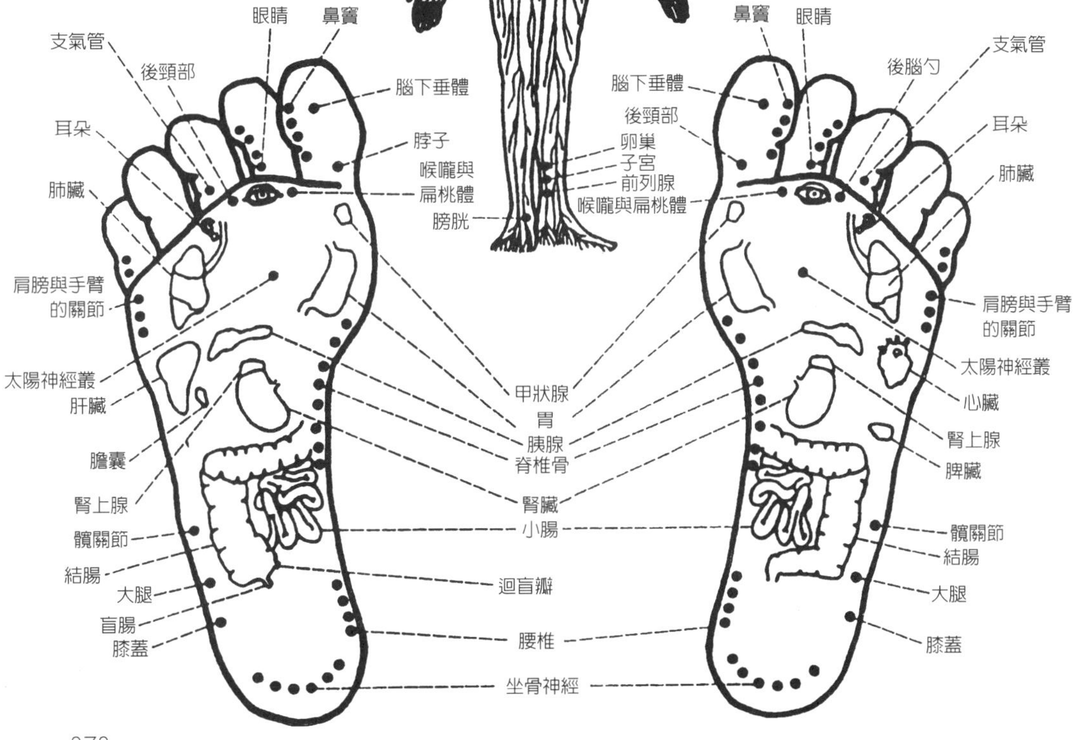

用上你的拇指、手指、甚至指關節，所有這些的目的，只是爲了刺激腳底（七萬兩千條神經）的每一條末梢神經。爲了涵蓋你腳底表面的每一平方公分，直接從大腳趾底開始，以緩慢但有力的來回繞圈方式按摩完整個腳底板——直到小腳趾底爲止。接著往下移，按摩完另一隻腳。你就像是在除草或吸地毯，從左至右，再從右至左，從腳的一邊按摩到另一邊，一次一排，由上往下移動到腳跟位置。「不遺餘力地翻過每一顆石頭。」因爲，你的確可能在按摩時發現「石頭」或看起來像是石頭的東西！那裡就是你可以感覺得到的鈣和酸性物質沉積物之所在，你手指摸起來會「嘎吱作響」的一種感覺。不妨不時回到這些點上，再加把勁多按摩一會兒。

就像足部示意圖所述，人體中的任何部位發生問題時，都會顯示在足部相對應的區域。舉例來說，如果你想改善自己的消化系統，就要花些時間努力按摩該圖中所顯示的腸胃區域。

雖然大部分的器官與腺體，在兩隻腳上都有相對應的神經末梢區域，然而肝臟與心臟的施壓點，都只出現於一隻腳上：心臟出現在左腳，而肝臟出現在右腳；盲腸似乎也只出現於右腳上；脾臟在左腳，膽囊在右腳。所以最佳對策就是徹底按摩兩隻腳，如此一來，你就不會錯過任何器官的末梢神經。事實上，我的忠告是兩隻腳都要按摩，別在按摩完一隻腳後就收工了，否則你會變得不平衡。

一次令人滿意的足部按摩至少要花上十或十五分鐘，要做到十分徹底圓滿，則得花上大約三十分鐘（每一隻腳做十五分鐘）；超級豪華、精采絕倫的足部按摩，可能需要長達一個小時。

記得按摩阿基里斯腱（跟腱）兩側的腳踝，擠壓並放鬆片刻。至少進行一次。

以下是若干讓你例行足部按摩「精進的方法」：

▼用你的手掌握住所有的腳趾，前後彎曲它們。

▼沿著一條想像的線——從腳跟中央直接來到腳趾下方（顯示爲代表支氣管的那一個點）——上下按摩，這是一條「生命線」，你的腎臟也包括在裡面。

▼揉捏你的腳，宛如一位麵包師傅在揉捏他的麵包麵團。

▼按摩完每隻腳時，用雙掌輕快地拍打每一隻腳底（聽起來像是鼓掌聲，我愛極了）。然後從腳跟位置開始，用雙手輕緩地從腳底與腳背兩側拉起手指，彷彿要把任何殘餘的緊繃都拉出來；接著，來到腳趾頭位置，把緊繃都拉出並拉開。最後，甩動你的雙手，把緊繃都甩掉，但要小心不要甩濺到任何人身上！

如果你幫別人做足部按摩，還沒按摩到的那一隻腳，你可以體貼地爲其蓋上毛巾或毛毯，免得那隻腳覺得冷。如果對方在進行到一半時睡著，也別停下來，繼續進到兩隻腳都按摩完畢爲止。讓對方在被按摩足部時睡著，代表你成功了，你眞的讓對方完全而徹底地放鬆了，他或她這時可能正進入了深沉睡眠的階段呢！

當然，除了我所列出的這個順序，還有別的方法可以進行足部按摩，但這是一個讓你可以開始嘗試的好方法，也是尤吉巴贊大師教導我們的方法。你愈常做足部按摩，你的直覺就會變得愈強，愈能夠給你自己指引；你也會變得更有意識、更敏感於應該施加多少壓力、要在何處施壓以及何時應該施壓。

## 就寢前該做的事

### 睡前的冥想

**這是一項絕佳的自我療癒冥想。**

在這項冥想中，控制呼吸節奏有助於加強你的神經系統，並助長平靜而放鬆的睡眠。據說還有助於舒緩時差與其他各種的旅途疲勞。

簡易坐，脊椎打直，右手置於左手上方，掌心皆朝上，兩手的大拇指指尖相觸，視線專注於鼻尖。要找到鼻尖的位置，你可以把食指放在距離臉的前方大約十五公分處，注視著它，然後把食指帶往鼻尖的方向並碰觸到鼻尖；如此一來，你就找到鼻尖的位置了！這時你可以放下食指，讓你的視線（雙眼閉至僅留一條縫隙）保持專注於鼻尖（如果你不習慣注視著自己的鼻尖，可能會覺得尷尬，但只要過了大約一分鐘時間，神經就會自動調適過來了。繼續嘗試。）。你主要的心智專注力應該放在眉心（第三眼的位置），這會刺激到松果體與腦下垂體之間的區域。

僅從鼻子呼吸，將每一口吸氣分成四小次的「吸鼻子」；當你分四次「吸鼻子」時，每「吸鼻子」一次就在心中默念一個音節：

**薩—塔—那—瑪（SA-TA-NA-MA）**

屏息，同時在心裡重複十六個音節（亦即重複四次的薩——塔——那——瑪）：

**薩—塔—那—瑪　薩—塔—那—瑪　薩—塔—那—瑪　薩—塔—那—瑪**

分兩次呼氣：

**哇—古魯（WHA-GURU）**

繼續進行十一到十五分鐘。

（你可以把時間逐漸拉長到三十一分鐘。）

然後，深深吸氣並徹底呼氣，共做三次。隨即再深深吸氣，屏住呼吸，同時舉高手臂並往外伸展至六十度角，宛如一棵樹上的枝椏；保持姿勢片刻，然後呼氣，放下手臂。再重複兩次這組結束的動作，一共做三次。完成後放鬆。

這項冥想，如果你每晚睡前都可以做上三十一分鐘，你的睡眠將會自行調整到這樣的呼吸節奏；一年半之後，你的週期就會變成這樣的節奏了。

## 睡前的運動

為了讓你自己準備好進入深沉的睡眠，不妨試試這三項睡前的運動（當然，這些運動也可以在其他時間，與其他可帶來各式好處的運動一起做）

❶**生命神經伸展**：坐下，雙腿往前伸直，前彎，雙手抓住兩腳的腳趾。如果你抓不到腳趾，就抓腳踝、小腿，或者任何你不需彎曲膝蓋即可抓得到的地方。試著將膝蓋後方保持平放在地板上，前額盡量彎向膝蓋，愈接近愈好。伸展、伸展、伸展、再伸展！如果可以的話，腳趾往後拉並保持伸展，同時從鼻子進行深而長的呼吸，吸氣時想著**薩特**，呼氣時想著**南**。

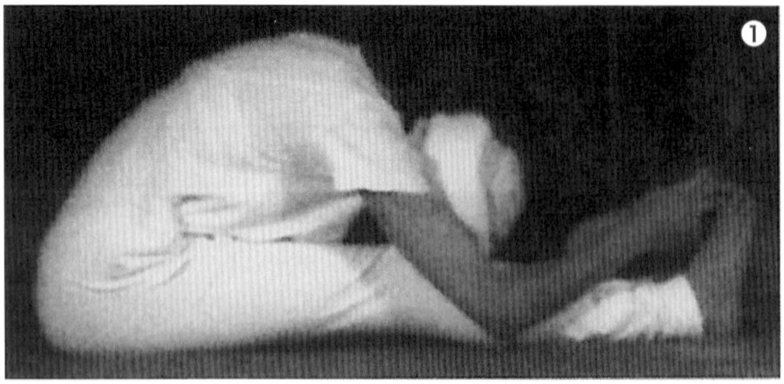

生命神經（分布在腿部後方）會影響你的情緒平衡與神經系統，而這項運動甚至可以強化你的消化系統。沒有規定要做多久，但建議可做三分鐘左右；結束時深深吸氣、徹底呼氣，並收根鎖。

❷**橋式（Bridge Pose）**被包括在一組較長的運動之中，這組運動在《薩達那指南》（*Sadhana Guidelines*）手冊中可以找到，是尤吉巴贊大師特別為睡眠問題而設計的。這組絕佳的練習被稱為「如何征服睡眠」。手掌與腳掌穩定抓地，雙臂與雙腳則保持與地板成直角，手肘不彎曲，如此支撐著身體，從膝蓋到肩膀保持著與地板平行的一直線。你可以讓頭自然後仰，雙手分開與肩同寬，雙膝與雙腳也分開大約相同距離，故雙手與雙腳皆與身體呈直角，使身體形成一座「橋」——這個姿勢必然是由此而得「橋式」之名。再一次，你正在強化神經系統。收根鎖，正常呼吸，一到三分鐘；然後再進行一分鐘或兩、三分鐘深而長的呼吸。

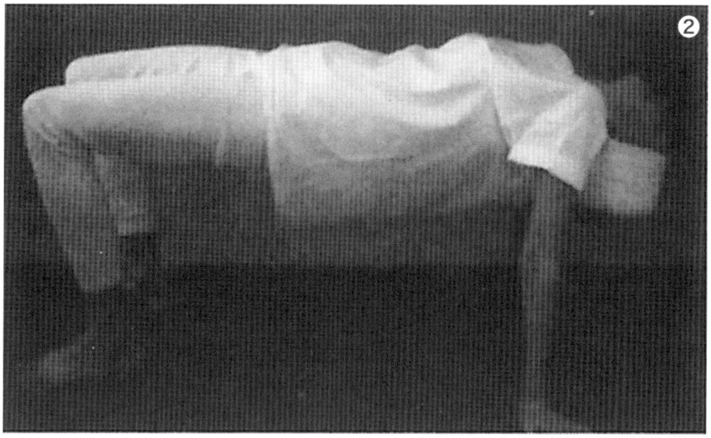


❸躺下，進行大約三十秒的深長呼吸，接著再吸一口氣，雙手舉向天空宛如摘月，從肩膀處開始向

上伸展，確實去抓取宇宙的普拉納；接著屏息，緩慢地彎曲手指抓掌成拳頭，彎曲手肘，將拳頭緩慢地往下帶到你的胸部中央。當雙拳碰觸到胸口時，呼氣；將雙拳往下拉時，彷彿你正在抵抗這項動作的阻力，你的雙臂甚至會因此而顫抖。重複一次這項運動。

❹進行**肩立式**時，背部先貼地躺平，把雙手放在臀部下方作為支撐；你一開始把雙腿舉高至九十度角，就可以用放在臀部下方的雙手把你的身體往上推，直到腳趾指向天花板，身體呈你尚可維持住的一直線。你的重量由你的手肘、上臂與肩膀所形成的三角形加以平衡，你的頭保持在地板上。保持這個姿勢一到三分鐘，同時進行深長呼吸；慢慢解開姿勢後，背部貼平躺回地板上，放鬆。

**晚安！願神祝福你！**

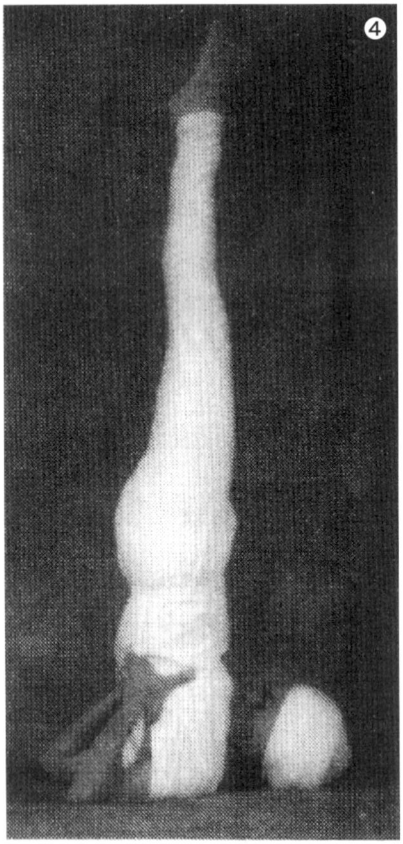
❹

## 消除壓力的三種冥想

**這裡有三個重要的冥想，**
**你可以與你的家人、朋友、敵人、鄰居，**
**甚至雜貨店跟乾洗店的老闆分享！**

以下三種絕佳的奎亞，是設計來對治我們這個國家的頭號殺手：壓力。如果你希望享受輕鬆愉快的感覺，就來練習這些非比尋常的冥想吧。

一九九一年十一月十八日，尤吉巴贊大師在洛杉磯舉辦的健康生活博覽會（Whole Life Expo）中教授了這三個冥想。他告訴與會的眾人要免費將這些方法教給別人，將這些方法與他們的家人、朋友、孩子們以及每個人一起分享。第二天晚上，他也在「西方瑜伽」的課堂上教我們怎麼做，並要我們把這些方法寫下來，無限制地分送給每個人。所以，以下就是這些方法，完全不受任何限制！把它們分享給你的朋友、敵人，教你的鄰居和三親六眷怎麼做，甚至是與雜貨店跟乾洗店的老闆們分享！

**1. 皮塔奎亞（Pittar Kriya）**。將左手掌放在胸部中央（心輪），右手肘彎曲，右手掌成杯狀，從前往後搧過你的右耳，就像是把水潑過肩膀、潑往你的身後。讓右手來回重複這個動作，確定你的手腕有越過右耳的位置，持續進行十一分鐘。記得設定計時器或是看著時鐘，因爲你必須精準地進行十一分鐘，不多不少。接著，深深吸氣，屏息，揮向身後的手臂盡可能離你愈遠愈好（再重複兩次這個動作）。這個奎亞可以消除壓力並清肝排毒。

**2.** 這個冥想有助於加強腺體系統，並能讓所有的脈輪都達到平衡。彎曲你的手肘，把它們壓在肋骨架上，掌心朝上，用雙手的大拇指按住土星指（Saturn finger）（中指）的第一個指關節，然後猛地迅速彈開，同時用單一音調快速、大聲地唱誦「**哈嘞**（HAR）、**哈嘞**」；隨著每一次彈指，一遍遍用舌尖唱誦。持續這個快速的「輕彈」動作（「哈嘞」（Har）中的「a」是個短音，發音就像「a-gain」中的第一個「a」，同時「r」有捲舌），視線注視著鼻尖。

十一分鐘之後，深吸氣，屏息，同時以相同的彈指動作持續按壓、放鬆中指指尖，然後呼氣。再次吸氣，屏息，保持手指的動作（再次重複吸氣與屏息，一共做三次）。大拇指代表著「小我」（Id）。

**3.** 這個冥想有助於你的神經系統（交感神經、副交感神經與中樞神經系統），並加強你「起而行」的能力，驅除你的「垃圾」與「瘋狂的愚行」。注視著鼻尖，雙臂往身體兩側伸出，保持伸直（手肘不彎曲），雙掌朝下；雙臂在你前方以剪刀運動，一上一下、水平地揮動。每次手臂揮動時，即有意識地以舌尖持續唱誦**哈嘞**（**HAR**）。

十一分鐘之後，深深吸氣，屏息，同時繼續揮動你的雙臂（再重複兩次吸氣與屏息，然後放鬆）。

## 冷水澡

尤吉巴贊大師提醒每個人洗冷水澡作爲水療的方法。冷水澡可以打開我們的毛細孔。你必須進出冷水大約四次，直到不再感覺寒冷，而且要同時按摩身體。有人曾經問尤吉巴贊大師，可不可以先洗個熱水澡、再接著洗冷水澡？他回答，「這道理就像你吃了一大堆垃圾食物之後再來吃健康的一餐，無濟於事。」

## 照顧好身爲女人的你

你人生中的成就，端賴你身體中的腺體分泌；如果腺體的分泌可以保持平衡，我們的身體可以用上一百二十年之久。要讓腺體處於良好的狀態，你必須：

▼吃營養的食物

▼洗冷水澡沖刷微血管

▼每天流汗十五分鐘以分泌腺體

▼吃經過適當調味的當季食物

▼吃飯後過四個小時才能上床睡覺……

### 女人專屬的昆達里尼瑜伽

「沒有任何女人的身體必得變醜。女人的身材在走樣之後還是可以恢復原狀，她們的身體有種內在的自動機制可以做到這一點。所以，別怪罪於身體；事實是，女人必須運動。」

——尤吉巴贊大師

昆達里尼瑜伽中的某些運動，對女人來說特別可貴，值得多加練習。

## 「絕地七騎士」（The Magnificent Seven）

在一九八八年的卡爾薩女性訓練營中，尤吉巴贊大師建議了這七個練習作爲每個女人的日常練習，以「維持她們的青春與美麗」。

❶ⓐ**貓伸展式**。往兩側伸展，參見圖示。

ⓑ**眼睛打開**（**Eye Opener**）。在你的手中喚醒你的眼睛」，如同第一八九頁〈早晨如何起床〉該章內容中的描述。

❷**伸展式**。配合十到十五秒鐘的火呼吸。（參見第一九〇頁〈早晨如何起床〉該章內容中的圖示）

❸**眼鏡蛇式**。手掌置於肩膀下方，手指朝前，用手臂推起上半身，手臂伸直，鎖住手肘關節。在天花板上找一個定點，視線注視著它。配合一分鐘的深長呼吸或火呼吸。

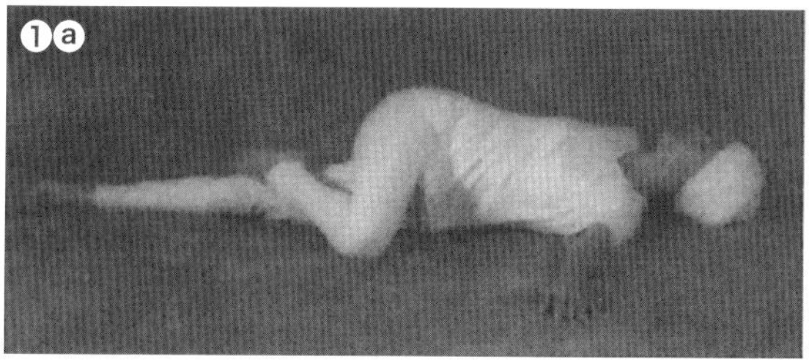
❶ⓐ

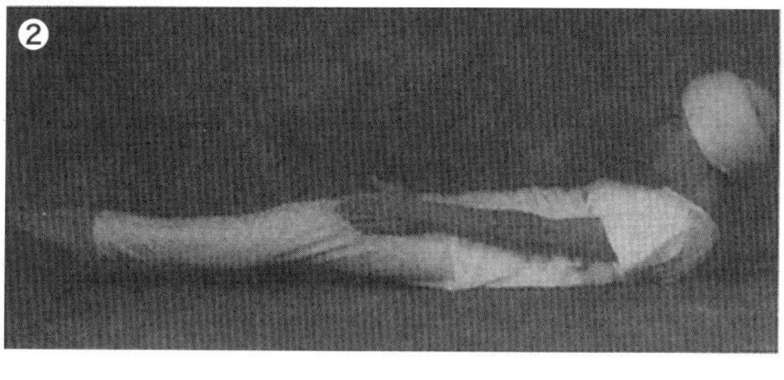
❷

**❹貓牛式**。脊椎、頭部與頭部的一種自然而流暢的動作。吸氣時脊椎拱起（像隻生氣的貓），呼氣時脊椎放下，頭部的動作則與脊椎相反，呼吸要強而有力。當靈活度增加時，速度即可隨之加快。

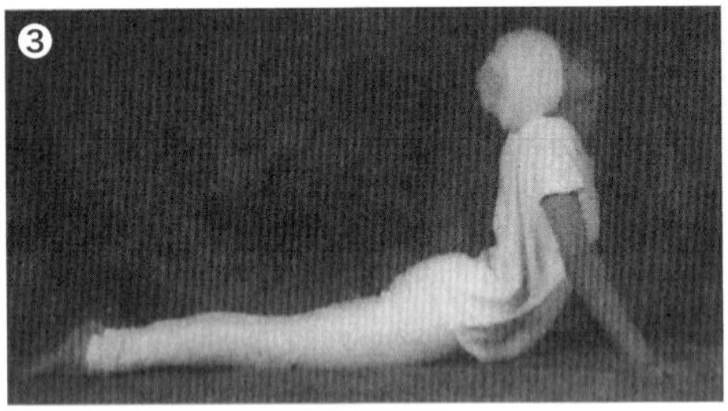


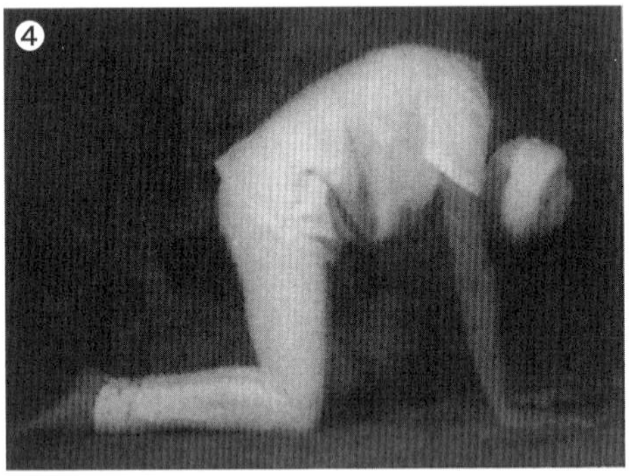


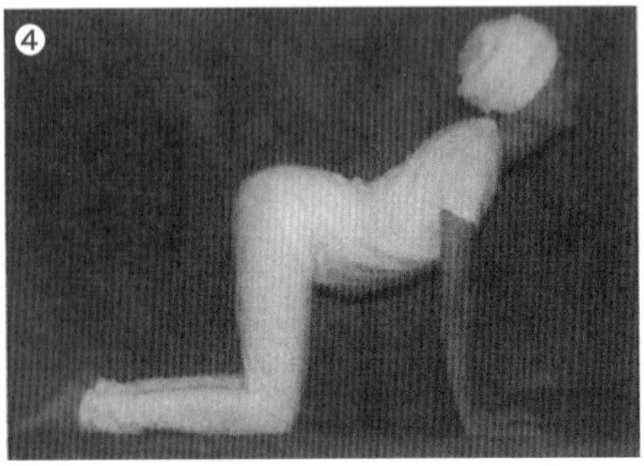


**❺心智標準式（Mental Standard）**。「……另一種的衛生保健法，稱之為心智標準式，一天做三次可檢測你的心理強度。坐下，雙腿往前伸直，雙手抓住兩腳的腳趾，用你的鼻子去碰觸膝蓋。任何時候，只要你感覺緊繃、用盡了能量，就得加以平衡；如果你想面對這世界十二個小時，每四個小時就做一次這項運動。對女人來說，這是絕對必要的！」

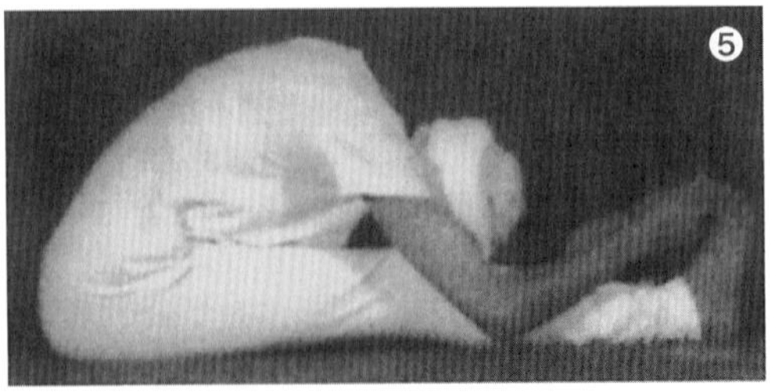

**❻ⓐ岩石坐**。坐在你的腳跟上，配合五分鐘的火呼吸或深長呼吸。

**ⓑ岩石坐向後躺（Rock Pose on Your Back）**。「每當你進食之後，你必須坐在自己的腳跟五到七分鐘；在你的生活中，如果有可能的話，就在晚上的某個時候，像這樣背部貼地平躺下來；如果一個女人可以在晚上做這個姿勢五到七分鐘，她幾乎不會生病。同時，在傍晚太陽下山的黃昏時分做最好。」

**❼肩立式**。古爾普里特卡尼奎亞（Gurpreet Karni Kriya）（肩立式）對女人特別有幫助。背部貼地躺平，雙腿抬高至九十度角，再把整個軀幹往上推高至九十度角，讓身體從肩膀到腳趾形成一直線，由你的手肘與肩膀支撐住身體的重量，而由雙手去支撐下背部。下巴抵住胸口。每天早晨維持這個姿勢五分鐘，可以釋放所有器官的壓力並刺激甲狀腺。每個女人都應該做這個姿勢五到七分鐘……「如此健康、衛生的方式，將會讓你處於良好的狀態。」

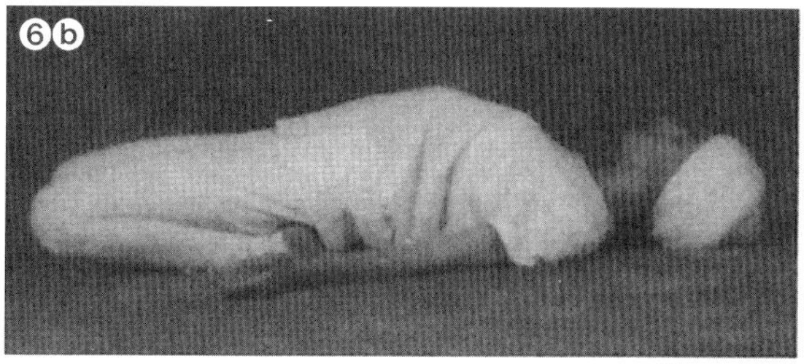


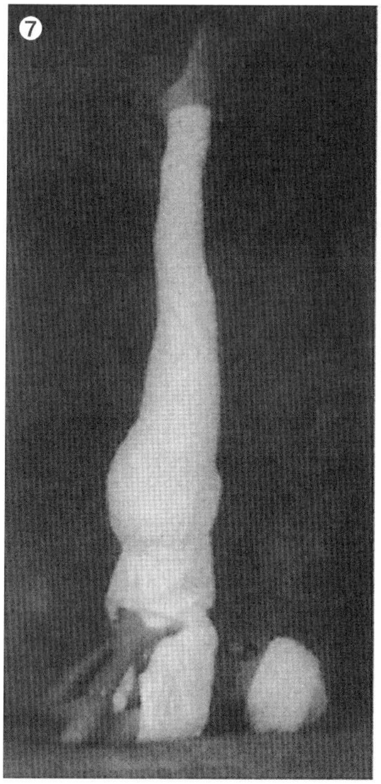

## 有覺知的行動！

對每個女人來說，每天運動是非常重要、也非常有幫助的。正是這種致力於自身有覺知的行動，使我們散發出美麗、優雅的光芒。我們應該要規律地做下列運動，以保持脊椎、器官與神經系統的強壯健康；而這裡大部分的運動，在前面所介紹的幾組運動中你都學過了。

❶**岩石坐**。坐在腳跟，雙掌置放於大腿上或是交疊放鬆；脊椎打直，放鬆。這個姿勢對消化有絕佳的效果，我曾經在某處讀到一個奇特的註記，說著如果一個女人每天以岩石式、即金剛跪姿（Vajrasan）坐著梳頭，她將永遠都不會有白頭髮！我無法為這項效果做擔保，但這似乎是一個有趣的可能性。

❷**生命神經伸展**。坐在右腳跟上，左腿往前伸直，把前額拉往左膝方向。握住你的腳趾（膝蓋的後方要確實平放在地板上），做一到二分鐘的深長呼吸，然後換邊（或者，與其坐在每隻腳跟上往前彎，不如坐在地板上，將腹股溝以上的上半身從往前彎，把前額拉往膝蓋方向）。結束時，把雙腳往前伸直，握住你的腳踝或腳趾。

❸**駱駝式**。（不是「駱駝騎乘」）。膝蓋跪地，大腿與地板垂直，背部呈弧形往後彎，雙手握住兩腳腳跟。頭部自然往後仰，臀部往前推。保持這個姿勢，同時深長呼吸。駱駝式可以調整我們的生殖器官。

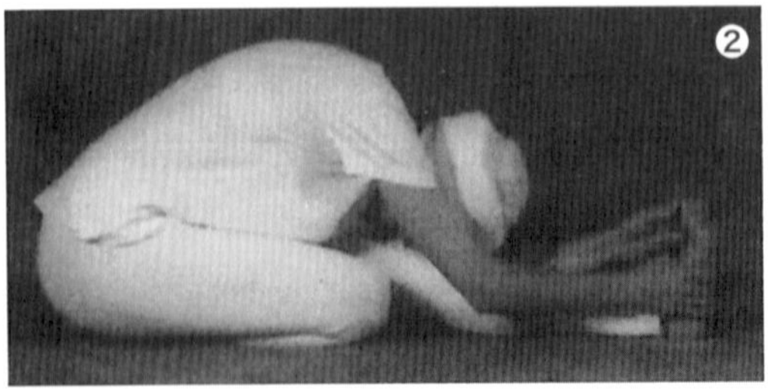

❹**肩立式**。參見第三八〇頁〈就寢前該做的事〉中之說明。

❺**射手式（Archer Pose）**。站起，右腳往前踏穩，膝蓋彎曲以乘載身體的重量；左腳在後伸直，腳掌穩定抓地（如果你把往後的那隻腳掌稍微往外轉約四十五度角，會比較容易平衡）。右手臂往前伸直，彷彿正握住一把弓，左臂往後拉回，彷彿正拉住一支繃緊於弦上的箭，感覺胸部的擴展。雙眼睜大，直視前方，穩定地保持姿勢，深長呼吸，每邊五分鐘。膝蓋彎得愈深愈好。

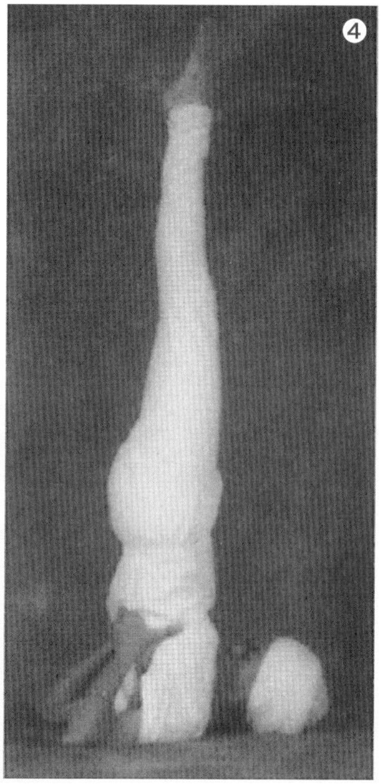


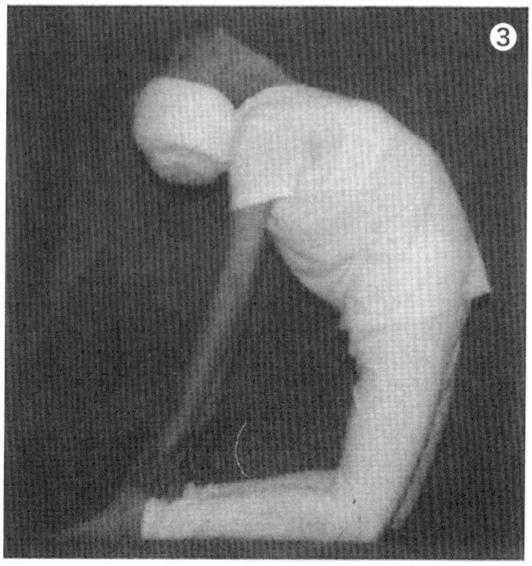


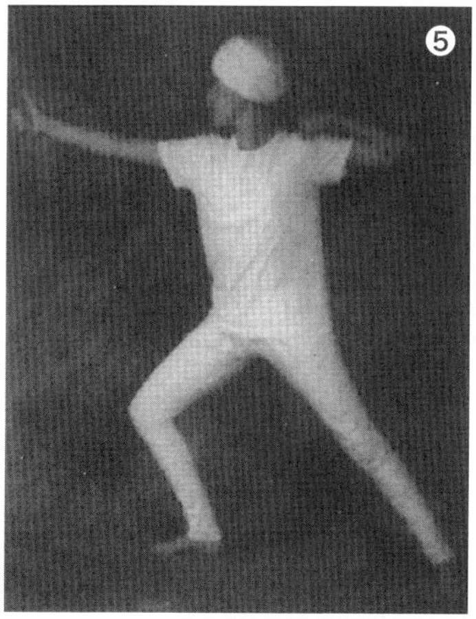

**❻嬰兒式（Baby Pose）**。坐在腳跟上，前額碰觸前方的地板，手臂在身體兩側靠近雙足處保持放鬆，掌心朝上。放鬆地呼吸二到五分鐘。嬰兒式可為眼睛、耳朵、鼻子、喉嚨等部位帶來其所需要的循環。

**❼弓式**。肚子貼地俯臥，雙手往後握住雙腳腳踝並往上拉，盡可能抬高你的大腿與頭部，脊椎成弧形。保持姿勢，深長呼吸二到三分鐘。（弓式有時會跟火呼吸一起進行）。弓式對一個女人的心智可產生極大的助益，並為其帶來平靜。女人也必須學會薩奎亞，學習如何在某些姿勢時配合呼吸的節奏來唱誦，還要學習**薩——塔——那——瑪**的冥想；這些對女人的腺體系統來說，都是不可或缺的。**薩——塔——那——瑪**的冥想更是特別值得推薦給每個女人。

**❽蝗蟲式**。俯臥，雙手握拳並置於臀部下方，相當於腿部關節的位置。腳跟併攏，下巴貼地，雙腿抬高、離開地板。保持姿勢並配合一到二分鐘的深長呼吸。

**❾牛式**。保持姿勢並配合二到三分鐘的深長呼吸。

**❿貓式**。保持姿勢並配合二到三分鐘的深長呼吸。

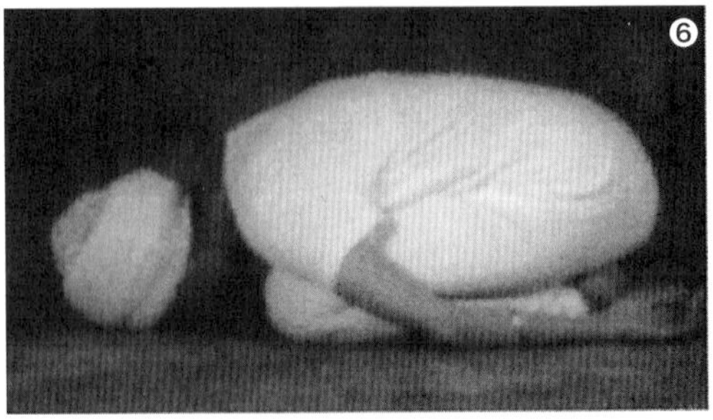


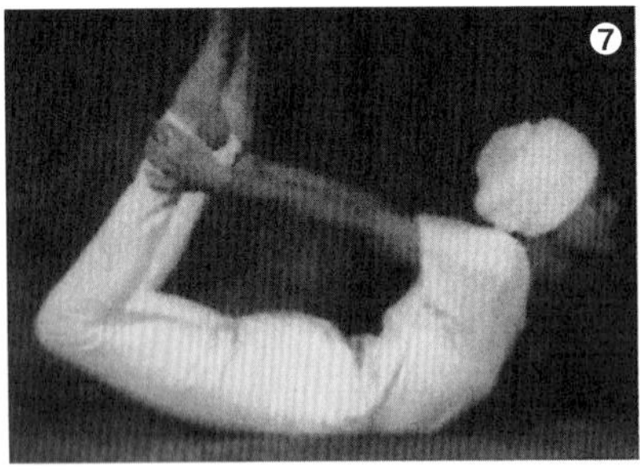

⓫**伸展式**是如此基本而必要的姿勢，幾乎每個章節都會出現！伸展姿勢可以調整丹田，強化生殖器官與腺體，並為全身帶來能量與活力（參見第一九〇頁〈早晨如何起床〉該章內容說明）。

⓬**攤屍式**。沒錯，攤屍式也是一個「練習」，重要性絲毫不亞於其他的運動，在某些方面，甚至比其他練習更重要！在我們的生活中，放鬆不是一種奢侈，而是一種必要；攤屍式可以幫助身體徹底放鬆。確定你的身體呈一直線，背部貼地仰躺時，掌心翻轉朝上。你的心也要同時放鬆，因此，專注在呼吸上，吸氣時想著**薩特**，呼氣時想著**南**。

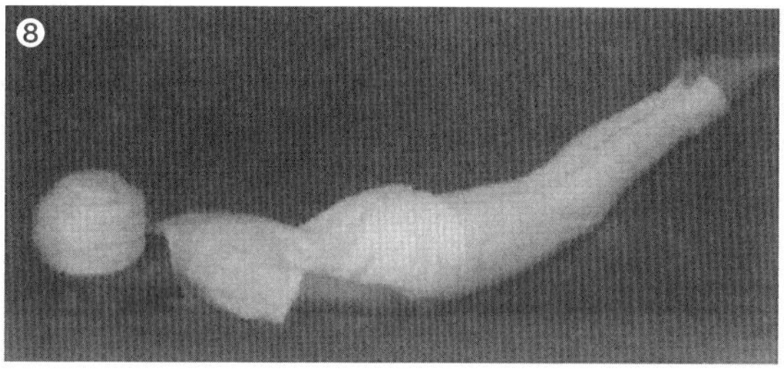


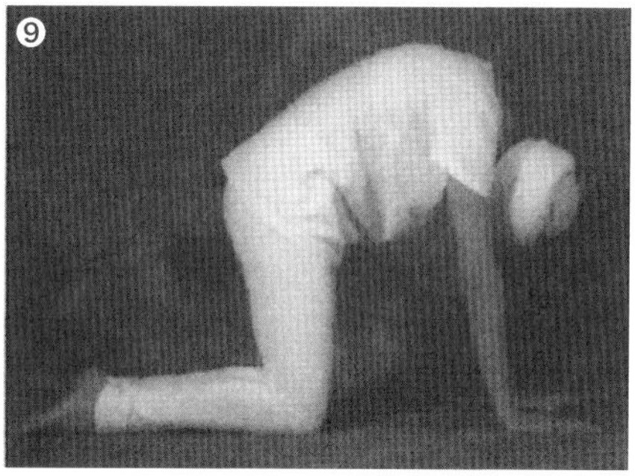


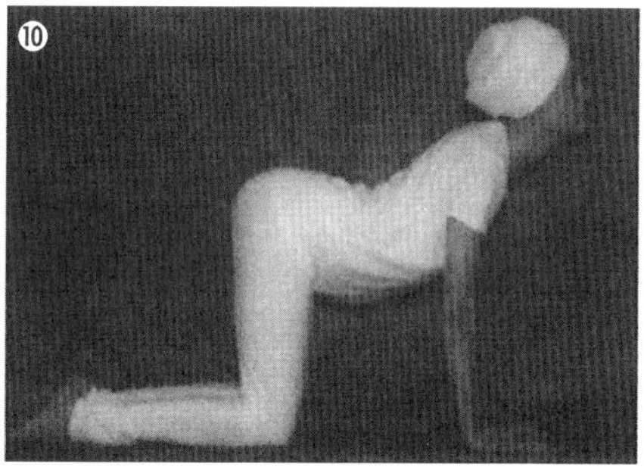


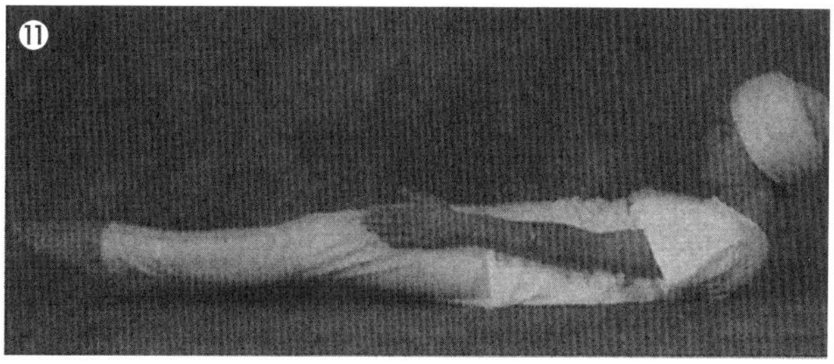

⓭**薩奎亞**。「壓軸好戲」終於登場（參見第三四二頁「放鬆／調整：提升的奎亞」該章內容）。在我們的昆達里尼瑜伽修習中，薩奎亞是一項很特別的練習；因為，它雖然一開始只進行不到一分鐘的時間，如果你願意並且真心想從中獲取最大效益，可以把練習時間增加到三十一分鐘！薩奎亞對全身各部位幾乎都有幫助，對心智與情緒也是；它可以消除抑鬱沮喪，把昆達里尼能量提升至較高的脈輪之中。

## 女性的疾病預防

以下是由六個動作組成的一套簡單運動，加以練習即可改變你的日常習慣。完成每個動作以及全部結束之後，放鬆片刻。

❶仰躺，兩隻手的大拇指與小指分別按壓在一起，雙臂在胸前來回做剪刀運動（雙臂保持伸直）。進行二分鐘。

❷雙臂仍持續上述剪刀運動，同時將膝蓋抬高，小腿亦從一邊到另一邊（從左到右以及從右到左）來回做剪刀運動。進行二分鐘。

❸仍仰躺，雙臂與雙腿放鬆休息，頭部在地板上，快速地左右轉頭。進行二分鐘。

❹將膝蓋帶往胸口方向，雙臂圈抱住雙腿，頭舉高，讓鼻子來到兩膝之間的位置。保持姿勢並進行一分鐘強有力的火呼吸。

❺翻過身來趴下，用拳頭敲打你的臀部後方。這個動作是為了讓你保持年輕有活力，而不是一項懲罰！二分鐘。

❻來到弓式，以丹田保持平衡。保持姿勢並進行二分鐘的火呼吸。

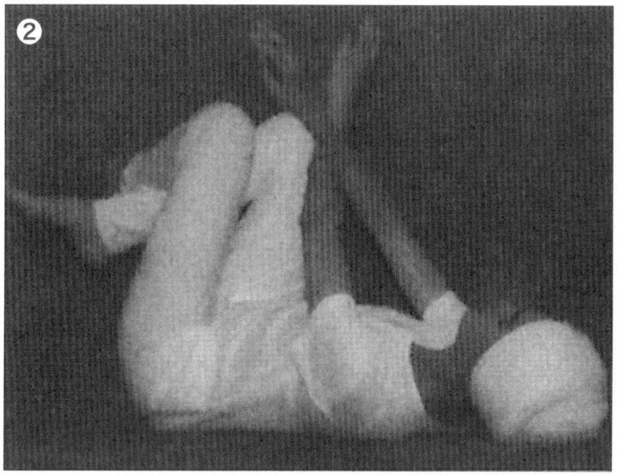


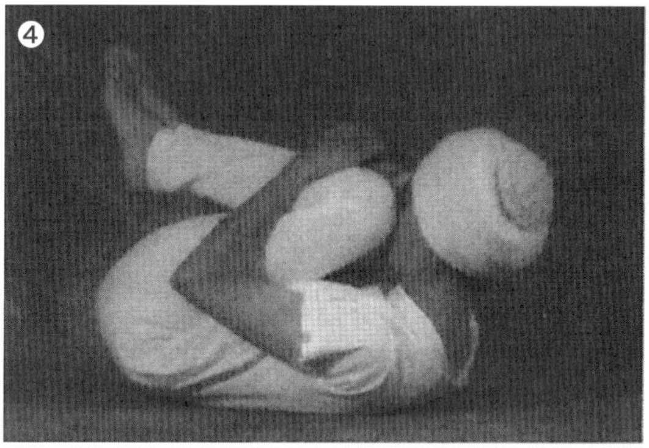


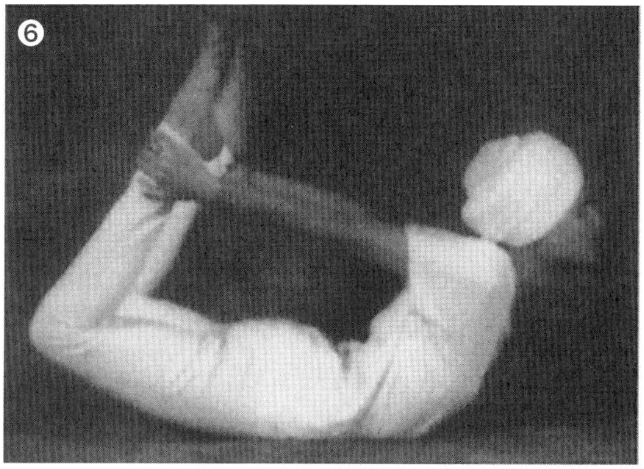

## 食物的力量

### 女性專屬的食物（以尤吉巴贊大師的話來說）

「食物必須經由你的鼻子認可並且品嘗起來美味，否則，你得花上七天時間以及最大的能量才能將之排出身體外，而且還會切斷對大腦與四肢的血液供應，甚至會影響記憶能力。」

這些食物對男性也很有幫助，但是對女人特別有好處。

**預防憂鬱**

「如果你可以在每天清晨吃一根香蕉，在下午四點時吃一大湯匙的葡萄乾，你永遠不會覺得憂鬱沮喪。一天吃一根香蕉可以補充鉀，如果你能維持體內的鉀含量平衡，就不會有不穩定的狀況產生。」

**能量**

「……如果你一天可以喝上三次（杯）的瑜伽茶，你絕不會疲累到倒地不起。瑜伽茶的配

方（參見四〇三頁〈食譜〉的章節內容）就是爲肝臟而調製的。」（且嘗起來也十分美味）

３ＨＯ創辦初期，你遠遠就可以藉由爐子上沸煮著一壺瑜伽茶所飄出的芬芳香氣而辨識出哪一棟房子是３ＨＯ的所在地（有時候會煮過頭！所以你得緊盯著爐上的茶壺）。

## 力量

「一顆甜瓜可以讓女人一個星期都安然無恙。」

## 排除毒素

「身爲女人，三天只靠西瓜過活就可以淨化你的身體，而男人則需要十一天的時間才做得到這一點。看看這樣的悲劇！如果一個男人想要淨化自己的身體、排除所有的毒素，他得禁食其他食物，並且至少吃上十一天的西瓜餐；而一個女人只要三天就可以做到，而且完全沒事。」

## 更多好食物

● 「你吃愈多梨子，就會看起來愈年輕。梨子可以補充血液中缺乏不足的鐵質。」（英文版編者按：梨汁已知對消除子宮肌瘤特別有幫助。你也可以試試把梨子切成小塊，加入少量的水、肉桂和香草一起煮沸。美味極了！）

● 綠花椰菜富含最易消化的蛋白質。

● 一個星期至少有一天要吃茄子，茄子可以讓你性感又迷人，而且富含鐵質；當它被適當地烹調時，就成了你可以吃得到的一種最乾淨的食物。

## 展翅高飛

「早上吃幾個芒果，加些優格、水、玫瑰水（如果可能的話），混合成一杯拉西（lassi）喝下；接下來，你整天都會覺得像是腋下長了翅膀，可以輕快地展翅高飛！」（英文版編者按：拉西是一種印度飲料，由液狀的酸奶與香料調味而成，發音爲「拉西」（lussie），可不是那隻著名的電影明星狗「靈犬萊西」（Lassie）。

# 給女人的瑜伽修行小撇步

## 更多引述自尤吉巴贊大師的建議

## 克服倦怠

尤吉巴贊大師說，「當我無法醒來、不想起床、疲累的程度已超出了自己的修復能力、每件事都不對勁時，神祝福冷水澡！（在〈早晨如何起床〉該章中已詳加解說）如果你無法洗一個完整的冷水澡，至少要用冷水洗手、手肘以及你的臉，用冷水打濕雙手來按摩你的耳朵，把打濕的手放在胸口以及下背部，用冷水洗腳。如此一來，你就又可以安然度過三、四個小時。當身體想往下沉時，冷水澡可以爲毛細孔提供額外的血液，讓你煥然一新。」每天在冷水下按摩胸部，可以刺激你的循環。（乳癌發病率在四十歲以上的女人中高得驚人，因此，我們必須盡一切可能去避免之。從心理上來說，乳癌與內在的憤怒有關；這就是爲什麼我們要以規律地冥想與梵咒的每日靈性修習——薩達那——來清除潛意識的另一個主要原因。勤做薩達那是多麼重要啊！）

## 關於化妝

「你必須學會如何讓你的臉龐散發光采，而不是如何塗抹它。你又不是印地安戰士。化妝不但無法遮掩你的缺陷，反倒讓你的缺陷昭然若揭。化妝就是你的一種宣告。」（尤吉巴贊大師是自然美的強力支持者。沒錯，當你的飲食正確、運動正確、想法也正面時，你的臉龐自然而然就會容光煥發；最重要的是，別忘了微笑！）

## 關於興奮劑

「興奮劑會毀了你，不論什麼樣的興奮劑都一樣。」

## 正確起床就可以容光煥發

「你不能（從床上）這樣跳起來，就像個熱燙的馬鈴薯從鍋子裡跳到地上。這種方式不適合你。男人可以承受這種痛苦，你不行；任何這樣跳下床的女人都會扼殺她那一天的青春朝氣，並且受苦一整個月，因爲你的電磁場會被完全搞砸。」

「在你的手中睜開雙眼，這樣會讓你的眼睛永保年輕。如果你就這麼直接睜開雙眼，很快你就得戴眼鏡了。好了，現在做貓伸展式，往左，再往右。接下來，做伸展式：腿稍微舉高，然後腳、手也舉起，只需幾秒鐘時間。現在，再慢慢起床。你們之中有幾個人是這麼起床的？如果你不這麼做，女士們，你會常常感冒，而且老得很快。」

## 請別在大庭廣衆下做這件事！

「每當你進食之後，你必須坐在自己的腳跟五到七分鐘。如果可能的話，就在晚上的時候，坐在腳跟上、背部貼地平躺下來。如果一個女人可以在晚上做這個姿勢，她幾乎不會生病。一定要做上五到七分鐘。同時，在傍晚太陽下山的黃昏時分做最好。」（參見第三八五頁〈絕地七騎士〉該章內容）

## 如何清洗你的頭髮

「你如何清洗你的頭髮？有人知道嗎？用水、肥皀，還是洗髮精和潤髮乳？你們都錯了。你得先把油塗在頭上，使勁按摩，然後用一條厚厚的布把頭包起來，才不會弄髒你的衣服。你可以把油跟優格混在一起，再加上你想要的香氛，然後拿來按摩你的頭髮。做一條他們稱之爲「毛巾布」的東西，你可以綁得很緊而不讓毛巾布掉下來。讓這塊布包著你的頭一、兩個小時，然後再用你的洗髮精洗頭髮；之後，你想吹乾還是讓它自然乾，都沒關係。最好是待在太陽底下，讓自然的風與陽光來照顧它。你必須每週一次讓你的頭髮、頭部跟頭骨在太陽下曝曬，這一點非常必要。」

## 小爆炸理論（Little Bang Theory）

一個女人的前額不該披散著頭髮。神可以讓頭髮長在任何祂所喜歡的地方，但祂並沒有讓頭髮長在前額上。前額骨、額竇骨或額骨是可透氣的，所以可以將光線傳輸至大腦中的松果體。當成吉思汗征服中國時，他下令所有的女人都必須剪掉她們的頭髮，並在前額要有劉海；他知道，這樣會讓她們膽怯並屈服。信不信由你，重點是，你可以選擇的！

## 神的恩典冥想

肯定詞的技巧已被運用了數千年之久，並不是什麼新鮮事了。文字話語可以經由不斷重複而提升其力量，所以，當你複誦的是眞理時，哇！其所產生的影響是無遠弗屆的。尤吉巴贊大師給了我們一個身爲女人可以運用的最強大誓言，那就是「神的恩典冥想」，簡稱爲「GGM」。

事實是，女人就是神的恩典，每個女人都是一個莎克蒂，問題在於她們自己並不知道。神的恩典冥想是設計來喚醒、彰顯每個女人內在的優雅、力量與光芒，幫助她能調整到直接與自己內在的阿迪·莎克蒂（Adi Shakti）——亦即原力——同頻，讓她能夠將自己的情感導引至正面的方向，強化她軟弱的缺點，發展她的心智清晰度與有效溝通的能力，同時賦予她耐心，讓她能夠通過自身業果的考驗。神的恩典冥想使一個女人可以將有限的自我融入神聖意志當中，同時促進她的身體健康。

**神的恩典冥想是設計來喚醒、彰顯每個女人內在的優雅、力量與光芒。**

藉由這項冥想的練習，一個女人的思想與行爲、性格與心理投射，開始會與梵咒所揭示的無限之美與崇高變得一致。最令人驚異的是，這項冥想做起來竟是如此地簡單！這也是爲什麼我會如此強力地「推銷」它，因爲你可能會因爲它過於簡單而忽略了它，不了解它可以對你的生命產生多麼深遠的影響。

毫無疑問，神的恩典冥想是一項極爲強大有力的技巧，但是我們所宣稱的所有好處都沒有意義——除非你眞的去做！所以，請如實地練習它至少四十天，日出是最好的時機，然後是日落。多麼美好啊！用神的恩典冥想展開並結束你的一天！對進入更年期的女人來說，建議一天可以做五次。記得進行冥想前要空腹。

## 第一部分

### 消除你的不安全感！

仰躺，臉部與身體完全放鬆。深深吸氣，屛息，默念「我是神的恩典」並複誦十次；你可以一次繃緊一根手指，用手指來計數。把空氣徹底呼出，閉氣，再複誦十次。吸氣，繼續同樣的過程，亦即每次吸氣時複誦十次、每次呼氣時複誦十次，共計吸氣五次、呼氣五次，也就是重複默念一百次。接下來：

## 第二部分

放鬆，自然呼吸，眼睛仍然保持閉上，慢慢起身簡易坐。右手呈智慧手印（Gyan Mudra）（食指彎曲於拇指下，其他三指伸直，掌心朝上，手腕置於膝蓋上，手肘打直），左手舉至左肩高度，掌心攤平、面向前方；此即爲所謂的「宣誓」姿勢，你的手舉高宛如正在宣誓。呼吸保持自然放鬆，一次只繃緊左手的一根手指，其他手指雖然伸直，但保持放鬆。專注冥想於掌管那根手指的能量（參見五指的圖示），然後大聲複誦五次：「我是神的恩典」。其餘的每一根手指都以這樣的順序繼續進行，直到做完大拇指爲止。

當這兩部分的冥想都完成之後，把左手放下，休息幾分鐘。

你的情感會得到更爲正面的引導，任何身體或心理上的不適也會得到大幅的改善。據說你若持續練習一年，你的氣場頂端會變成金色或銀色，擁有巨大的力量，神的療癒力將會流到你身上。「神的恩典冥想將帶給你一種自我成效（self-effectiveness）。」

練習這項冥想一天兩次，專注於生命中某個希望矯正或加強的特性。願神賜福予你！

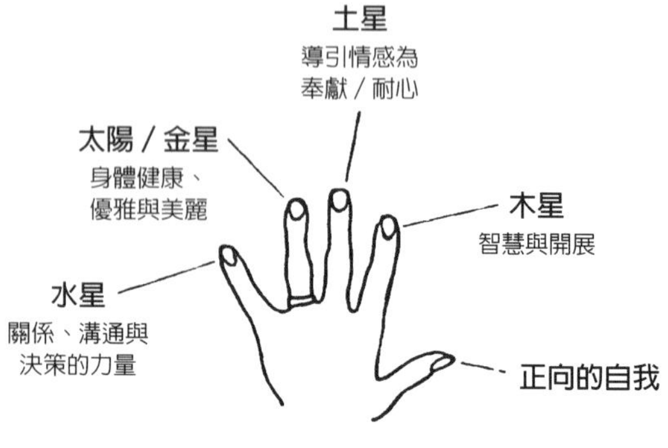

# 食譜

## 瑜伽茶

尤吉巴贊大師的原始食譜

（版權為一九六九年尤吉巴贊大師所有，未經許可不得轉載）

你可以購買小包裝、散裝或是茶包式的瑜伽茶，甚至還有各種不同的口味，但是最能萃取箇中精髓、最佳且最棒的瑜伽茶體驗，莫過於你自己數算出香料、從無到有煮出來的那一杯！以下就是尤吉巴贊大師在一九六九年時教給我的原始食譜。

食材的份量可以根據你的口味來調整，注意別放進太多的丁香或肉桂棒。

約三公升的沸水中加入：

二十顆丁香，看它們在滾水中跳舞！

二十顆綠色豆蔻豆莢（你可以把它們剝開）

二十顆黑胡椒粒

五根肉桂棒

讓水繼續滾沸十五到二十分鐘，然後加入：

四分之一茶匙的紅茶（任何種類皆可）

過一、兩分鐘，再加入：

半杯的冷牛奶（以剩餘茶湯的量來計算，每杯茶湯加入半杯牛奶）

當整壺茶再度滾至沸點時，立刻將之從爐火上移開（要小心盯著免得煮過頭了）。濾出茶湯，如果想要的話可以加入蜂蜜來品嘗。

黑胡椒有淨化血液的作用，豆蔻對結腸好，而肉桂則是對骨頭好；牛奶可以讓香料更容易被吸收，同時還可以避免刺激結腸。紅茶的作用宛如是所有成分的合金，形成一種新的化學結構，讓整壺瑜伽茶成為一種又健康又美味的飲品。

茶中也可以放入新鮮的薑片，特別是你正在感冒或是正從一場流感中復原時，又或者在你需要額外能量的時候。

## 黃金奶

當你彎曲膝蓋時，「劈哩啪啦」作響並不是你想聽到的聲音。薑黃這種微細的橘黃色香料，有助於讓骨頭與關節保持彈性，而且用量也不需太多。這裡的食譜就是為了達到這個特定目的而設計：

八分之一茶匙的薑黃
三顆豆蔻豆莢（加或不加皆可）
四分之一杯的水（大約）

小火煮五到七分鐘，然後加入：

一杯牛奶
兩大湯匙的杏仁油（冷壓）

煮到接近沸點，就別再煮了！

如果喜歡的話，可以加入增甜劑（蜂蜜或楓糖漿）來品嘗。你也可以放進果汁機中打出奶泡——用最低的設定來攪拌即可。

熱熱地喝，黃金奶是一種很棒的睡前飲品。

## 薑茶

薑茶對男人、女人、小孩都好，可說老少皆宜！同時，薑茶對女人月經來時補充元氣特別有效。

將一根大概指頭長度的薑（在雜貨店的農產品區可以找到）切片，放入約一公升的水中煮十分鐘左右；你甚至不用幫薑去皮。濾出茶湯，加不加糖或牛奶皆可，要熱熱地喝。想喝甜的，就加蜂蜜或是楓糖漿，但千萬別用白糖！否則會使薑茶的功用整個失效。薑可以爲脊椎上的神經中心帶來額外的能量。

## 穀物混合粥

高蛋白／易消化

（根據尤吉巴贊大師的食譜）

（食材的份量只是大略估算）

十六杯的水

半杯的綠豆

先煮綠豆約十分鐘，然後加入其他材料如下：

一杯徹底清洗過的白色印度香米

一顆洋蔥，切碎

五到七瓣大蒜，切片或切碎

一茶匙的薑，去皮並切碎

半茶匙的薑黃

半茶匙的黑胡椒粉

四分之三茶匙的乾紅辣椒碎末

半茶匙的小茴香或加萊姆馬薩拉（印度綜合香料，加或不加皆可）

慢煮（蓋住鍋蓋）三十到四十分鐘，直到食材變軟、「如湯汁般濃稠」。

加入一、兩杯任何切碎的蔬菜，以綠色蔬菜爲佳，像是蘆筍、芹菜、綠花椰菜、櫛瓜、瑞士甜菜；你也可以加入胡蘿蔔及/或蘑菇，或是你較喜歡讓它保持簡單，只用上一、兩樣的綠色蔬菜。

可選擇：在烹煮時，加入有機氨基酸豉油（Braggs Liquid Aminos）（類似日式有機黑醬油（Tamari）），若以上述的食材份量，大約按壓噴嘴二十次就夠了；或者，你也可以把它放在桌邊，等要吃的時候再加。在所有的蔬菜中加入幾小枝新鮮的薄荷一起煮，味道也非常棒！

建議：若要搭配成一套完整的餐點，可以跟優格與烤過的皮塔餅（Pita Bread）一起吃！

※你可以在《金廟食譜》（*Golden Temple Cookbook*）（尤吉巴贊大師著）、《愛，來自蔬菜》（*From Vegetables With Love*，希瑞・斐德・考爾 Siri Ved Kaur 著）、《印度好滋味》（*A Taste of India*，英德吉特・考爾著）中找到更多的瑜伽食譜與素食美食。

## 超級營養的馬鈴薯

以下是尤吉巴贊大師教導我們烹煮一道美味菜——幾乎可當作主餐——的原始食譜，並搭配了機能性的草本根三人組：大蒜、洋蔥、薑。我在一九七一年的筆記中發現了這道食譜。

在溫水中洗淨一顆馬鈴薯，然後烘烤它。同時，以橄欖油煸炒下列材料：

約八十五克切成碎末的薑

約一一〇克切碎的洋蔥

一茶匙（大約）切成碎末的大蒜

一些薑黃

凱莉茴香（caraway seed）
紅辣椒（視你的口味加入，小心，這很辣！）
少許綠豆蔻粉
一些丁香
少許肉桂粉

煸炒至洋蔥變成漂亮的黃褐色，可視你的口味混入鬆軟的白乾酪。將烤好的馬鈴薯從頭尾處對半切開，舀出裡面的馬鈴薯並搗碎，將半個馬鈴薯泥的份量與上述煸炒食材的一半份量相混，塞回原來的馬鈴薯皮中，再放一片切達乾酪在整顆馬鈴薯上頭，放回烤箱中讓它融化，搭配上新鮮鳳梨、小蘿蔔、切片的青椒，就成了一道超級無敵營養的馬鈴薯佳餚！所以，一次可別吃超過兩顆；如果你吃得過飽，喝杯牛奶可以讓你緩和下來。

食用建議：搭配沙拉及一碗優格一起吃。如果你對乳製品過敏，可以選擇羊奶乾酪或豆奶乾酪，以及羊奶優格。

每當你烹煮任何東西時，記得要一邊唱誦梵咒。祝福食物，是尤吉巴贊大師一開始就教導我們的幾件事情之一：不要吃任何未感謝神之賜予的食物，以及烹調時必定唱誦梵咒，讓好的振動可以進入你所烹調的食物之中。對於你要端給家人、朋友享用的食物，你當然會希望加入你的祝福祈禱，而他們也會感受到這份祝福。如果你曾經有幸能吃到尤吉巴贊大師所烹調的食物，你就會明白我的意思了。

## 辣甜菜根紅薯砂鍋

### 尤吉巴贊大師自創的食譜

當流感季節來臨時，就是該吃些特別食物的時候了。一分預防勝於十分治療！這道甜菜根砂鍋不但嘗起來棒極了，你的肝跟你的腸也會很愛它。如果你有低血糖症就要謹慎一點，因爲甜菜根的甜度相當高。

材料：

四顆大小中等的甜菜根
一大顆紅薯
半杯荸薺
一大顆切成碎屑的洋蔥
四分之一杯切碎或磨碎的薑

五瓣切成碎末的大蒜
一根墨西哥辣椒，切碎（加或不加皆可）
一茶匙的薑黃
一茶匙的肉桂
一茶匙的黑胡椒粉
一茶匙的卡宴辣椒粉（cayenne）
半茶匙的綠荳蔻粉
四分之一茶匙的丁香粉
四分之一茶匙的肉豆蔻粉
三大湯匙的酥油（澄清奶油）
有機氨基酸豉油（品嘗時調味用）

你可以用蒸鍋或用壓力鍋一起煮紅薯與甜菜根。在蒸氣壓力下蒸煮十分鐘之後，先取出紅薯，繼續蒸煮甜菜根十到十五分鐘，或是蒸煮到變軟爲止。

在一個大的平底深鍋中融化酥油，加入切碎的洋蔥。三到五分鐘之後，再加入薑、大蒜、墨西哥辣椒，繼續煸炒至洋蔥完全變色、軟爛爲止——要在小中火上烹煮，洋蔥才不會燒焦。

等到這些食材都充分混合、炒熟之後，再加入香料，在小火上煸炒幾分鐘。

從蒸鍋中取出甜菜根，在冷水下沖洗、去皮。紅薯也要去皮。把兩者都切成小塊（愈小愈好）混合在一起，將之加入洋蔥、薑、大蒜等之中慢慢混合。加入荸薺繼續充分混合。你喜歡的話，也可以依據自己的口味加入有機氨基酸豉油。

吃的時候可以灑上一些切碎的新鮮芫荽葉，最好可以搭配番紅花米飯與一杯熱瑜伽茶一起吃！（我喜歡跟優格一起吃）

## 番紅花米飯

在一茶匙的酥油中，煸炒幾分鐘約四分之一茶匙的番紅花；加入四杯水，煮沸時再加入兩杯米，繼續烹煮。你也可以加些檸檬汁增添風味。

## 酥油

酥油是去除雜質的奶油。以文火煮沸無鹽奶油，一直煮到雜質浮出到鍋子的最上層；不斷撇掉表層的「泡沫」，直到只剩金黃色的清澈液狀酥油，你就大功告成了。如果冷藏起來，它會變硬，而且可以保存很久；但即使沒有冷藏，它還是會變硬，也還是可以被保存起來。

# 資料來源與查詢資源

## 書籍

書店架上充斥了各式各樣的自助書籍，五花八門的主題包括了時間管理、心理學、哲學、人際關係、形上學、占星學、命理學、靈性事物，幾乎涉及所有你可以想到的題目，都是有關如何最有效地利用我們的生命，以及如何去解決似乎是人們讓自己所陷入的混亂困境。

有些書相當不錯，但有些則否；事實上，有些書非常容易讓人產生誤解，並非每本書都是福音。只因爲某件事被印在書上，並不保證那必然是正確的；你得從出現在你面前的浩繁卷帙裡，淘洗出埋在書頁當中的金子。當我二十幾歲時，我開始探索東方哲學，參加好萊塢維丹塔寺（Vedanta Temple）、好萊塢以及太平洋帕利塞德（Pacific Palisades）的自悟同修會（由帕拉瑪罕撒・瑜伽南達 Paramahansa Yogananda 創辦）所舉辦的講座課程；人們給我形上學與東方哲學的書，而我也如飢似渴地閱讀我所能找到的一切材料，以期它們能給予我若干生命意義的提示。有些書（有時候還只是摘錄）遂成了我畢生的啓發與指引。

如果一個想法有價值、聽起來有道理，它似乎會躍然紙上，浮現在我的眼前，彷彿那是用明亮、粗黑、色彩鮮豔的字體所印成；當我讀到某個似曾相識的說法時，內心就會有某個聲音在大叫：「對了！就是這個！」現在也仍是如此。當然，我試著謹記住，自己在詮釋作者話語的方式上，總是會有錯誤的可能性，因爲我們總是聽見自己想聽的、看到自己想看的。而有個大寫字母「T」的眞理（Truth），並不總是容易被理解或接受。

我熱愛於發現解釋事物的新方法，使得概念可以更清楚地被理解。我試著別「一竿子打翻一船人」，而設法摘選出似乎對我有用且相關的部分，再把其他部分拋諸腦後。

我很高興能推薦你若干對我產生巨大影響的書。其中某些是新近的書，某些則是永恆的經典——我認爲它們永不過時。有些書我甚至反覆地一讀再讀，樂此不疲；每一次閱讀時，我都會學到某些新的事物，更加深我的理解。

與朋友分享一本好書的發現，是一件莫大的樂事。（我也希望你會想跟某人分享這本書！）

有句俗諺說：「人能至心求道，明師自會顯現。」同理，我認爲當人能至心求道時，好書也會自然出現。我發現，當我知道得愈多時，也就愈容易學習得更多。我希望這些書對你的助益如同它們對我的一樣多，擴大你的參考框架，並且提升你對這場被稱爲人生的偉大冒險之理解。

那麼，讓我們開始吧：

# 歷久彌新的經典

## 哲學

**《有一條河》（*There is a River*）**

湯瑪斯．薩格魯（Thomas Sugrue）著　一九九七年／中文未出版

（愛德格．凱西 Edgar Cayce 傳記）。這本書雖揭露了凱西在催眠狀態下（指接通了一個療癒知識與資訊的更高來源①）的生命轉化之非凡故事，但我更想跟人們分享的部分，是凱西對上帝如何

從祂之中創造出萬物的詳盡描述，並將上帝比喻爲一座廣闊無垠、無邊無際的海洋。

海洋的某些地方會有巨浪、某些地方會有冰山，但不論它是溫暖或寒冷、靜謐安詳或有風暴肆虐，水的組成成分始終是$H_2O$。凱西的比喻證實了神與神的所有一切體現，其本質上所具備的統一性與一體性。

### 《宇宙意識》（*Cosmic Consciousness*）

理查·布克博士（Dr. Richard Bucke）著　一九九一年／中文未出版

請把你的注意力放在一開始的八十頁左右，這是「必讀」的部分；作者布克博士，一位加拿大的精神科醫師，在此說明了意識的進化理論。至於本書的其餘部分，則是病歷的敘述。我發現這個想法極爲引人入勝：岩石有一種基本的「意識」讓它得以保持完整的分子結構，凝聚成一塊固體。然後，這樣的意識進一步演化成更高等的植物生命意識，是一種會去尋求光線與水分、並藉由光合作用變成綠色的意識。意識階梯的下一步，就是在本能層級的動物意識，級別更高的人類之中，更出現了直覺的意識。但是，這並非意識進化的最終產物，還有超越直覺以外的事物，也就是大師、聖人與瑜伽修行者們所經歷的體驗——「宇宙意識」的轉化狀態，亦即我們稱之爲「瑜伽」的狀態。雖然這些在意識上的進化已超越人類意識的人，並沒有產生任何形態上的改變，但他們跟你我的差別，可能就如同植物跟岩石、或是一個人跟一條狗的差別呢！

---

①愛德格·凱西研究學會（Edgar Cayce Research Society）記載了上千種根據其授意而寫成的治療方法。

## 《認識神》（*How to Know God*）

克里斯多福·伊薛伍德 Christopher Isherwood 與斯瓦米·帕拉伯瓦南達 Swami Prabhavananda 合著

一九九六年／中文未出版

如果我被丟棄在一座荒島上，這絕對是我想要帶在身上的書籍之一；我認爲，其所提供的觀點十分寶貴。本書爲理解客觀的宇宙法則，亦即適用於我們個人生活中每個事件的「遊戲規則」，提供了一個基礎。這項理解使得每個時刻都有了靈性的意義，也讓許多痛苦的經歷不再那麼令人難以忍受——當我們可以將它們視爲成長的課題與機會時；而當然，它們確實是如此。

基於帕坦加利的古老箴言——第一位將帝王瑜伽（「國王」或「皇室」的瑜伽之道）的技能記載下來的瑜伽修行者，我認爲《認識神》是一本「必備」的經典。它的古老智慧描述了一個人如何進化，並指出他或她的潛能，以及出生、死亡與輪迴的循環如何運作；它說明了我們出生時即帶來的特定思想模式（業習印記）如何深植於我們的心智之中，以及如何影響我們。它也描述了三摩地（開悟）的八個階段。

並不容易一次把本書所有內容消化完，所以我建議的方法是，一次讀個幾頁，而且不要在任何難以理解的概念上多做掙扎，只要繼續從頭到尾地讀完即可。

花點時間，用支螢光筆（我最喜歡用黃色）把任何顯著、突出的想法標記出來。然後，過幾週之後回過頭來，再看一次；看看是否上次你所標記出來的想法仍然可以打動你，或許有些新的東西會讓你眼睛一亮、進而啓發你的心智。帕坦加利是第一位把遵循這條瑜伽之道的具體指示形諸於文字的瑜伽修行者，帕拉伯瓦南達與伊薛伍德更爲其補充了符合當代需求的評論。本書不啻是一份價值非凡的珍寶。

**《和平瀉湖》**（***Peace Lagoon***）一九六九年／中文未出版

本書絕對是一本在荒島上的良伴，由開悟的生命體處於他們最高的冥想意識時，所揭露的宇宙智慧之詩意解讀。它包含了全世界的錫克徒每日吟誦的神聖、強大之禱詞，書中的話語宛如在對靈魂述說，既療癒人心又讓人深受啓發。

**《薄伽梵歌》**（***Bhagavad Gita***）

克里斯多福・伊薛伍德與斯瓦米・帕拉伯瓦南達翻譯及評論　二〇〇二年／中文未出版

這本經典不僅值得在你的書架上占有一席之地，更值得你把它從架上拿下來，好好閱讀、欣賞。它說的是戰士阿朱那的故事。阿朱那不想上戰場戰鬥，得由克利西那王（Lord Krishna）（阿朱那只把他當成朋友）來說服他去盡他的責任、披掛上陣。《薄伽梵歌》（神之歌）詳述了瑜伽的三重途徑（三道）：業瑜伽、奉愛瑜伽以及智慧瑜伽。《薄伽梵歌》還有其他的翻譯版本，但我認爲這本有最佳的評論，也最容易閱讀。

**《柏拉圖對話錄》**（***Great Dialogues of Plato***）

勞斯（W.H.D. Rouse）翻譯　二〇〇八年／中文未出版

提醒你注意第七卷（514A-516B）中的「洞穴比喻」（The Analogy of the Cave），在良師圖書（Mentor Books）於一九五六年出版的平裝本中，開始於第三一二頁，甚至有一幅畫描繪著代表全人類的洞穴居民，畫中他們住在黑暗之中，看不到洞穴之外的眞實世界，把洞穴牆壁上的陰影當成是眞實存在的事物。這是很棒的經典故事之一，值得好好閱讀，其智慧與眞理將恆久流傳。（你或許會想閱讀整本的《柏拉圖對話錄》，但這一個故事特別以圖表示並以令人難忘的方式說明幻象的概念，亦即人們錯將幻覺當成了現實。）

**《一個瑜伽行者的自傳》（*Autobiography of a Yogi*）**

帕拉瑪罕撒・瑜伽南達（Paramahansa Yogananda）著　一九四六年／中文未出版

這是我最初讀到的幾本書之一，有關一位弟子與他的靈性導師之經驗；我第一次在一九五六年看到這本書時愛不釋手，甚至整晚不睡地閱讀它。瑜伽南達激勵人心的經歷、他與導師的課題，以及他最後移居至美國的過程，使這本書成爲讓數百萬人入迷的讀物。

**《阿瓦塔》（*Avatar*）**

讓・阿德芮爾（Jean Adriel）著　一九七一年／中文未出版

這本有關美赫巴巴（Meher Baba）的書，作者是一位美國女性門徒，描述自己在印度時於巴巴的靜修聚會處之經驗，以及巴巴讓她經歷的考驗；內容不僅有趣，且極具教育性。對大部分的西方人來說，要了解學生與靈性導師之間的師徒關係，並不是一件容易的事，因爲這並非深植於我們文化中的一部分；讀這類的故事，有助於讓我們了解這樣的概念。

我在一九五六年見過美赫巴巴本人（他在幾年之後便去世了），當時他來到加州；事實上，他拜訪了每週三晚上在我的西好萊塢公寓聚會的冥想團體。他跟幾位追隨者一同前來，並透過一位口譯者作了一次「非正式的演講」（他已經沉默不語多年），是一場相當難得的盛會。

當然，對任何人的崇拜，不論他是多麼地開悟，都不是我所欲遵循的道路。但你可以從這本書中學到很多，包括對靈性導師的奉獻與熱愛，以及導師如何與弟子相處並幫助他們突破自我等方面。

### 《探索奇蹟》（*In Search of the Miraculous*）

鄔斯賓斯基（P.D. Ouspensky）著　一九四九年／方智一九九九出版

鄔斯賓斯基有段時間曾是俄羅斯神祕主義者葛吉夫（Gurdjieff）的弟子。我第一次讀這本書是在四十多年前，至今我仍記得書裡所提到的若干自我意識的練習。本書主要傳達的訊息是，我們全都是機器人，是沒有自我意識、只會反應的機器，任何人都可以觸動我們的按鈕，激起我們的怒氣或不安全感等等，除非我們能開始「自我鍛鍊」。本書闡述了某些相當技術、數學方面的理論，但我略過了那些章節；反倒是若干關於人類行為類型的描述內容相當有趣。我認為鄔斯賓斯基（及／或葛吉夫）的哲學中，主要的美中不足之處是在於強調個人力量的獲取，但並未認可神才是眞正的執行者（Doer）。

## 「就在當下」的書籍與錄音／影帶

### 《尤吉巴贊大師的教誨》（*Teachings of Yogi Bhajan*）

尤吉巴贊大師著　一九七七年／中文未出版

本書除可提供眞知灼見的指導，讓你能記住並融入你的生活之中，書中的文字更是可被複誦的梵咒，字字珠璣的永恆智慧，來自這個時代最偉大的導師之一。大聲誦讀九到十一頁，感受你自己內在的轉變。「知道智慧不代表什麼，體驗智慧才會變成知識，然後你才能夠經得起時間的考驗。」②你可以藉由這些話語啓發自我的意識。

### 《名叫西里．辛克．沙嘿伯的這個人》（*The Man Called Siri Singh Sahib*）

M.S.S. Sardarni Premka Kaur Khalsa 及 S. S. Sat kirpal Kaur Khalsa 著　一九七九年／中文未出版

這是於一九七九年時所出的紀念版，爲了紀念我們的靈性導師西里．辛克．沙嘿伯，巴伊．沙嘿伯．哈爾巴贊．辛克．卡爾薩尊者（Bhai Sahib Harbhajan Singh Khalsa Yogiji）的五十歲生日。本書不僅包含了他的生命及成就故事，還有描述3HO生活方式教導的精采文章，深具啓發性與教育功能；它概述了3HO在西半球的誕生與不可思議的擴展過程，以及錫克正法因尤吉巴贊大師的生命與志業所促成之復興；它描繪出一個了不起的人及其了不起的成就，他對學生的挑戰是：「你應該比我好上十倍！」他的訓誡是：「你要愛的不是我，而是我的教導。」他的哲學是：「重要的不是生命，而是你帶給它的勇氣。」③他的座右銘是：「如果你無法在萬物之中看見神，你就根本看不見神。」

別把這本書束之高閣，而要把它放在你可以拿來一讀再讀、不斷深受啓發的地方。這是值得你珍藏的一本書。

### 《西半球錫克正法的歷史》（*History of Sikh Dharma of the Western Hemisphere*）

Shanti Kaur Khalsa 著　一九九五年／中文未出版

本書提供了令人驚歎的全方位觀點，說明一九六九年到一九九五年間錫克的生活方式如何在美國和歐洲推展開來。二十五年來，在西里・辛克・沙嘿伯・巴伊・沙嘿伯・哈爾巴贊・辛克・卡爾薩尊者這位先鋒的引導下，西方出生的錫克徒有了驚人的成長與發展。美麗的全彩照片更爲這本「咖啡茶几」書的歷史增色不少。

## 瑜伽技能

### 《薩達那指南》（*Sadhana Guideline*）／中文未出版

這本手冊提供了手印、梵咒及奎亞的基本資訊，還有多套的運動，特別適合初學者使用。每個昆達里尼瑜伽的學生與教師手邊都應該要有一本。查看「古代治療方法目錄」（Ancient Healing Ways Catalog）即可找到這本手冊，還有所有其他的昆達里尼瑜伽手冊。你可以建立起自己的圖書館及專門知識。

②尤吉巴贊大師。

③根據尤吉巴贊大師在九歲時閱讀的小說《堅忍》之開場白。

**《金盾的靈魂》**（***Psyche of the Golden Shield***）

比比吉・英德吉特・考爾（Bibiji Inderjit Kaur）根據尤吉巴贊大師的教誨彙編而成　二〇一四年／中文未出版

想了解各種唱誦的正確音節組合，以祈求繁榮、保護、夫妻和諧、勇氣、擺脫恐懼、解決仇恨等等？這是一本「音流的手冊，一項神聖能量的組織工具。」這本價值非凡的參考書包含了「來自錫克聖典（Sikh Scriptures）的祈禱與力量之話語，藉由加強各個領域的靈魂來喚起梵咒全面而完整的力量。」譯本、音譯本以及原始的古魯穆基手稿本一應俱全。

**《靈魂中的靈魂》**（***Psyche of the Soul***）／西里・辛克・沙嘿伯・巴伊・沙嘿伯・哈爾巴贊・辛克・卡爾薩尊者與巴伊・莎希巴・莎達尼・莎希巴・比比吉・英德吉特・考爾・卡爾薩（Bhai Sahiba Sardarni Sahiba Bibiji Inderjit Kaur Khalsa）合著

（辛克・沙嘿伯・聖辛克・卡爾薩醫學博士（Singh Sahib Sant Singh Khalsa, M.D.）翻譯與彙編）／中文未出版

音流運作的寶貴知識，包括錫克徒（及其他人）每日例行祈禱的力量與承諾，美麗的古魯穆基譯文及音譯，詳盡的索引；與《金盾的靈魂》互爲絕佳良伴。

**《弗曼・卡爾薩》**（***Furmaan Khalsa***）

西里・辛克・沙嘿伯・巴伊・沙嘿伯・哈爾巴贊・辛克・卡爾薩尊者著　一九八八年／中文未出版

激勵人心的詩歌之美好選輯，正是走在這條道路上的認眞追尋者所需要的，是一本可在生活各

方面及生命各面向給予指引的靈性指南。這是另一本追尋者所欲收藏的品項，也是你可以留給子女的精神財富。最初是由西里・辛克・沙嘿伯，也就是尤吉巴贊大師，由旁遮普語所寫成，後來由古魯卡・辛克・卡爾薩翻譯成英文（英文版與古魯穆基版皆包括在內）。

**《神、善行與商品的七十二個故事》**（***72 Stories of God, Good and Goods***）

泰吉・考爾（Tej Kaur）彙編　一九八九年／中文未出版

尤吉巴贊大師在多年以來的講座與授課中所述說的印度經典故事之選輯，是一本老少咸宜的讀物。

**《西里・辛克・沙嘿伯尊者的八十四個面向》**（***84 aspects of Siri Singh Sahib Ji: Life with a Spiritual Teacher***）

哇嘿・古魯・考爾（Wahe Guru Kaur）一九九一年／中文未出版

在這本包含了八十四首令人愉快的詩歌選輯中，由口述者巴贊博士瑜伽大師親自委託哇嘿・古魯・考爾，藉由日復一日在各種情況與生活各面向下觀察大師與人們的互動並親炙其教誨，進而創作、激發出對大師栩栩如生的文字描述。

**《贏得世界的故事》**（***Stories to Win the World***）

比比吉・英德吉特・考爾著／中文未出版

作者從祖父母處聽來的故事，並傳給她的孩子們和孫子們。對孩子們來說，這本精彩的選輯帶給他們需要深植於內心的價值，讓他們得以擁有崇高、成功、完整而圓滿的人類生命。

## 透過食物的療癒

**《自我療癒的古老藝術》**（*The Ancient Art of Self Healing*）

尤吉巴贊大師著　一九八二年／中文未出版

本書不啻是一項珍寶。尤吉巴贊大師以其廣泛的探究與瑜伽的知識，帶給我們的寶貴資訊，關於瑜伽修行者所發現的某些對人體有作用以及對（器官、腺體、疾病等）病症有療效的特定食物。這是本「必備」的參考書，其中甚至包含了一個特別的章節介紹「女性專屬的食物」（Foods for Women）。

**《金廟素食食譜》**（*Golden Temple vegetarian cookbook*）

尤吉巴贊大師著　一九七八年／中文未出版

是的，尤吉巴贊大師也是一位大廚！尤吉巴贊大師提供的眾多食譜，都被運用在全世界的金廟餐廳中。這裡集結了其中的許多食譜，讓你也可以在家裡嘗試做出這些菜來。

**《意識烹飪》**（*Conscious Cookery*）**&《愛，來自蔬菜》**（*From Vegetables With Love*）

西里．斐德．考爾．卡爾薩著　一九七八年&一九八九年／中文未出版

兩本烹飪書皆來自一位手藝絕佳的廚師，西里．斐德．考爾，她花了數年時間親自爲尤吉巴贊大師烹飪——在他的指導之下。藉此，她受益於尤吉巴贊大師良多，並且創作出這些出色的烹飪書，充滿了實用而美味的食譜；甚至連烹煮那些瑜伽菜餚的特殊食材要去哪裡買，她都在書中告訴了我們。

### 《印度好滋味》（*A Taste of India*）

英德吉特・考爾著　一九八五年／中文未出版

被稱爲「比比吉」（Bibiji），英德吉特・考爾是尤吉巴贊大師的妻子。她所烹調的食物是我吃過最棒的印度菜。如果你想要的是某位深得印度烹飪其中三味的人所提供的美味而正統之食譜，同時又能兼顧西方人的口味，這本書就是了！

### 《糖的憂鬱》（*Sugar Blues*）

威廉・達夫帝（William Dufty）著　一九八六年／中文未出版

這本書爲我揭露了出乎意料的眞相，如實地詳述了精煉的白糖會爲人體帶來多麼嚴重的傷害，甚至追溯了那些唯利是圖的動機如何精心地設計、以使人們陷入糖的圈套中之歷史！你或許不想接受本書所揭發的事實，但是爲了你自己以及你的孩子好，你至少得讀過它。你注意過孩子們吃了我們所招待的甜食之後，是多麼地「亢奮」嗎？無知並「不是」一種福氣，達夫帝研究了十五年的糖，結論是「糖就像鴉片、嗎啡和海洛因，是一種令人上癮、深具毀滅性的藥物。」

### 《對抗低血糖，有更好的方法》（*Hypoglycemia, A New Approach*）

帕夫・埃羅拉博士（Dr. Paavo Airola）著　一九七八年／中文未出版

我過去一天要吃三根糖果棒來維持自己的能量水平（糖分不是可以給我們能量嗎？錯！）我那可憐的胰腺只好沒日沒夜地工作，努力讓我的血糖值保持正常水平；但最後，它終於放棄了。低血糖症正好是糖尿病的相反，幸運的是，低血糖症可以透過正確飲食而治癒。如果你傾向於情緒起伏極大、極端暴躁易怒、並且對甜食有種持續不斷的渴望，這些可能都是低血糖症的徵兆。本書不但提供了許多資訊，還有好些效果奇佳的食譜，可以讓你的身體得到實實在在、令人滿意的碳水化合物，同時你的胰腺與腎上腺也不會因此而付出代價。作者說明了對低血糖症者來說，爲何小米和蕎麥是碳水化合物的兩種最佳來源（因爲它們在血管中會非常緩慢地分解成糖，而不是一下子大量激增）；許多其他的碳水化合物造成的糖份大量激增現象，就像是酒精在血管中的效果一樣：剛開始你會興高采烈，接下來心情掉到谷底、沮喪消沉，讓你對甜食的渴望永無饜足，想吃（或喝）更多以重新攀上那「亢奮」的高峰。

**《新美國飲食》（*Diet for a New America*）**

約翰．羅賓斯 (John Robbins) 著 1998／中文未出版

**《吃肉有什麼不對？》（*What's Wrong With Eating Meat?*）**

芭芭拉．帕拉姆 (Barbara Parham) 著 1981／中文未出版

這些書籍呈現了素食者的飲食情況。

## 通訊刊物

### 保持向上的科學

這是我的寶貝，由3HO基金會出版的一份時事通訊，始於一九六九年起我與個別的3HO家庭成員之個人通信聯繫；後來，當我無法跟上郵件的數量時，它變成了一份一般性的配送信刊。接

下來，我們與一份報紙風格的期刊合併，並自稱爲〈保持連結〉（*Keeping Up Connections*）；而在那之後，是〈持續保持向上！〉（*Still Keeping Up!*）然後，在一九九四年，這份刊物變成〈保持向上的科學〉（*Science of Keeping Up*）。在這份通訊刊物之中，只要版面空間許可，我都設法盡可能地多分享些尤吉巴贊大師的教誨、他的講座與課程文字紀錄（摘錄）以及人們的眞實評論、新或舊的運動與冥想。我們非常歡迎你能收到這份刊物，你只需寫信給我，要求被放在寄送名單上即可！

**昆達里尼往上提升！**

國際昆達里尼瑜伽教師協會（International Kundalini Yoga Teachers Association, IKYTA）的正式通訊刊物。若需索取會員資訊，請寫信給位於３ＨＯ國際總部（3HO International Headquarters）新墨西哥州辦公室的國際昆達里尼瑜伽教師協會，聯絡資訊如下：

Route 2, Box 4, Shady Lane, Espanola, NW 87532.
Phone: (505) 753-5881; FAX: (505) 753-5982.

**通往繁榮之道**

一份關於並爲錫克正法與卡爾薩公社（Khalsa）而出版的通訊刊物，包括有深具啓發性的文章、冥想方法、以及講座與課程的文字紀錄。錫克正法社區發展辦公室（Community Development office of Sikh Dharma）的聯絡資訊如下：

Route 2, Box 4, Shady Lane, Espanola, NM 87532.
Phone: (505) 753-5881; FAX: (505) 753-5982.

# 錄音帶

隨著有自動倒帶功能的錄音機以及光碟的發明，我們現在甚至有機會利用睡眠時間精進我們的意識。以下是我個人最喜愛的若干錄音帶之簡短清單，當然你還有成千上百種其他的選擇，但這些可以讓你有個好的開始。

〈納德，內在聲音的祝福〉（**NAAD, THE BLESSING**）由桑吉特・考爾・卡爾薩（Sangeet Kaur Khalsa）唱誦「丹　丹　拉姆　達斯　古魯」（Dhan Dhan Ram Das Guru）音流。這就是「當你需要一個奇蹟」的音流。在卡爾薩女性訓練營中，尤吉巴贊大師往往在營員們「小憩」時播放這卷錄音帶。

〈巴尼斯日課〉（**NITNEM, THE BANIS**）由巴巴・尼哈爾・辛克（Baba Nihal Singh）吟誦，是錫克徒每日必做的神聖禱告。放入潛意識中的事物，還有什麼比這更好呢?

〈賈卜・莎希伯經典〉（**JAAP SAHIB**）充滿動態活力的話語之力量。以音樂演繹出古魯・戈賓德・辛克知名的讚美神之聖歌，由聲譽卓絕的拉吉・薩・南・辛克（Ragi Sat Nam Singh）唱誦。當你在做某些昆達里尼瑜伽練習時，這卷錄音帶可以用來幫助你「跟上」。

〈通往靈魂的門戶〉（**GATEWAY TO THE SOUL**）由香緹・香緹・考爾・卡爾薩（SS Shanti Shanti Kaur Khalsa）以英語吟誦的祈禱日課（巴尼斯），搭配以背景音樂。（錄音帶或光碟可透過雪地卡拉音樂及金廟唱片取得；SS 聖辛克・卡爾薩博士（SS Dr. Sant Singh Khalsa）的翻譯內容與《和平瀉湖》類似。）

〈拉海　拉漢　哈爾〉（**RAKHE RAKHAN HAR**）由古魯夏伯德・辛克・卡爾薩（Gurushabd Singh Khalsa）唱誦。這段保護的梵咒是由古魯・阿爾揚・戴芙所作，是錫克徒晚禱唱誦的一部分。

以下是你可以找到這些書籍與錄音帶的地方：

**古代治療方法目錄**

有書籍、錄音帶、阿育吠陀產品、瑜伽茶、精油、草藥等等！

Route 2, Box 141
Espanola, New Mexico, 87532
Phone: (800) 359-2940 (outside USA: (505) 747-2860)
FAX: (505) 747-2868

**金廟企業（Golden Temple Enterprises）**

尤吉巴贊大師講座與授課的錄音／影帶，今昔的影音帶以及音樂帶一應俱全。

Box 13; Shady Lane
Espanola, NM 87532
Phone: (505) 753-0563 Fax: (505) 753-5603

**雪地卡拉（Cherdi Kala）**

錄音帶及音樂帶。

1601 S. Bedford
Los Angeles, CA 90035
Phone/Fax: (310) 550-6893

你也可以試著在當地的書店或專售形上學、哲學類書籍的書店找找。如果都找不到，請寫信或打電話到3HO國際總部給我。

## 資料來源

### 3HO國際總部

P.O. Box 351149
Los Angeles, CA 90035
Phone: (310) 552-3416
Fax: (310) 557-8414

### 尤吉巴贊大師網站首頁

http: //www.yogibhajan.com

### 國際昆達里尼瑜伽教師協會

Route 2, Box 4, Shady Lane
Espanola, New Mexico 87532
Phone: (505) 753-0423
Fax: (505) 753-5982
ikyta@newmexico.com

## 昆達里尼瑜伽材料、CD、DVD資源

### KRI昆達里尼研究院的「資源」

http://thesource.kriteachings.org/

### Spirit Voyage 靈性旅程

www.spiritvoyage.com

### Ancient Healing Products 古代治療方法產品

www.a-healing.com

## 昆達里尼瑜伽 組織

**KRI 昆達里尼研究院**　寶瓶教師資訊、尤吉巴贊教導圖書館、昆達里尼瑜伽

www.kundaliniresearchinstitue.org

**尤吉巴贊圖書館**（The Yogi Bhajan Library of Teachings）

https://www.libraryofteachings.com/

**3HO 健康、快樂、神聖組織**　夏至與冬至瑜伽節（八天昆達里尼瑜伽；三天白譚崔）、昆達里尼瑜伽、社群建立、網絡工作、靈姓名字申請。

www.3HO.org

**IKYTA 國際昆達里尼瑜伽教師協會**　教師的支持與連結

www.ikyta.org

**SDI 國際錫克正法**（Sikh Dharma International）　關於錫克正法的教育與體驗

www.sikhdharma.org

**白譚崔課程**　全球白譚崔列表

www.whitetantricyoga.com

**3HO 歐洲瑜伽節**　八天昆達里尼瑜伽；三天白譚崔

http://www.3ho-europe.org/

# 詞彙表

**3HO基金會**：健康、快樂、神聖組織。

**阿迪·莎克蒂**（Adi Shakti）：原力。

**芬芳時刻**（Ambrosial Hours）。清晨日出前兩個半小時。

**甘露**（Amrit）。極樂的花蜜。

**阿帕納**（Apana）。消滅、排泄的力量，生命向外、淨化的氣息。

**阿爾達斯**（Ardas）。祈禱（錫克徒傳統的祈禱儀式）。

**體位法**（Asana）。瑜伽姿勢，坐的方式。

**苦行者**（Ascetic）。過著克己的苦行生活、放棄對世俗活動的戀棧與參與之人。

**鎖**（Bandh（bandha））。鎖。

**奉愛瑜伽**（Bhakti Yoga）。奉獻、摯愛的瑜伽之道。

**種子梵咒**（Bij Mantra）。種子音：薩特　南。

**脈輪**（Chakras）。能量中心。

**正法**（Dharma）。正當、公義。

**神**（God）。萬物之生成者、組織者、及摧毀者（或實現者）。神是一個「福音」（Word）。

**金廟**（Golden Temple）。世界上最受尊敬、最神聖的錫克寺廟（也稱為「哈爾曼迪爾·莎希伯」

（Harimandir Sahib）），坐落於印度的阿姆利則，以大理石與黃金建蓋而成。

**古魯巴尼**（Gurbani）。錫克徒的神聖語言，以納德（音流與生俱來的力量）爲基礎。

**謁師所**（Gurdwara）。錫克徒禮拜的寺廟或場所，字面意思爲「古魯之門」。

**古魯**（Guru）。以字面意思來說，「古」（Gu）意指黑暗，「魯」（Ru）意指光明，「古魯」即爲技能的給予者，亦即導師。在錫克的傳統中，只有十位上師足以擔任「古魯」的地位（意識）。

**智慧瑜伽**（Gyan Yoga）。通往智識的瑜伽之道。

**哈達瑜伽**（Hatha Yoga）。以運用姿勢爲主的瑜伽之道，強調意志的發展。

**左脈**（Ida）。左邊的氣脈（nadi），與左鼻孔及月亮能量有關。

**頸鎖**（Jallunder Bandh）。頸鎖。

**《愛經》**（Kama Shastra）。古老的神聖文本。

**業果**（Karma）。行動與反應，因果關係的宇宙法則。

**業瑜伽**（Karma Yoga）。無執著作爲的瑜伽，以神爲名的無私服務。

**卡爾薩**（Khalsa）。純淨的唯一。

**奎亞**（Kriya）。某個瑜伽姿勢、手勢、呼吸與梵咒的具體組合，字面意思爲「一個完整的行動」。

**昆達里尼**（Kundalini）。靈魂的神經，字面意思爲「摯愛之人的一綹鬈髮」。

**解脫**（Liberation）。體驗自身的無限。

**《摩訶婆羅多》**（Mahabharata）。吠陀的史詩鉅作。

**太譚崔**（Mahan Tantric）。白譚崔瑜伽大師，目前爲尤吉巴贊大師。

**梵咒**（Mantra）。調整並控制心靈振動的音流；有助於專注心智的一個音節或是多個音節的組合；力量的話語；與無限心智同頻的心靈振動。

**幻象**（Maya）。可被測量的一切；通常被認爲是「幻覺」的事物，換言之，就是我們誤認爲是現實的一切。

**冥想**（Meditation）。讓神對你說話。

**手印**（Mudra）。瑜伽手勢。

**海底輪**（Muladhara）。脈輪中的第一個。

**音流/納德**（Naad）。所有時代、所有語言的基本聲音，源自於音流；人際溝通背後的通用代碼。

**右脈**（Pingala）。右邊的氣脈，與右鼻孔及太陽能量有關。

**普拉納**（Prana）。原子的能量、生命的本質；神給你的禮物（每次吸氣時，你都會收到這項贈禮；呼吸是普拉納的主要載體）。

**呼吸控制法**（Pranayam）。瑜伽呼吸技巧。

**普莎得**（Prasad（prashad））。贈禮。

**祈禱**（Prayer）。對神說話。

**帝王瑜伽**（Raj Yoga）。皇家的瑜伽之道；描述於帕坦加利的箴言之中，翻譯成《認識神》（參見「推薦閱讀清單」）。

**薩德那**（Sadhana）。個人規律進行的靈性修習。

**靈性之聲**（Shabd）。聲音；音流。

**莎克蒂**（Shakti）。女性；神的力量之體現；神的女性面。

**錫克徒**（Sikh）。字面意思爲眞理的尋求者；信奉錫克者。

**古魯．格蘭特．沙嘿伯經典**（Siri Guru Granth Sahib）。錫克徒的活古魯；是開悟者在與神合而爲一的狀態（瑜伽）之下所說或所寫的神聖話語之經典。

**簡易坐姿**（Sukhasan）。稱爲「簡易坐」的瑜伽姿勢（通常會盤腿）。

**中脈**（Sushumna）。中央脊柱通道。

**三道**（Tri-Marga）。《薄伽梵歌》吠陀經典中所描述的業瑜伽、奉愛瑜伽與智慧瑜伽之「三重途徑」。

**《吠陀經》**（*Vedas*（*vedic texts*））。古印度經典；廣袤無垠的知識體；其後半部分組成了吠陀哲學。

**哇嘿　古魯**（Wahe Guru）。哇！神眞是太棒了！一種狂喜的梵咒，用以表達神難以言喻的宏偉壯觀。

**瑜伽**（Yoga）。合而爲一：結合個人意識與宇宙意識的科學。

**瑜伽修行者**（Yogi）。達到瑜伽境界的修行者，是他/她的自我之主人；修習瑜伽科學者。

# 關於作者

莎克蒂．帕瓦．考爾．卡爾薩在一九二九年六月十九日出生於美國明尼蘇達州的明尼亞波里斯市，是家中三個孩子中最年幼的一個，她的家庭於一九四二年二次世界大戰開始之後搬到了加州。她畢業於好萊塢高中（Hollywood High School）並擔任畢業生致詞代表，後來在加州大學洛杉磯分校（UCLA）主修英語、輔修心理學。其後她結婚、生了一個兒子並經歷了離婚，花了十五年的時間探索不同的靈性道路，試圖理解生命的全貌；跟隨多位導師學習之後，她於一九六七年前往印度完成了一趟朝聖之旅。

莎克蒂回到洛杉磯之後，在一九六八年十二月的東西文化中心遇見了尤吉巴贊大師，他跟莎克蒂分享了一個能夠訓練昆達里尼瑜伽老師的「健康、快樂、神聖組織」之遠景，並且告訴她，她的天命就是成爲一名教授昆達里尼瑜伽的老師。當然，莎克蒂當時對此抱持著懷疑的態度，但剩下的事大家都知道了，無須在此贅述。從其時起，莎克蒂畢生皆致力於修習並教授３ＨＯ的生活方式，專門對初學者教授昆達里尼瑜伽，並前往西半球的各大城市推廣尤吉巴贊大師的白譚崔瑜伽視頻課程。

莎克蒂個人的哲學是，「如果你想要快樂，你必須做到兩件事（除了規律修習薩達那之外）：有可以容納一切的正確容器，同時，別對自己太過嚴肅。」

被譽爲「３ＨＯ之母」，莎克蒂．帕瓦自３ＨＯ成立以來即與３ＨＯ之的成員們保持著密切聯繫，最近幾年，更藉由一份新的內部通訊刊物〈保持向上的科學〉之助，分享尤吉巴贊大師的教誨以及她個人的評論。

莎克蒂在一九七四年被任命爲錫克正法的神職人員，亦爲卡爾薩委員會的成員之一，該會是錫克正法在西半球的管理機構。她是尤吉巴贊大師的行政秘書，同時亦負責錫克正法與 3HO 基金會辦公室的行政事宜。

## 橡樹林文化 ❖❖ 衆生系列 ❖❖ 書目

| | | | |
|---|---|---|---|
| JP0093X | 法國清新舒壓著色畫 50：幸福懷舊 | 伊莎貝爾・熱志－梅納＆紀絲蘭・史朶哈＆克萊兒・摩荷爾－法帝歐◎著 | 300 元 |
| JP0094X | 尋訪六世達賴喇嘛的生死之謎：走過情詩活佛倉央嘉措的童年和晚年 | 邱常梵◎著 | 450 元 |
| JP0095 | 【當和尚遇到鑽石 4】愛的業力法則：西藏的古老智慧，讓愛情心想事成 | 麥可・羅區格西◎著 | 450 元 |
| JP0097X | 法國清新舒壓著色畫 50：璀璨伊斯蘭 | 伊莎貝爾・熱志－梅納＆紀絲蘭・史朶哈＆克萊兒・摩荷爾－法帝歐◎著 | 300 元 |
| JP0098 | 最美好的都在此刻：53 個創意、幽默、找回微笑生活的正念練習 | 珍・邱禪・貝斯醫生◎著 | 350 元 |
| JP0099 | 愛，從呼吸開始吧！回到當下、讓心輕安的禪修之道 | 釋果峻◎著 | 300 元 |
| JP0100X | 能量曼陀羅：彩繪內在寧靜小宇宙 | 保羅・霍伊斯坦、狄蒂・羅恩◎著 | 380 元 |
| JP0101 | 爸媽何必太正經！幽默溝通，讓孩子正向、積極、有力量 | 南琦◎著 | 300 元 |
| JP0102 | 舍利子，是什麼？ | 洪宏◎著 | 320 元 |
| JP0103 | 我隨上師轉山：蓮師聖地溯源朝聖 | 邱常梵◎著 | 460 元 |
| JP0104 | 光之手：人體能量場療癒全書 | 芭芭拉・安・布藍能◎著 | 899 元 |
| JP0106 | 法國清新舒壓著色畫 45：海底嘉年華 | 小姐們◎著 | 360 元 |
| JP0108X | 用「自主學習」來翻轉教育！沒有課表、沒有分數的瑟谷學校 | 丹尼爾・格林伯格◎著 | 330 元 |
| JP0109X | Soppy 愛賴在一起 | 菲莉帕・賴斯◎著 | 350 元 |
| JP0111X | TTouch® 神奇的毛小孩身心療癒術——狗狗篇 | 琳達・泰林頓瓊斯博士◎著 | 320 元 |
| JP0112 | 戀瑜伽・愛素食：覺醒，從愛與不傷害開始 | 莎朗・嘉儂◎著 | 320 元 |
| JP0114 | 給禪修者與久坐者的痠痛舒緩瑜伽 | 琴恩・厄爾邦◎著 | 380 元 |
| JP0117 | 綻放如花：巴哈花精靈性成長的教導 | 史岱方・波爾◎著 | 380 元 |
| JP0120 | OPEN MIND！房樹人繪畫心理學 | 一沙◎著 | 300 元 |
| JP0123 | 當和尚遇到鑽石 5：修行者的祕密花園 | 麥可・羅區格西◎著 | 320 元 |
| JP0124 | 貓熊好療癒：這些年我們一起追的圓仔 ~~ 頭號「圓粉」私密日記大公開！ | 周咪咪◎著 | 340 元 |
| JP0125 | 用血清素與眼淚消解壓力 | 有田秀穗◎著 | 300 元 |

| | | | |
|---|---|---|---|
| JP0126 | 當勵志不再有效 | 金木水◎著 | 320 元 |
| JP0127 | 特殊兒童瑜伽 | 索妮亞・蘇瑪◎著 | 380 元 |
| JP0129 | 修道士與商人的傳奇故事：<br>經商中的每件事都是神聖之事 | 特里・費爾伯◎著 | 320 元 |
| JP0130X | 靈氣實用手位法——<br>西式靈氣系統創始者林忠次郎的療癒技術 | 林忠次郎、山口忠夫、<br>法蘭克・阿加伐・彼得◎著 | 450 元 |
| JP0131 | 你所不知道的養生迷思——治其病要先明其因，破解那些你還在信以為真的健康偏見！ | 曾培傑、陳創濤◎著 | 450 元 |
| JP0132 | 貓僧人：有什麼好煩惱的喵～ | 御誕生寺（ごたんじょうじ）◎著 | 350 元 |
| JP0133 | 昆達里尼瑜伽——永恆的力量之流 | 莎克蒂・帕瓦・考爾・卡爾薩◎著 | 599 元 |
| JP0134 | 尋找第二佛陀・良美大師：<br>探訪西藏象雄文化之旅 | 寧艷娟◎著 | 450 元 |
| JP0135 | 聲音的治療力量：<br>修復身心健康的咒語、唱誦與種子音 | 詹姆斯・唐傑婁◎著 | 300 元 |
| JP0136 | 一大事因緣：韓國頂峰無無禪師的不二慈悲與智慧開示（特別收錄禪師台灣行腳對談） | 頂峰無無禪師、<br>天真法師、玄玄法師◎著 | 380 元 |
| JP0137 | 運勢決定人生——執業 50 年、見識上萬客戶資深律師告訴你翻轉命運的智慧心法 | 西中　務◎著 | 350 元 |
| JP0138X | 薩滿神聖藝術：祝福、療癒、能量——<br>七十二幅滋養生命的靈性畫 | 費絲・諾頓◎著 | 450 元 |
| JP0140 | 我走過一趟地獄 | 山姆・博秋茲◎著<br>貝瑪・南卓・泰耶◎繪 | 699 元 |
| JP0141 | 寇斯的修行故事 | 莉迪・布格◎著 | 300 元 |
| JP0142X | 全然接受這樣的我：<br>18 個放下憂慮的禪修練習 | 塔拉・布萊克◎著 | 400 元 |
| JP0143 | 如果用心去愛，必然經歷悲傷 | 喬安・凱恰托蕊◎著 | 380 元 |
| JP0144 | 媽媽的公主病：<br>活在母親陰影中的女兒，如何走出自我？ | 凱莉爾・麥克布萊德博士◎著 | 380 元 |
| JP0145 | 創作，是心靈療癒的旅程 | 茱莉亞・卡麥隆◎著 | 380 元 |
| JP0146X | 一行禪師　與孩子一起做的正念練習：<br>灌溉生命的智慧種子 | 一行禪師◎著 | 470 元 |
| JP0147 | 達賴喇嘛的御醫，告訴你治病在心的<br>藏醫學智慧 | 益西・東登◎著 | 380 元 |
| JP0148 | 39 本戶口名簿：從「命運」到「運命」・<br>用生命彩筆畫出不凡人生 | 謝秀英◎著 | 320 元 |

| | | | |
|---|---|---|---|
| JP0149 | 禪心禪意 | 釋果峻◎著 | 300 元 |
| JP0150 | 當孩子長大卻不「成人」……接受孩子不如期望的事實、放下身為父母的自責與內疚，重拾自己的中老後人生！ | 珍・亞當斯博士◎著 | 380 元 |
| JP0151 | 不只小確幸，還要小確「善」！每天做一點點好事，溫暖別人，更為自己帶來 365 天全年無休的好運！ | 奧莉・瓦巴◎著 | 460 元 |
| JP0154X | 祖先療癒：連結先人的愛與智慧，解決個人、家庭的生命困境，活出無數世代的美好富足！ | 丹尼爾・佛爾◎著 | 550 元 |
| JP0155 | 母愛的傷也有痊癒力量：說出台灣女兒們的心裡話，讓母女關係可以有解！ | 南琦◎著 | 350 元 |
| JP0156 | 24 節氣　供花禮佛 | 齊云◎著 | 550 元 |
| JP0157 | 用瑜伽療癒創傷：以身體的動靜，拯救無聲哭泣的心 | 大衛・艾默森、伊麗莎白・賀伯◎著 | 380 元 |
| JP0158 | 命案現場清潔師：跨越生與死的斷捨離・清掃死亡最前線的真實記錄 | 盧拉拉◎著 | 330 元 |
| JP0159 | 我很瞎，我是小米酒：台灣第一隻全盲狗醫生的勵志犬生 | 杜韻如◎著 | 350 元 |
| JP0160X | 日本神諭占卜卡：來自眾神、精靈、生命與大地的訊息 | 大野百合子◎著 | 799 元 |
| JP0161 | 宇宙靈訊之神展開 | 王育惠、張景雯◎著繪 | 380 元 |
| JP0162 | 哈佛醫學專家的老年慢療八階段：用三十年照顧老大人的經驗告訴你，如何以個人化的照護與支持，陪伴父母長者的晚年旅程。 | 丹尼斯・麥卡洛◎著 | 450 元 |
| JP0163 | 入流亡所：聽一聽・悟、修、證《楞嚴經》 | 頂峰無無禪師◎著 | 350 元 |
| JP0165 | 海奧華預言：第九級星球的九日旅程・奇幻不思議的真實見聞 | 米歇・戴斯馬克特◎著 | 400 元 |
| JP0166 | 希塔療癒：世界最強的能量療法 | 維安娜・斯蒂博◎著 | 620 元 |
| JP0167 | 亞尼克　味蕾的幸福：從切片蛋糕到生乳捲的二十年品牌之路 | 吳宗恩◎著 | 380 元 |
| JP0168 | 老鷹的羽毛——一個文化人類學者的靈性之旅 | 許麗玲◎著 | 380 元 |
| JP0169 | 光之手 2：光之顯現——個人療癒之旅・來自人體能量場的核心訊息 | 芭芭拉・安・布藍能◎著 | 1200 元 |

| | | | |
|---|---|---|---|
| JP0170 | 渴望的力量：成功者的致富金鑰·《思考致富》特別金賺祕訣 | 拿破崙·希爾◎著 | 350 元 |
| JP0172 | 瑜伽中的能量精微體：結合古老智慧與人體解剖、深度探索全身的奧秘潛能，喚醒靈性純粹光芒！ | 提亞斯·里托◎著 | 560 元 |
| JP0173 | 咫尺到淨土：狂智喇嘛督修·林巴尋訪秘境的真實故事 | 湯瑪士·K·修爾◎著 | 540 元 |
| JP0174 | 請問財富·無極瑤池金母親傳財富心法：為你解開貧窮困頓、喚醒靈魂的富足意識！ | 宇色 Osel ◎著 | 480 元 |
| JP0175 | 歡迎光臨解憂咖啡店：大人系口味·三分鐘就讓您感到幸福的真實故事 | 西澤泰生◎著 | 320 元 |
| JP0176 | 內壇見聞：天官武財神扶鸞濟世實錄 | 林安樂◎著 | 400 元 |
| JP0177 | 進階希塔療癒：加速連結萬有，徹底改變你的生命！ | 維安娜·斯蒂博◎著 | 620 元 |
| JP0178 | 濟公禪緣：值得追尋的人生價值 | 靜觀◎著 | 300 元 |
| JP0179 | 業力神諭占卜卡——遇見你自己·透過占星指引未來！ | 蒙特·法柏（MONTE FARBER）◎著 | 990 元 |
| JP0180X | 光之手 3：核心光療癒——我的個人旅程·創造渴望生活的高階療癒觀 | 芭芭拉·安·布藍能◎著 | 799 元 |
| JP0181 | 105 歲針灸大師治癒百病的祕密 | 金南洙◎著 | 450 元 |
| JP0182 | 透過花精療癒生命：巴哈花精的情緒鍊金術 | 柳婷◎著 | 400 元 |
| JP0183 | 巴哈花精情緒指引卡：花仙子帶來的 38 封信——個別指引與練習 | 柳婷◎著 | 799 元 |
| JP0184X | 醫經心悟記——中醫是這樣看病的 | 曾培傑、陳創濤◎著 | 480 元 |
| JP0185 | 樹木教我的人生課：遇到困難時，我總是在不知不覺間，向樹木尋找答案…… | 禹鍾榮◎著 | 450 元 |
| JP0186 | 療癒人與動物的直傳靈氣 | 朱瑞欣◎著 | 400 元 |
| JP0187 | 愛的光源療癒——修復轉世傷痛的水晶缽冥想法 | 內山美樹子（MIKIKO UCHIYAMA）◎著 | 450 元 |
| JP0188 | 我們都是星族人 0 | 王謹菱◎著 | 350 元 |
| JP0189 | 希塔療癒——信念挖掘：重新連接潛意識　療癒你最深層的內在 | 維安娜·斯蒂博◎著 | 450 元 |
| JP0190 | 水晶寶石　光能療癒卡（64 張水晶寶石卡＋指導手冊＋卡牌收藏袋） | AKASH 阿喀許 Rita Tseng 曾桂鈺◎著 | 1500 元 |

| | | | |
|---|---|---|---|
| JP0191 | 狗狗想要說什麼——超可愛！汪星人肢體語言超圖解 | 程麗蓮（Lili Chin）◎著 | 400 元 |
| JP0192 | 瀕死的慰藉——結合醫療與宗教的臨終照護 | 玉置妙憂◎著 | 380 元 |
| JP0193 | 我們都是星族人 1 | 王謹菱◎著 | 450 元 |
| JP0194 | 出走，朝聖的最初 | 阿光（游湧志）◎著 | 450 元 |
| JP0195 | 我們都是星族人 2 | 王謹菱◎著 | 420 元 |
| JP0196 | 與海豚共舞的溫柔生產之旅——從劍橋博士到孕產師，找回真實的自己，喚醒母體的力量 | 盧郁汶◎著 | 380 元 |
| JP0197 | 沒有媽媽的女兒——不曾消失的母愛 | 荷波．艾德蔓◎著 | 580 元 |
| JP0198 | 神奇的芬活——西方世界第一座靈性生態村 | 施如君◎著 | 400 元 |
| JP0199 | 女神歲月無痕——永遠對生命熱情、保持感性與性感，並以靈性來增長智慧 | 克里斯蒂安．諾斯拉普醫生◎著 | 630 元 |
| JP0200 | 願來世當你的媽媽 | 禪明法師◎著 | 450 元 |
| JP0201 | 畫出你的生命之花：自我療癒的能量藝術 | 柳婷◎著 | 450 元 |
| JP0202 | 我覺得人生不適合我：歡迎光臨苦悶諮商車，「瘋狂」精神科醫師派送幸福中！ | 林宰暎◎著 | 400 元 |
| JP0203 | 一名尋道者的開悟之旅 | 嗡斯瓦米◎著 | 500 元 |
| JP0204 | 就為了好吃？：一位餐廳老闆的真心告白，揭開飲食業變成化工業的真相 | 林朗秋◎著 | 380 元 |
| JP0205 | 因為夢，我還活著：讓夢境告訴你身體到底出了什麼問題！ | 賴瑞．伯克<br>凱瑟琳．奧基夫．卡納沃斯◎著 | 600 元 |
| JP0206 | 我是對的！為什麼我不快樂？：終結煩煩惱惱的幸福密碼 | 江宏志◎著 | 380 元 |
| JP0207X | 龍神卡——開啟幸福與豐盛的大門（38 張開運神諭卡＋指導手冊＋卡牌收藏袋） | 大杉日香理◎著 | 699 元 |
| JP0208 | 希塔療癒——你與造物主：加深你與造物能量的連結 | 維安娜．斯蒂博◎著 | 400 元 |
| JP0209 | 禪修救了我的命：身患惡疾、卻透過禪修痊癒的故事 | 帕雅仁波切<br>蘇菲亞．史崔一芮薇◎著 | 500 元 |
| JP0210 | 《心經》的療癒藝術：色與空的極致視覺體驗 | 葆拉．荒井◎著 | 1000 元 |
| JP0211 | 大地之歌——全世界最受歡迎的獸醫，充滿歡笑與淚水的行醫故事【全新翻譯版本】 | 吉米．哈利◎著 | 680 元 |
| JP0212 | 全然慈悲這樣的我：透過「認出」「容許」「觀察」「愛的滋養」四步驟練習，脫離自我否定的各種內心戲 | 塔拉．布萊克◎著 | 550 元 |

| | | | |
|---|---|---|---|
| JP0213 | 徒手氣血修復運動——教你輕鬆練上焦，調和肌肉與呼吸，修復運動傷害、遠離長新冠！ | 李筱娟◎著 | 550元 |
| JP0214 | 靈魂出體之旅——對「生命」根本真理的探索記錄 | 羅伯特．A．門羅◎著 | 600元 |
| JP0215 | 人，為何而生？為何而活？人生的大哉問——人為何而活？是你無法逃避的生命課題！ | 高森顯徹、明橋大二、伊藤健太郎◎著 | 480元 |
| JP0216 | 祖靈的女兒——排灣族女巫包惠玲 Mamauwan 的成巫之路，與守護部落的療癒力量 | 包惠玲 (嬤毛灣 Mamauwan)、張菁芳◎著 | 460元 |
| JP0217 | 雪洞：一位西方女性的悟道之旅 | 維琪．麥肯基◎著 | 480元 |
| JP0218 | 在故事與故事間穿越——追隨印加薩滿，踏上回家的路 | 阿光（游湧志）◎著 | 480元 |
| JP0219 | 七界：希塔療癒技巧的核心思想 | 維安娜．斯蒂博◎著 | 550元 |
| JP0220 | 魔幻森林姐妹情：芬蘭卡累利阿的永續生活、智慧與覺醒 | 森山奈保美、威廉．道爾◎著 | 450元 |
| JP0221 | 神聖塔羅：來自世界各地的神靈、民間傳說及童話故事（78張精美塔羅牌＋指導手冊＋精裝硬殼收藏盒） | 吉吉谷◎著 | 1200元 |
| JP0222 | 往內看 | 揚．裴布洛◎著 | 350元 |
| JP0223 | 清明與親密 | 揚．裴布洛◎著 | 360元 |
| JP0224 | 背痛不是病！：不要再被大腦騙了！憤怒、壓力、低落的情緒才是疼痛的元凶 | 約翰．E．薩爾諾醫師◎著 | 450元 |
| JP0225 | 一行禪師　石童：愛與慈悲的十篇故事 | 一行禪師◎著 | 450元 |
| JP0226 | 瑜伽安全練習全書：捨棄積非成是的瑜伽迷思，找出適合自己的體位練習！ | 茱蒂絲．漢森．拉薩特博士／物理治療師◎著 | 550元 |
| JP0227 | 南無阿彌陀佛是什麼：名著《歎異抄》入門 | 高森顯徹、高森光晴、大見滋紀◎著 | 350元 |
| JP0228 | 和狗狗一起玩嗅聞！——善用狗狗的神奇嗅覺，打開人犬相處的全新宇宙！ | 安娜莉．克梵◎著 | 450元 |
| JP0229 | 認識你的能量光環 | 裘蒂絲．柯林斯◎著 | 500元 |
| JP0230 | 明鏡智慧：108禪修覺醒卡（108張手繪中英牌卡＋中英說明頁＋精美硬殼收藏盒） | 涅頓秋林仁波切◎著 | 999元 |
| JP0231 | 貓咪想要說什麼：可愛爆表！喵星人肢體語言超圖解 | 程麗蓮（Lili Chin）◎著 | 450元 |
| JP0232 | 希塔療癒：找到你的靈魂伴侶 | 維安娜．斯蒂博◎著 | 500元 |

衆生系列 JP0133X

# 昆達里尼瑜伽——永恆的力量之流

Kundalini Yoga：The Flow of Eternal Power

作　　者／莎克蒂・帕瓦・考爾・卡爾薩（Shakti Parwha Kaur Khalsa）
譯　　者／林資香
審　　訂／陳秋榛、鄭倩雯
責任編輯／陳芊卉
封面設計／兩棵酸梅
內文排版／歐陽碧智
業　　務／顏宏紋
印　　刷／韋懋實業有限公司

發 行 人／何飛鵬
事業群總經理／謝至平
總 編 輯／張嘉芳
出　　版／橡樹林文化
城邦文化事業股份有限公司
115 台北市南港區昆陽街 16 號 4 樓
電話：(02)2500-0888#2738　傳眞：(02)2500-1951
發　　行／英屬蓋曼群島商家庭傳媒股份有限公司城邦分公司
115 台北市南港區昆陽街 16 號 8 樓
客服服務專線：(02)25007718；25001991
24 小時傳眞專線：(02)25001990；25001991
服務時間：週一至週五上午 09:30 ～ 12:00；下午 13:30 ～ 17:00
劃撥帳號：19863813　戶名：書虫股份有限公司
讀者服務信箱：service@readingclub.com.tw
香港發行所／城邦（香港）出版集團有限公司
香港九龍土瓜灣土瓜灣道 86 號順聯工業大廈 6 樓 A 室
電話：(852)25086231　傳眞：(852)25789337
Email: hkcite@biznetvigator.com
馬新發行所／城邦（馬新）出版集團【Cité (M) Sdn.Bhd. (458372 U)】
41, Jalan Radin Anum, Bandar Baru Sri Petaling,
57000 Kuala Lumpur, Malaysia.
電話：(603) 90563833　傳眞：(603) 90576622
Email：cite@cite.com.my

初版一刷／ 2017 年 11 月
二版一刷／ 2025 年 05 月
ISBN ／ 978-626-7449-76-9（紙本書）
ISBN ／ 978-626-7449-78-3（EPUB）
定價／ 599 元

城邦讀書花園
www.cite.com.tw



國家圖書館出版品預行編目（CIP）資料

昆達里尼瑜伽——永恆的力量之流 / 莎克蒂・帕瓦・考爾・卡爾薩（Shakti Parwha Kaur Khalsa）作；林資香譯. -- 二版. -- 臺北市：橡樹林文化出版：英屬蓋曼群島商家庭傳媒股份有限公司城邦分公司發行，2025.05
面；　公分. --（衆生系列；JP0133X）
譯自：Kundalini yoga : the flow of eternal power
ISBN 978-626-7449-76-9（平裝）

1.CST：瑜伽

137.84　　114003817

填寫本書線上回函